国家権力との壮絶な死闘、そして殉教

新 牧口常三郎伝 3

【完結編】

まえがき

　約50年間にわたり取材、そして資料収集を続けて書きあげた牧口常三郎先生の伝記「新 牧口常三郎伝」いよいよこの第3巻で完となりました。
　多忙にもかかわらず手に取ってお読みくださる方に心から感謝します。

　調べれば調べるほど書けば書くほど牧口常三郎先生のとてつもなく広く深い偉大さが眼前に広がり、ひたひたと身に迫り、ただ茫然と立ちつくすだけでした。

　牧口先生は本当に優しい方だったと思います。弱いものへのやさしさにあふれた人でもありました。困っている人がいれば何をさておいても一人で駆けつける。そして心から励ます方でした。

　牧口先生は率先垂範の方でした。まずだれよりも自分が考え、そして道を探し、道を開く方でした。不可能に近かった超宗教・日蓮仏法を国家神道全盛の太平洋戦争下の日本で弘教拡大できたのは、ひとえに一人立ち、それを必死に語り続けた牧口先生がいたからこそでした。

　また、牧口先生は権威や権力が大嫌いな方でした。それにほんの少し妥協すればもっとましな待遇が得られたにもかかわらず、それを拒絶され続けました。
　権威や権力には徹底して不服従を貫かれた人生でした。
　しかし、だからこそ日本で初めての日本人が創造した「価値論」と「教育学理論」を世に出すことが出来たうえに、世界宗教のひとつにやがてなるであろう今日のSGI「創価学会インターナショナル」の基礎をきずかれたと思います。

　圧倒的な天皇制ファシズムの渦に日本のすべての人々が飲み込まれ、流され

ゆくなかで「鶏頭となるも牛後となるなかれ」(麻布・菊水亭の第1回総会で
のあいさつ)と叫んで、それと死闘を始めたのも、牧口先生の生き方の必然的
な帰結だったと思います。

　書き続ける中で、なぜ、子供達の幸せのために始めた教育革命から飛躍して
超宗教革命へ進み、やがて岩盤の天皇制ファシズムとの死闘を始めるに至った
か、その答がようやく少しばかり見えてきました。

　日蓮大聖人の仏法というこれまた途方もない"超宗教"(革命的な信仰)に出
会ったことが牧口先生の運命を変え、その不二の弟子戸田城聖先生の運命を変
え、新しい同志の運命を変え、やがて第二次世界大戦と天皇制ファシズムとの
対決、死闘に至る国家諫暁に発展していくさまにも迫りました。

　「創価教育学会は"発迹顕本"しなければならない」と最後まで叫び続けられ
たその真意をようやく見つけることもできました。

　また牧口常三郎先生は最初から最後まで戦争に非協力を貫きましたが、それ
について牧口先生は神札を受けることを拒否したのであって戦争に直接反対し
たのではない、という批判的な見方が今までありました。
　しかし、それは実に皮相的な見方であり、天皇制ファシズム体制下で直接の
「反戦」の意思表示がどれほど難しかったか。しかも「反戦」よりももっと根
本的な「非戦」を訴えることが難しかったか。それをどのように牧口先生が表
明し、それを貫き推進されたか。
　それを描くことができたと思います。

　"超宗教"日蓮大聖人の仏法を信じ実践する大善生活こそが人間が生きる上
で最も崇高な、幸福な生き方であるという価値論の観点から、日本がまさに滅
亡に向かおうという戦争遂行にあたり、時の国家の大方針とされた「滅私奉公」
を徹底的に批判することで戦争反対の姿勢を明らかにすることが出来たのでは
ないか。
　それが、劇的な教育・文化のデモンストレーション、平和をアピールする「見

える反戦」「見える非戦」の活動に結び付いていったと思われます。

　さらに多田武志著『釈尊の戦争観』を読んで、牧口先生の戦争への態度は、まさに釈尊のそれとほぼ同じだったことを確信しました。釈尊は戦争に賛成することも反対することも、賛美することさえ禁じました。ただ非戦をアピールするだけでした。牧口先生もそうでした。日本のすべての仏教界が太平洋戦争を賛美した中で、釈尊の戦争観を受け継ぎ、それを自ら訴え実践したのがまさに牧口先生であったと確信しました。

　そして牧口先生の大事な息子さんの洋三さんが中国の地で戦死しますが、その場所やその前後の経緯は長くわかりませんでした。それをようやくほぼつきとめました。

　懲罰的徴兵の可能性が高い出征のいきさつや、戦病死のありさまを考えれば、牧口先生と同じく洋三さんもまた殉教されたのではないかと思います。父子ともの殉教であったと考えます。そうしたことを書くことが出来たのは幸せです。

　最後に、全三巻の執筆にあたり多くの貴重な資料を提供していただいた北海道の牧口研究者・信本俊一氏、聖教新聞社の先輩記者・大村浩二氏、また同僚の井上頼武氏、その他の先輩、同僚の方々、さらに多忙ななか取材に応じてくださった牧口先生の関係者の皆様に心から御礼を申し上げたいと思います。

　皆さまは牧口先生とともに苛烈な天皇制ファシズムと戦い、その貴重な経験を語ってくださいましたが、そのほとんどの方がすでに鬼籍に入られています。謹んで「新　牧口常三郎伝」全3巻をその故精霊のかたすべてに捧げ、心からその御冥福を祈りたいと思います。

　本当にありがとうございました。

目　次

第4章　地獄の戦場と「価値創造」廃刊命令

第5章　不服従を貫く獄中の日々と壮烈な殉教

巻末特別解説

第1章

最大の悪・戦争と泥沼の消耗戦（1937年~39年）

天皇制ファシズムとの闘いが始まる

　牧口常三郎が生きた明治から大正、昭和の時代は全て、日本はどこかで戦争をしていた。戦争と共に人々は生き、そして死んでいった。そういう時代だった。

　だから、牧口を語るとき、戦争の存在は必然になる。また、それを語らずして牧口を知ることはできまい。

　人が生きる目的は幸福になることであると喝破し、教育の目的は子供たちを幸せにすることだと命がけで叫んだ牧口がそれらを究極的に破壊する戦争に生涯、背を向けたのは当然だった。

　牧口の全生涯の記録を振り返ると、筆者の知る限りその人生のなかで彼は戦争を賛美、賞讃したことは一度もない。いかに国家の政策であり、強制されてであってもそれには不服従を貫いた。牧口は不戦の人だった。

　1937年（昭和12年）、日本は中国・北京の盧溝橋で起きた日中間の小さな衝突から間もなくの7月28日には華北で総攻撃を開始した。

　この時から日本は中国大陸で泥沼のような消耗戦、すなわち日中戦争を始めて、未曽有の国家滅亡への道を歩み始めた。（日本は戦争とは呼ばず事変とした）

　また、欧州ではファシズム体制を願い求める民衆の歓呼の嵐のなか、ドイツのヒットラーが率いるナチス党、イタリアのムッソリーニを中心とするファシスタ党がファシズム国家を形成し着実にその影響力を全欧州に広めつつあった。

　まさにその時、牧口常三郎率いる創価教育学会は滅亡をめざすかのような日本を救い、全人類を幸福に導く日蓮大聖人の仏法、すなわち従来の宗教をはるかに超える異次元の超宗教による超宗教革命をめざし不服従、不退の新しい出発をしていた。

　そのとき、牧口はすでに66歳になっていた。

　詳しい日時は不肖ながらこの年の秋、東京・茗荷谷にあった茗渓会館で"幻の発会式"を行ったのち、第2巻「新　牧口常三郎伝〜"革命の書"『創価教育学体系』発刊と不服従の戦い」で描いたように未聞の日蓮仏法の弘教拡大に突き進み始めた。

　しかし、牧口につづいてともにその未踏の広布の道を進むものは不二の弟子、戸田城外以外はわずか数十人であった。

　しかも、中国大陸の戦争勝利のため日本における初めてのファシズム体制、つまり天皇制ファシズムが思想界はもとより教育、宗教界に対し従来以上の厳しい締め付けを行おうとしていた。

　だから、牧口を中心とする超宗教革命の戦いは、この天皇制ファシズムとの死闘となることもまた必然だった。

　戦争の拡大は、日本と中国の国民には膨大な犠牲、不幸を招くだけだった。

　牧口価値論によれば人はみな価値を創造して幸福になることを目指しており、その幸福のなかでも善の価値（人々と社会に幸福をもたらすこと）をどこまでも求めるものだった。

　善の価値を奪うもの、善の価値の反対概念、それはすなわち悪そのものである。

　戦争こそは最大の悪であり、それは大悪と呼ぶべきものでしかなかった。

　そのため牧口を中心とする超宗教による人々の最高・最大の幸福生活、のちに牧口はそれを大善生活と呼ぶが、それをめざす創価教育学会の活動は当然、戦争を否定する活動となっていく。

　それは、これから7年間にわたる牧口の死闘を描くことで明らかになるであろう。

中国の民族解放の戦い、日本侵略軍への応戦

　中国の対日本の戦争がより悲惨になったのは、日本軍と戦うべき中国民衆が

国民党軍と共産党軍に二分されて双方が
相争っていたことであり、それによって
日本軍の侵略をよりたやすくしたためだ
った。

　しかしその一方でNHKの番組『開戦太
平洋戦争 日中 米英 知られざる興亡』によ
れば、蔣介石は究極の必勝の戦略、つまり
アメリカを日本との戦争に引きずりこむと
いう長期戦略を考え行動に移していた。
　それは1937年（昭和12年）ごろから対
米プロパガンダとして蔣介石夫人（孫文
の娘）宋美齢を中心とする婦人たちによ

アメリカを引き込むことで
勝利をめざした蔣介石

り熱心にアメリカで始められ、以来、米国議会でのロビー活動、米国民への広
報活動など、地道であったが、粘り強く対日戦争勝利の日まで続けられること
になる。

　その一方で中国国民党軍が徹底して討伐しようとして果たせなかった中国共
産党軍（紅軍）は、これまた対日戦争勝利への別の戦略を描いていた。
　彼らは1928年（昭和3年）、毛沢東を指導者（政治委員）として井岡山に根拠
地を開き、創価教育学会創立の年1930年（昭和5年）にはすでに15の根拠地
に6万という大勢力を結集していた。

　都市で学び、都市で戦ってきた毛沢東は農村地帯を転戦するうちにその現場
で多くのことを学んだ。
　牧口も現場で学ぶことを最も重要視し、そこから教育革命の理論を打ち立て
た。

　農村部の現場で学び、戦った毛沢東が作ったのが「人民から針一本、糸一筋
もとらない」などとする紅軍「三大規律・六項注意」だった。
　この厳格な規律に加え、無学文盲の農民兵たちのために学校をつくり教育し

て「人民の軍隊」をつくりあげる。

　牧口が主張した通り、教育の力は革命に不可欠なことを毛沢東もよく理解し実践していた。

毛沢東の長征が中国の歴史を動かす

　毛沢東が農民から学んだ重大なことがある。「土地に対する燃えるような渇望こそ、農民を立ち上がらせる力である」ということ。そこから毛沢東はあらゆる土地を没収し、家族数に応じて分配する。

　その時点から農民の心に激しいまでの農地獲得のエネルギーが結集、解放され、その呼びかけに応じて農民は続々と紅軍に参加する[1]。

　蒋介石率いる中国国民党軍の包囲網を突破した彼らは1934年（昭和9年）10月から、後世「長征」と命名された苦難の逃避行に移り、中国大陸の奥深くで封鎖線を突き破り、地方の軍閥と戦い、1年がかりで1万2千キロを踏破し中国の北西部・延安にたどりつき新しい革命根拠地をつくった[2]。

　その延安で毛沢東は信奉するマルクス・レーニン主義、弁証法的唯物論を現場で見直し、現実に当てはめて発展させ、当時の絶対的な権威だったソ連コミンテルンの指導をしのぐ革命理論『矛盾論』、『実践論』を著し[3]、「抗日軍政大学」で農民たちに講義し、抗日戦争勝利の理論と教育をもとに勝利への道を歩み始める。

『持久戦論』を書き、
日本を追い出す戦略を進めた毛沢東

　かれらが長征を開始した1934年（昭和

1　　小島晋治・丸山松幸『中国近現代史』岩波新書、1986年4月、130 ～ 131頁
2　　同前　小島晋治・丸山松幸『中国近現代史』148頁
3　　『毛沢東　実践論/矛盾論　他』ワイド版世界の大思想Ⅲ-14，河出書房新社、2005年5月参照

９年）は牧口が革命の書『創価教育学体系』第4巻（最終巻）を脱稿し、当時の機関誌「新教材収録」に教育論文の寄稿を始め、その読者を結集して「日本小学教育研究所」を結成、教育革命運動を具体的に始めた年だった（詳しくは本書第2巻219頁参照）。

　そして、この1937年（昭和12年）は牧口が教育革命よりもさらに根底的な革命、超宗教革命の挑戦を開始した年でもあった。

法罰論の展開と教員以外への弘教

　その1937年（昭和12年）に至るまで、牧口そして戸田を中心とする創価教育学会は創立以来7年間、ますます強固になる天皇制国家教育、軍国主義教育体制の巨大な壁に向かって、革命の書『創価教育学体系』をかかげておよそ困難な教育革命に挑戦してきた。

　しかし、到底突破が困難なこの巨大な壁をどう乗り越えていくか。新しい挑戦が始まったのがまた、この1937年（昭和12年）であった。

　繰り返すが、この年から、創価教育学会は教育革命をめざす団体から、日蓮仏法を実践し、拡大する超宗教革命の団体に脱皮、変身していったといっても過言ではない。

　だから弘教拡大の対象は教育者だけでなく、一般のサラリーマン、商店主、自営業者、そして主婦という広範な庶民層にまで広がり始めていた。

　ちなみに創価教育学会関係者が静岡県富士宮の日蓮正宗総本山大石寺に登山した際に宿坊として使われていた大石寺・理境坊。

　牧口をはじめ創価教育学会のメンバーは1932年（昭和7年）ごろから大石寺に登山する際、この理境坊を宿舎として使う場合が多かった[4]。

　その理境坊に創価教育学会が建てる新しい宿舎建築のための寄付活動がこの

4　千種法輝「眼光鋭く古武士の風格」美坂房洋編『牧口常三郎』聖教新聞社、1972年11月、473頁

1937年（昭和12年）6月に行われた。その寄付者の名簿[5]が今も残っている。

　その名簿を見ると、牧口常三郎、戸田城外、牧口洋三（牧口の三男）などと並んで一般会員、合わせて40数人が寄付事業に協力している。

　驚くのはそのほとんどが、戸田の事業関係者、すなわち日本小学館、時習学館の社員や職員、そして関連する書店経営者、出版物の印刷を依頼する印刷所関係者、あるいは製本業者である。

　加えて、銀行員、金融業者などこれもおそらく戸田が実業家として交流、関係があって教育学会に入会した人々であろうと推定される人物たちであった。

　それに対して教育関係者はほんのわずかだった。

超宗教革命に結集する階級を越えた庶民の群像

　古来、あらゆる宗教運動や革命運動がそうであるように、特定の経済的な階級や職業集団だけでは、広範な民衆勢力を糾合することはとうていできず、歴史を変えるような運動や革命運動に発展することはまずなかった。

　ボリシェビイキ（ロシア社会民主労働党から分裂した左派）が最終的に権力を奪取し社会主義革命を成功させたとされるロシア革命ですら、その革命運動にはロシアの旧体制、すなわちロマノフ王朝、貴族階級のその旧支配構造を変えるために当初からあらゆる階級、階層の人々が立ち上がった。そのありさまがロシア革命の各種研究者により明らかにされている。

　だが最終的にレーニン主導の武装ボリシェビイキが主導権を握り、暴力的手段と権謀術数を巧みに使い分け、大量宣伝と動員、扇動と武力の使用によって権力奪取に成功した[6]。特定の階級が起こした革命では決してない。

　普遍的な宗教理念や革命思想は、特権意識や階級意識などという狭小な、特殊な意識など、いとも簡単に乗り越えてしまう。

　また階級意識さえも乗り越えられない宗教理念や革命思想では広範な人々が

5　「理境坊宿舎建築収支計算報告書」（創価学会本部所蔵）

6　松田道雄『ロシアの革命〜世界の歴史22』河出書房新社、1990年4月、316〜318頁

立ち上がる民衆運動や革命運動は最初から不可能といえよう。

中国で泥沼化する戦争と中国民衆の反撃

この2年間の地道な弘教活動により2年後の1939年（昭和14年）12月に第1回総会を開催した事実[7]は、牧口と創価教育学会の活動が決して停滞していなかったことを物語る。それは後に述べる。

だが、牧口、戸田が超宗教革命を開始したこの1937年（昭和12年）12月末、日本軍はついに中国の首都・南京を陥落させ、その多くの市民に顔をそむけるような虐殺を繰り広げ、悲惨極まりない地獄絵図を現出したといわれる[8]。
のちに創価学会第3代会長となる池田大作はその最も有名で代表的な長編小説『人間革命』の冒頭で「戦争ほど悲惨なものはない。戦争ほど残酷なものはない」[9]と喝破したが、まさにそれが中国大陸で続いていた。

しかし中国民衆は日本軍に圧倒されようが、負けようが、その広大な大地と、5億人[10]という大海のような人的資源、そして噴き上げる抗日へのエネルギーをたのみに、徹底抗戦をやめようとはしなかった。

1938年（昭和13年）5月、指導者・毛沢東は「実践論」「矛盾論」に続いて延安で「持久戦論」を講演し、抗日ゲリラ戦勝利の各段階の道筋と勝利への原理を明らかにした。
すなわち、「中国の今日の解放戦争は歴史の方向に沿った正義の戦争であり、それゆえに全国の団結を呼びおこし、国際的な支援を受けることができる。
また、中国には長期戦を支える広大な国土と人口がある」[11]と中国民衆勢力の圧倒的に優位な点をあげて、守備、対峙、追討の3つの段階をたどって最後は満州と朝鮮の国境を流れる鴨緑江の向こう側に日本軍を追い落とす、と予見

7　1939年（昭和14年）12月14日の創価教育学会第1回総会（麻布・菊水亭）の写真、56人が参集
8　半藤一利『昭和史1926-1945』平凡社、2004年2月、193〜196頁
9　池田大作『小説　人間革命』聖教ワイド文庫第1巻、聖教新聞社、2013年1月（第2版1刷）、15頁
10　『中国人口統計年鑑』1997年版、373頁
11　小島晋治・丸山松幸『中国近現代史』岩波書店、1986年4月、169頁

した[12]。

　その後の中国大陸で事態はほぼ毛沢東の予測通りに進む。

　毛沢東のこの戦略の根底にあるのは間違いなく「戦争の偉力の最も深い根源は民衆のなかにある」という人民戦争、言い換えれば民衆革命の思想だった[13]。

　牧口は暴力を否定し、戦争を決して肯定しなかったが、その教育革命、超宗教革命による社会変革の方針はまさに同じ民衆革命の発想だったと筆者は考える。

文化植民地日本の解放闘争の先頭に立つ

　中国をはじめアジア諸国は日本を含む世界の列強に軍事的侵略を許し植民地化された。しかし、日本は幸運にも領土の植民地化を避けることはできたものの文化の面では明らかに欧米に植民地化されたといえよう。

　例えば牧口の生きた、そして苦闘した教育の分野ではまさに欧米の教育学が朝野を席巻し、その翻訳・紹介が学問であり、それを学び教えない教育学は教育学ではないとされた。

　だから日本で初めて生まれた「創価教育学体系」は最後まで無視され続けたと思われる。

　しかし、牧口はそれに屈することなく『創価教育学体系』全4巻を完成させた。当時まで、日本における哲学も教育学も倫理学も数学も医学も物理学も全て欧米直輸入だった。間違いなく日本は欧米の文化植民地だったのだ。

　欧米の文化植民地だった日本において、牧口がその文化植民地の解放闘争の先頭に立ったとするのはあながち誇張ではない。

　同じころ、インドのガンディーも植民地化され失われたインドの伝統的工芸、木綿の糸車を復活させ、自らが糸を紡ぎ、イギリスの綿糸大量生産に対抗する不服従の戦いを始めていた。

　それはまたインド独立をめざす文化の面からの植民地解放闘争の象徴となった。

12　毛沢東選集刊行会『毛沢東選集　第3巻』三一書房、1952年7月、244頁
13　小島晋治・丸山松幸『中国近現代史』岩波新書、1986年4月、169〜170頁

精神力で勝つという国民精神総動員運動

　中国との戦争に勝つため1937年（昭和12年）9月から日本政府は国民精神総動員運動を開始し、10月12日には「国民精神総動員中央連盟」が結成された[14]。これは内務官僚、警察、市町村役場が推進する官制国民運動だったが、「挙国一致・尽忠報国・堅忍持久」をスローガンに戦争協力のための国民思想の統一と戦意高揚を図ろうと、精神の力で勝つというおよそ現実離れした政策だった。

　何かといえば精神力で勝つ、勝てるというのが当時の日本全体に、日本人全体の底流にあった考え方だった。
　まさに精神力を鍛えて「挙国一致」（国を挙げて思想を一つに戦争を勝利する）によって対中国戦争を勝利しようという国民運動だった。
　国民精神総動員運動が発表されるや、すぐさま各地の在郷軍人会、青年団、国防婦人会がこれに呼応し、さらに小学校校長会までも「挙国一致」の声明を出している。

　さらにこの9月25日、国内の不穏分子による情報を統制し国民に一方的な情報を伝えるための内閣情報部（のちの内閣情報局）、10月に国策立案機関としての企画院を、11月に戦争勝利を指導する大本営までを立ち上げ中央集権機能をさらに強化した。日中全面戦争を勝ち抜くため国力の全てを傾ける国家総力戦の体制をとろうとしたのである[15]。

国民の犠牲を無視した総動員体制

　だが、戦争の拡大は一般庶民の家庭に大きな犠牲を強いる。一般市民の男子は1937年以降続々と兵士として戦場に投入される。
　小学校4年生になっていた池田少年（後の創価学会第3代会長）の長兄・喜

14　歴史学研究会『日本史年表』第5版、岩波書店、2017年10月、288頁
15　歴史学研究会『日本史年表』第5版、岩波書店、2017年10月、288頁

一が出征したのはこの年、1937年（昭和12年）だった[16]。

　また、教員赤化事件の関係者が創価教育学会から離れて長野県に帰郷したとたん、真っ先に徴兵され、中国の戦地に送られたがこの年だった[17]。

　1938年（昭和13年）正月に、青森から上京した教員・蝦名（えびな）友秋は、小塚鉄三郎という先輩に連れられて牧口を自宅に訪ねた。

　そこで牧口から価値論、そして創価教育学を紹介されてその人格と情熱に圧倒される。

　「わたしの求めておったのはこの先生だったのだ。この創価教育学だったのだ。感激でいっぱいであった。『価値論』──なんとすばらしい理論だろう。任地（青森県：筆者注）でさっそく利用して勉強させていただいた。『よしやるぞ！』と3月の春休み、上京して再び先生（牧口：筆者注）にお会いした」と次第に牧口の価値論、日蓮仏法の信奉者になっている[18]。

　以来、牧口は手紙で毎月1回は信仰と教育について蝦名を激励。そこには必ず「行解既に勤めぬれば三障四魔紛然として競い起こる」（日蓮仏法の信仰と研鑽に励んでいけば必ずと言っていいほどそれを妨げる各種障害が競うように巻き起こる）との日蓮聖人の御書（遺文集）の一節が書かれていて、遠い青森の地で信仰に励む蝦名が信仰を退転しないように激励し続けたという。

　さらに2年後、学校で図画の授業について他の教員たちが参観する研究授業をすることになり、困り果てて牧口に指導を求めると、牧口はわざわざ図画授業の教案（生徒を教導する授業の進行の仕方と内容案）を書いてくれ、それに加えて蝦名の質問に細々と答える手紙を何度も送ってくれたという。

　これにより、研究授業は見事に成功した。

　だが上京してその成功を報告する座談会に参加したものの、津軽弁の彼はう

16　池田大作『私の履歴書』『池田大作全集　第22巻』聖教新聞社、1994年5月、200頁

17　上藤和之『新　牧口常三郎伝2～革命の書「創価教育学体系」と不服従の戦い』三冬社、2023年2月、286頁。司法省保護局編『讃功録』司法保護協会、1941年2月、27～33頁

18　蝦名友秋「月1回は激励と指導の手紙」美坂房洋編『牧口常三郎』聖教新聞社、1972年11月、456頁

まく説明ができずにいると、彼に代わって牧口が報告してくれたという[19]。そこまで一人の人を大切にした。

しかし、この蝦名の例でもわかるとおり、文字通り、人脈をたどりひとりを牧口が折伏するという気の遠くなるような、地道で時間がかかる日蓮仏法の弘教拡大の道を進むのがたったひとつの道だった。

未聞の超宗教革命といえどもその道程は、来る日も来る日も粘り強い対話の連続だったことがわかる。

法罰論による弘教拡大を進める

当時の会員のなかでは日蓮仏法を前面に押し立ててその信仰を多くの人に勧めるなど一般の会員、なかんずく初心者の会員にはほとんど不可能なのは当然だった。

友人、知人を牧口の自宅、あるいは戸田の会社、職場へ連れていかないと話は進まなかったという証言もある。だから会員数はさほど増えなかった。

その活路を開いたのが牧口の「法罰論」であった。

そのあたりの事情について長野県教員赤化事件の関係者のひとりで、1936年（昭和11年）に他のほとんどが牧口のもとを去ったときに、幸運にも東京の小学校教員になって牧口についていった矢島周平はこう語っている。

「昭和12年か13年ごろのことだと思いますが、どうも折伏（弘教拡大のための対話：筆者注）が思うように進まない。そこで（牧口）先生は伝家の宝刀を出そうと言われ、その後『供養すること有らん者は福十号に過ぐ。もし悩乱する者は頭破れて七分にならん』（正しい法を信仰実践する者には福運と幸運が、それに反対する者には法罰の現象があるとの意。中国・天台宗の妙楽大師の言葉：筆者注）の話を中心に、盛んに法罰論を折伏（弘教拡大のための対話）に用いるようになったのです。

これが転機となって今までの数倍の勢いで同志が増加。それだけ弘教の機会

や座談会が多くなったのです」[20]と。

つまり、弘教拡大の道が、そこから飛躍的に広がったというのである。

その法罰論とは何か。

すでに本書第2巻『"革命の書"「創価教育学体系」発刊と不服従の戦い』で紹介したので簡単に振り返ると、牧口は「日蓮仏法こそが超宗教でありその超宗教は先ず制裁的威力を持たねばならない。悪人を罰するくらいの力を持たない神が、善を保護する力を持っているわけがない。それでは人間から信頼など得られない。日蓮仏法すなわち超宗教にはそれがある」[21]。

これが牧口の「法罰観」である。

牧口は日蓮が「仏法は勝負をさきとし、王法は賞罰を本とせり」[22]と述べているように、勝負を決するには法罰が出るか出ないかを自覚することが必要で、これこそ宗教の生命というべきものだとも主張した。

実際、これがなければ宗教を信じるか信じないかは各自の自由だから信仰の必要・不必要を納得させることはできない。宗教が単なる哲学的な真理かそうでないかを論じる真理論に陥ってしまう。

そうであれば、幸福になるための根本原理を求めて日蓮仏法に至った以上は、実験証明してもらうためにも法罰論を表に出さざるをえない。

こうして日蓮仏法の教義の論理的帰結としても法罰論は回避できないことを牧口は明らかにした。

ここまで、牧口は多くの青年教育者やその関係者、学者、文化人、官僚に日蓮仏法を語り、粘り強く対話し信仰実践に導いてきた。

いかに日蓮仏法が理論・教義面で他宗教と比較してそれを圧倒する最高の宗教であると説明を果たしても、実践を始める契機にするものがなかった。

そこで考察に考察を重ねたうえで、さらに多くの人々に日蓮仏法を教え、と

---

20 矢島秀覚（周平）「法華経かマルクス主義か」美坂房洋編『牧口常三郎』聖教新聞社、1972年11月、475 〜 478頁。矢島秀覚（周平）からの聞き書き（矢島が住職をしていた埼玉県大宮の正因寺において上藤取材、1978年前後に複数回同寺を訪問し聴取）
21 牧口常三郎「創価教育法の科学的超宗教的実験証明」『牧口常三郎全集』第8巻、79 〜 87頁
22 日蓮『四条金吾殿御返事』1277年（建治3年）、御書1165頁　56歳の時

もに実践するなかで最後に、実践を始める契機にするものを見出す。それが法罰論だという結論に到達したといえよう。苦衷、苦闘の果ての選択だった。

　また「ご本尊様は偉大な力がおありになる。罰なくして大利益があるわけがない。子供を叱る力のない父親が子供に幸福を与えることはできない。ご本尊をジッと拝んでみよ。『もし悩乱するものあれば頭は破れて七分となる』とのご本尊様のおおせが聞こえないか。ご本尊様が罰をおおせではないか」と牧口は常に語ったという[23]。

　この法罰論によって会員による弘教拡大運動が大きく推進されたと、先に矢島周平が述べているようにその結果は目覚ましいものがあった。
　それまでは仏教の大要を語るだけでも1時間以上かかり、日蓮仏法の優れた点を話すと半日かかった。それが非常に早く相手を納得させることができるようになったという。

弘教拡大の先駆を切った戸田城外

　ここで弘教拡大の先駆を切ったのは牧口の不二の弟子・戸田城外だった。
　戸田は翌年の1938年（昭和13年）頃から盛んに経済人・事業家を折伏していた[24]。
　当時の戸田関連の入会・入信者を挙げると義理の父親の松尾清七、眼鏡店店主、食品会社社長、何人もの出版社社長、書店の社長、実業家、製本会社の関係者数人、弁護士、教員、銀行員、印刷業者、女性実業家、金融業者等々の人々が戸田の弘教活動によって日蓮仏法を信仰し、創価教育学会の牧口門下に入ってきたという[25]。

　こうした戸田の事業関係の人々の場合、信仰の功徳を感じる体験、すなわち実験証明が事業や経済上の成功・失敗に結び付き、信仰と生活が密接に関係づ

23　『戸田城聖全集』第1巻、聖教新聞社編、297頁
24　矢島秀覚（周平）からの聞き書き（1978年前後に埼玉・大宮の正因寺で上藤取材）
25　同上　矢島秀覚（周平）からの聞き書き（上藤）

牧口門下で弘教拡大の先駆を切った
戸田城外（城聖）

けて実感されたので、理屈、理論に偏りがちな教育関係者より、より早く信仰の歓喜やエネルギーが生まれてその実証をもとに確信をつかむことが早かった。

戸田に続いて弘教拡大の活動を推進したのが、矢島周平や寺坂陽三だった。矢島周平は1935年（昭和10年）ごろから長野県の元教員赤化事件関係者や教員を牧口に紹介してその力で弘教拡大を進めたが、その紹介で入信した寺坂陽三（福岡出身、福岡師範学校卒、立正大学・地理歴史科卒の小学校教師）が、まずその弟・有村勝二を信仰に導き、その有村が当時、勤務していたジンノクリーニングの社長夫妻を牧口に紹介した。

同年3月14日、牧口はクリーニング会社「ジンノクリーニング」の社長夫妻とその長女を日蓮仏法の信仰に導いた[26]。そこから陣野の周辺で教線が拡大した。

夫人の陣野久代はこの時のことをこう証言している。「ご本尊送り（信仰対象の本尊を陣野宅に安置する儀式：筆者注）も（牧口）先生がしてくださいました。それからしばらくは毎日のように羽織はかまのお元気なお姿でニコニコしながら家までお越しになり、いろいろご指導していかれました。

目白の（牧口の）お宅にも度々伺い（信仰についての）ご指導を受けました。いつも快く迎えていただき、お昼御飯も一緒に頂きました」[27]と。

そうした時に牧口から聞いた話でよく覚えているのは「認識と評価を一緒にしてはいけない」、「遠視眼、近視眼ではなく正視眼でものを考えなさい」、「日がでれば星は隠れる。優れたものをみれば拙いものがみえてくる」など、生活の場で認識と評価の在り方を教え、訓練してもらったともいう。

26 『牧口常三郎全集』第7巻「月報」4、第三文明社、1982年7月、6～7頁
27 陣野久代「教えられた母親の信心」美坂房洋編『牧口常三郎』聖教新聞社、1972年11月、471頁

　片山尊も当時同志となった青年の一人で、「鹿児島から東京美術学校の予備校生として上京したこの年（昭和13年：筆者注）の4月に鹿児島県立一中の先輩を訪ねると、その先輩は小学校の教員だった寺坂に折伏されて牧口門下になっていた。

　やがてその寺坂から自分も折伏された。寺坂の話は価値論一本だったと思う。法罰論もあった。そこで日蓮仏法を信仰することになった」と証言している[28]。寺坂の弘教活動により今度は片山の同級生で早稲田大学の予備校生だった2人が仲間に加わった[29]。

　寺坂は牧口の価値論をよく仏法対話に活用していたようである。

　牧口の価値論をもとにした話の流れはこうだ。

　教育の目的は人を幸せにすることにある。幸福な人間とは価値創造をすることができる人間をさす。

　言い換えれば価値創造できる人間を育てるところに教育本来の目的がある。

　ではその価値だが、真・善・美の価値がある。

　その価値の中でも最大の価値は善の価値になる。そして幸福な生活とは最高・最大の価値を創造する生き方にある。

　その最高・最大の価値を創造する生き方、それが日蓮仏法を信仰する生活だと。それを後年、牧口は大善生活と呼んだ[30]。

　牧口は後年、人生の最終的目標は大善生活にあると訴え続け、それが日蓮仏法という超宗教によって実現されると大確信をもって語り続けた。

　この大善生活とは、最高、最大の幸福な生活を意味する。

さまざまな人脈で大きく弘教拡大が進む

　こうした当時の人々の証言を拾い集めると、創価教育学会の弘教活動はどこ

28　片山尊から聞き書き（上藤の同僚の取材による）
29　同上　片山尊から聞き書き
30　牧口常三郎「創刊の言葉」創価教育学会会報「価値創造」創刊号、1941年7月、1頁

までも個人の人脈で広がり続けたことが見えてくる。

　1938年（昭和13年）1月に入信した実業家・木下鹿次（九州八女の田中国之の実弟。後に創価教育学会理事のひとり）に牧口はこう言ったという。「木下さんは（日蓮仏法の教義や牧口の「創価教育学体系」の学説など）最初から難しい理論は勉強しなくてもいい。信仰してまず模範を示しなさい」と。

　木下によれば牧口を除いて当時の会員のほとんどは日蓮仏法の教義（教学）を知らなかったという。

　それよりもとにかく、一つ一つ信仰し実践して「実験証明」することを教えられたともいう。

　さらに、牧口から「弘教といっても知人を紹介するだけでいい」と言われ、その通りに知人を紹介すると、牧口自らが次々と訪問して対話し、入信に導いた。

　なおその後、陣野の会社に勤務することになった神尾ヨシが入信し、その夫で日大の講師だった神尾武雄も入信する。

　またこの1938年（昭和13年）9月には「創価教育学体系」を印刷した印刷会社の社員で、のちに独立して小さな印刷会社の社長になった西川喜右衛門が戸田に折伏され入会[31]。

　この1938年（昭和13年）から39年（昭和14年）に牧口門下に入った人物の多くがのちに教育学会の理事などになり、活動を推進する中核になっていく。

外交を知らない日本の無知無謀な外交交渉

　1938年（昭和13年）の1月16日、首都・南京を失っても降伏せず頑強に抵抗する中国政府（国民政府）に対して、それまで細々と一部で進められていた日中和平交渉を、日本政府は一方的に打ち切った[32]。そして以後、「国民政府を対手とせず」と世界に向けて声明する[33]。

31　西川に対する「東京刑事地方裁判所・判決・免訴状」による
32　半藤一利『昭和史1926〜1945』平凡社、2004年2月、200〜202頁
33　前出　橋川文三ほか編『日本の百年8〜果てしなき戦線』80〜81頁。歴史学研究会『日本史年表』岩波書店、2017年10月、288頁

　この声明は、今後は対中国の和平交渉も外交交渉も一切相手にしないという
だけでなく、逆にいえば中国からも相手にされなくなるというとんでもない愚
挙、愚策でしかなかった。
　つまり、戦争はどんな形であっても最後は双方の国家同士の外交交渉で決着
する。
　例えば1945年（昭和20年）8月に日本は連合国に無条件降伏を表明するが、
それも連合国から出されたポツダム宣言を受諾するという外交的な手続きを経
て、最終的には9月2日、その降伏文書の調印が戦艦ミズーリ号甲板上で双方の
外交使節によりなされたことで初めて太平洋戦争は正式に終わったことになる。
　つまり、戦争は8月15日に終わったのではなく、9月2日に終わった。

　しかし外交交渉に先天的に無知で下手な日本人は8月15日の天皇の玉音放送
で戦争が終わったと思い込んでいた。だがソ連は常識に従ってそれ以降も中国・
東北部（旧満州）を蹂躙し、さらに進軍、進撃を続け、樺太、千島列島を占領
しそのまま現在に至っている。

　戦争を終えるには外交交渉を経なければならず、現に戦争しているその相手
国を一切相手にしないとは、今からみれば全ての人があきれるほどの非常識な
声明だった。
　当時の日本の軍部や政府の思い上がりと外交知識はその程度のものだった。
　最初から最後まで、日本は外交ができないというか、知らない国だったこと
を天下に証明した。それは、今も続いている。

長期的外交方針のない場当たり主義外交の悲劇

　牧口はあらゆる価値判断において「認識せずして評価するな」とよく語った。
当時の会員の一人、小泉隆（小学校教員、のちの創価学会理事長）によれば牧
口が「正しい評価を下すためには、まず、正確に認識しなくてはならない。認
識の仕方にもいろいろあって、無認識もあれば認識不足もあり、誤認識もあり、
それが世の中を乱すもとになる」と認識の重要性についてよく語っていたとい

う[34]。

　まさに日本の首脳陣は中国大陸の人々についても、その意識も考え方も実力もまったく誤認識、無認識のままで戦争を始めるという重大な過ちを犯していたことは間違いない。

国家総動員法の成立＝ファシズム体制の完成へ

　この1938年（昭和13年）、池田大作少年（のちの創価学会第3代会長）は小学校5年生になっていたが、前年の長兄に続き、この年にはその次兄が相次ぎ出征していった。

　池田家は働き手を失い、生活はますます困窮する。少しでも家計を助けようとの気持ちから、池田少年はすぐ上の兄とともに新聞配達をして家計を助けた。
　小学校6年生の時から高等小学校の2年間、計3年間寒風や猛暑のなか配達に励む[35]。

　外交的に打つ手がなくなった政府は、結局は対中国の戦争に総力をあげ、中国をさらに徹底的に叩くしか道はなくなる。そのために恐ろしい法律をつくった。
　それが1938年（昭和13年）の4月1日に公布（同5月5日施行）した、日本を法律上、天皇制ファシズムの煉獄につなぐ「国家総動員法」である。
　非常時になれば軍部が国民を好き放題に徴用して戦地に送り、あるいは軍需工場で働かせ、その働く者の賃金を政府に都合のよい価格に統制し、経済活動に不可欠な物資の生産、配給、消費の全てを政府が自由にコントロールし、輸出入の貿易をも制限できる、というまるで国家社会主義体制そのものを日本に実現する法律である。
　いったん戦争が始まったら国民のもっている基本的人権をふくむあらゆる権利を全面的に政府に譲り渡すことになる恐ろしい法律でもあった。

34　小泉隆「牧口先生の思い出」『牧口常三郎全集』第3巻「月報」1、第三文明社、1981年11月、1頁
35　池田大作「私の履歴書」『池田大作全集』第22巻、聖教新聞社、1994年5月、202〜203頁

　まだこの時まで辛うじて残っていた政党のうち政友会、民政党はさすがにこの「国家総動員法」の恐ろしさに気づいて反対したが、唯一の革新政党「社会大衆党」のみは賛成した。

　同党代議士・西尾末広はこの法案の賛成演説を行い[36]政府を激励してこうも発言した。

　「あるいはスターリンのごとく、あるいはムッソリーニのごとく、あるいはヒットラーのごとく、大胆率直に、日本精神はこれだ、日本の進むべき道はこれだということを全国民に指し示す時期に到達している」と[37]。

　さすがにこの発言は日本国体（天皇制国家）の敵である共産主義国家ソ連のスターリンを讃嘆するとは何事か、と大問題になり、結果、西尾は議員除名になった。

　社会大衆党がめざす社会主義とは、すなわち国家社会主義であり、それはファシズムの政策そのものだから西尾の絶賛は決して間違いではない。

　スターリンや、ムッソリーニ、ヒトラーという国家社会主義体制のリーダー、すなわちファシズム体制のリーダにあこがれた社会主義者・西尾の心情を雄弁に物語る演説であろう。

　唯一の革新政党まで賛成すれば国家総動員法の成立は当然だった。

　なお、ちょうど同じころヒットラー率いるドイツ・ナチス政権は3月13日に圧倒的なオーストリア国民のナチス党賛同の声に応じてオーストリアを併合、ナチズム礼賛の声がドイツ、オーストリアだけでなく欧州を席巻し始めていた。

　そして、さらにナチズム礼賛の思想高揚のため、ドイツ国民共通の敵を作り出し、迫害し、攻撃し、見せしめにしようとしていた。

　その共通の敵とはユダヤ人だった。

　ドイツを貶めたのはユダヤ人だという幻想の物語（ナラティブ）がナチス政権によってひろく流布し、それを背景にユダヤ人大量虐殺、ジェノサイドの波が起ころうとしていたのが、まさにこのころであった。

36　「国家総動員法案会議録　第10回」昭和13年3月9日、8〜9頁
37　西尾末広『大衆と共に』世界社、1951年10月、326頁

幻想の物語（ナラティブ）を流布する思想戦は、個人はもちろん、共同体、民族まで破壊する恐ろしい力を発揮することを忘れてはならない。

日本でも天皇制ファシズムを正当化し、絶対化する皇国不滅神話、八紘一宇、皇軍不敗などの幻想の物語（ナラティブ）が日本国民をがんじがらめにしつつあった。それを幻想と見破ったのは牧口だった。

こうして名実ともに天皇制国家社会主義体制（天皇制ファシズム）が大きな混乱も反対運動もなく成立した日本。そこで軍部は思うがままその戦争政策を推進できることになった。

北海道に飛び弘教拡大戦を展開

天皇制国家社会主義体制（天皇制ファシズム）に対して、牧口は超宗教革命の歩みを止めない。同志を求めて北海道に飛んだ。牧口の第二の故郷であり、同窓生や後輩の多くが教育者として全道で活躍していた。牧口が超宗教革命の同志を募ることができる可能性を秘めた地でもあった。

この年の6月3日付け「十勝毎日新聞」[38]に突然、「牧口氏の教育講演」との見出しで、講演会の予告文が掲載された。

それによると「北海道教育会特派　牧口常三郎氏の教育講演は来る9日開催するが時間及び会場は未定である」とおおまかな計画が明かされている。

北海道教育会の特派による牧口の講演旅行とは、全道の教員を統率する北海道教育会がこの講演旅行を後援することを意味している。

実際に、北海道庁の嘱託の人物（北海道師範の牧口の同窓生）が牧口の世話役として同行すると記事にある。

実際の牧口の行動を、新聞記事などで追ってみると全道8か所で講演してい

38　「十勝毎日新聞」1938年6月3日付け2面

6月9日、帯広で『創価教育について』と題し講演した

る。そこには牧口の懸命の弘教への執念が窺える。釧路では10日の午後1時から市内の小学校で「時局と教育」のテーマで講演と予告された[39]が、その内容についての報道はない。このテーマで何を語ったのか。

　それを考えるために、6月17日に創価教育学会主催、札幌市と北海タイムス後援による講演会（札幌時計台、現・札幌市中央区）で行われた牧口の講演のテーマを見てみると「防共対策の原理」とある[40]。
　これは教育というより共産主義の拡大や運動からどう国民を守るかという防共対策の時局講演会のように見える。
　内容は想像するしかないが、おそらくは「長野県教員赤化事件」の関係者を、日蓮仏法の信仰によって蘇生させたあの1935年から同36年の教育学会の実験証明の話が中心だったのではないかと筆者は考える。

　18日は室蘭市の室蘭女子小学校での講演だったが、予告記事のテーマは「知識の科学と信仰の科学」[41]。内容まで紹介されていないので、これも小冊子『創

39　「釧路新聞」1938年6月8日付け2面
40　「北海タイムス」1938年6月9日付け5面
41　「室蘭毎日新聞」1938年6月17日付け2面

6月18日、室蘭の小学校で『知識の科学と信仰の科学』と題し講演した

価教育法の科学的超宗教的実験証明』に沿った講演ではなかったかと想像される。

　19日の「北海タイムス」5面には、「創価教育とは　創始者牧口氏を中心にきょう解説座談会」の見出しで牧口を中心とする座談会の予告記事が掲載されている。
　テーマは「文化生活指導原理としての価値論」だがその内容を報道する記事はない。

　この新聞には同時に、17日の「防共対策の原理」と題する講演会の記事が報道されている[42]が「講演は聴衆に非常な感銘を与えた」と書かれているだけで講演内容は紹介されてない。

　なお、この19日の講演会には戸田も仕事の合間をぬって札幌に駆け付け（おそらくは、空路と思われるが記録はない）この座談会に出席し講演している。

42　「北海タイムス」1938年6月19日付け5面

　戸田はおそらくその仕事が多忙だったせいか、講演が終わった当日19日には札幌を発ち、空路、帰京している[43]。牧口の弘教拡大の応援だったと思われるが実際の講演記録は残っていない。

　総じて、牧口のこの北海道講演旅行での弘教拡大についてさほど大きな成果が出たという記録はない。また、この時に日蓮仏法の信仰を始めたという会員は筆者の知る限り見つかってない。

　この北海道での講演活動による弘教拡大は成功しなかったのではないかと筆者は考える。

　一方で超宗教革命に全面的に挺身するようになってから、学者としての牧口の評価は失せ、一般からも無視され続けることになる。

　前述した小泉隆は戦前の牧口に対する評価について次のように語っている。

　「『人生地理学』の著者として、当時の学術界に名を成した牧口先生も、創価教育学体系の発刊ではそれほど注目もされず、日蓮正宗の広宣流布を叫ばれてからは誰にも相手にされなくなった」と[44]。

　例えば、翌年の1939年（昭和14年）12月の創価教育学会第1回総会（東京・麻布菊水亭）には、ここまで牧口や、教育学会を応援してくれた教育学会顧問で貴族院議員の古島一雄や、金銭面でも援助を惜しまなかった同じ顧問の秋月左都夫も、そして友人だった柳田国男も姿をみせてない。

　それでも牧口はへこたれない。前へ、前へと進み続ける。

戸田の出版事業拡大と夏季修養会

　一方で、庶民には高嶺の花だった飛行機で東京の調布飛行場から札幌の丘珠飛行場まで往復したと考えられる戸田の行動を見ると、1936年（昭和11年）には破綻寸前までいった日本小学館の経営が急角度で回復し、この年には上昇に転じたことが窺える。

43　「北海タイムス」1938年6月20日付け7面「空の来往」欄の搭乗者名簿に戸田の名前がある

44　小泉隆「牧口先生の思い出」『牧口常三郎全集』第3巻、「月報」1、第三文明社、1981年11月、2頁

　後年、戸田は「自分は友人からひばりのような人生と言われた。貧乏するとどこへもぐったかわからなくなるが、ひとたび景気がよくなると何処まで昇っていくかわからない」[45]と語っている。

　当時の庶民はとても飛行機に乗れなかった。飛行機運賃は東京から札幌まで55円（現代に換算すると15万〜20万円）だった。鉄道列車代金の約5倍であった[46]。

　日本小学館が事業の中心にした受験産業は大きく拡大し、このころまでに戸田が日本小学館から発行した受験関係の書籍は、超ベストセラー『推理式指導算術』をはじめ「算術練習帳（第二、三、四学年　前・後期用）」などの算数参考書、「指導読方」「普及版　指導読方」などの国語の参考書、「理科学習帳（第四、五、六学年用）」、「地理学習帳（第五、六学年用）」、「国史学習帳（第五、六学年用）」、「試験地獄の解剖」など実に多岐にわたっている。

　このうち受験生の間で必読のベストセラーになった戸田城外著「推理式指導算術」はこの年12月、改訂改版110版（翌年には120版）を発行するなど売れ続けていた。最終的には100万部を突破したと言われる。

　北海道から帰京した牧口は1938年（昭和13年）7月22日から1週間、第3回となる創価教育学会修養会を前出の大石寺理境坊を宿坊として開催した。

　参加者は牧口、戸田に加えて、三ツ矢孝、渡辺力、木村栄、小塚鉄三郎の教育者で、それに加えて土屋フミ、光岡房子、山口トシエなど女性教員も入り教育者が11人、加えて親に同行して参加した関連の子供達6人の計17人であった[47]。

　この時、大石寺では同時に日蓮正宗の檀信徒の子弟を対象にした第6回夏季修養会が開かれていたので子供がいた教育学会のメンバーが子供を一緒に連れて参加したものと思われる。

45　戸田城聖「苦闘時代の体験談」「聖教新聞」1957年6月23日付2面
46　『旅行案内』旅行案内社、1940年（昭和15年）1月の運賃表による
47　『大日蓮』昭和13年8月号、日蓮正宗宗務院、1938年8月。小塚鉄三郎所有「登山請書」

　創価教育学会の教員メンバーはその特性を生かして、毎朝境内での全員参加のラジオ体操を指導した。

　7月24日には特設プールで水泳を楽しんだり、参加者一同で記念撮影している。

　26日は講話のあと、参加者が近隣の下之坊を見学。夜は、大石寺の宗務総監や所化を交えた座談会に参加した。

　日蓮仏法で言う宗教批判の原理・「五重の相対」にある「内外相対」（内道と外道の相対関係）の教理に対して、創価教育学会のメンバーから、価値論で論ずればどうかとの応酬があり、議論が盛り上がったという。

　夜の講話では、牧口が「価値論」を論議した。最終日の28日には大石寺から徒歩で白糸の滝に行き、その前で参加者と記念撮影をしている[48]。

九州の広布拡大に足を伸ばす

　夏季修養会が終わった1938年（昭和13年）7月28日、牧口は大石寺から直接、九州に向かった。

　この年に入会した片山尊ら4人の会員の郷里である鹿児島を訪問し、その4人の両親たちに弘教するためだった。4人はいずれも鹿児島県立一中の卒業生だった。

　牧口は鹿児島市内の旅館・岩崎谷荘に一泊した後、平之町に約10日間滞在し、座談会や弘教活動を行う。滞在中、青年たちと錦江湾を船で遊覧し、磯海岸で水泳も楽しんだ。

　また、西郷隆盛終焉の地・鹿児島市城山の麓にあった洪然（こうぜん）亭で青年たちと会食もした。青年たちに日蓮仏法をかみしめるように語って聞かせたという[49]。

　このころの牧口の心境は、最も心が許せる北海道師範学校同窓生の会「藻岩」（北海道師範学校同窓会東京支部）の機関誌「藻岩」第2号に出ている。

48　『大日蓮』昭和13年8月号、日蓮正宗宗務院、1938年8月
49　聖教新聞九州編集局『牧口先生と九州』1998年

その近況報告に「教育改革を企て百発百中の法則を実証するに当たり、宗教革命によって心の根本から立て直さねばならぬに至った」[50]と書いている。

どこまでも人々を幸福にしたいとの心情から教育革命を超えて超宗教革命へと大きく展開する牧口の行動軌跡、心情が読み取れる。

しかし、庶民が小さな幸せを追い求めようにも、日本はこのころから世界戦争に向けてその加速度を増していた。

中国の徐州、広東を攻略した日本軍はついにこの1938年（昭和13年）10月27日、中国が南京から政府機関を移転していた漢口を陥落させ、日本中が提灯行列の騒ぎとなった[51]。

静かに中国民衆の対日反撃が広がる

しかし中国国民政府は前年に中国のさらに奥地・重慶に首都を移していたので、降伏どころか、そこを最後の拠点として徹底抗戦を続ける。

さらに上海や揚子江沿岸にあった各種工場も機械も部品も資材も、運べる限りを人海戦術で、つまり人の手で重慶へ奥地へと移転させた[52]。戦力的に劣る中国だったが、その民衆のナショナリズムの力は日本軍を上回り民衆の力が近代兵器を超えようとしていた。

米国の地でも中国の対米工作の中心者・胡適は、アメリカでスティムソン委員会（日本に利益を与えない目的のための委員会）を組織し、それに全米約1万人の会員が加わってロビー活動、世論工作に励んだ。

世論が動けば大統領が動く国がアメリカだった。大量のビラを米国全体に配布し「アメリカが応援をしないから中国に悲劇が起きている」といった世論工作を地道に継続していた。民衆の地道な活動はやがて世論を動かし国を動かす。

同年12月、中国への英米の資金援助がついに開始され、延べ15万人の中国民衆が人力で仏領インドシナと中国・雲南省を結ぶ道路・ビルマルートを完成・

50 「はがき通信」「藻岩」第2号（北海道師範学校同窓会東京支部）の機関誌、1938年12月
51 半藤一利『昭和史1926−1945』平凡社、2004年2月、203〜205頁
52 山中恒『アジア・太平洋戦争史』岩波書店、2005年7月、466頁

開通させた[53]。援蒋ルートと呼ばれる。

　日本が中国に勝つには、この援蒋ルートを封鎖するしかなくなり、そのためにはビルマ、仏印を占領する必要に迫られる。

　さらに、石油をはじめ軍需資源を求めてオランダ領インドネシアを制圧する野望も大きくなり、日本国内の東南アジアへの「南進論」がさらにアメリカを刺激した。

　すなわち翌年の1939年（昭和14年）7月、アメリカがついに日米通商航海条約を破棄すると日本政府に通告した（実際の破棄は翌年の1940年1月になされる）[54]。

　アメリカのコーデル・ハル国務長官は、「日本が中国のアメリカ権益を無視し勝手なことをしているのになぜアメリカは通商条約を維持しなければならないのか（中略）アメリカは中国、イギリスを応援し、日本、ドイツ、イタリアを失望させるであろう」という声明を発表した。ついにアメリカが日本に敵対すると表明し動き始めたことになる。

　蒋介石とそのグループによる日米戦の開始をめざす対米世論工作がいよいよその効果を発揮し始めていた。

　中国の指導者はこのようにできるだけ多くの国を味方にしようと涙ぐましい努力を続けていた半面、日本は傲慢な姿勢で世界から孤立していた。

　牧口は『人生地理学』で、この世界はどこまでも相互のネットワークで成り立っていると明らかにした。世界から孤立した国がどうなるか。当時の日本の運命がそれを私たちに教えてくれる。

ついに攻勢終末点に達した日本軍

　日中戦争の予想外の長期化は日本国内の国民生活に深刻な影響をもたらしつ

53　同上　山中恒『アジア・太平洋戦争史』岩波書店、466頁
54　歴史学研究会編『日本史年表』第5版、岩波書店、2017年10月、290頁。半藤一利『昭和史1926－1945』252～253頁

つあった。

　さすがに国民の間から「いつまで続くのか」「なんのために戦争を続けるのか」という不満が噴出し始める[55]。

　しかし、想像を絶する中国大陸の広さのため、日本軍の兵站線は伸び切り、基本的に日本軍の主に馬車による輸送方法では、中国大陸での長大で膨大な補給線維持は難しく、それ以上重慶をめざして揚子江上流の奥地に攻め入ることは不可能になった。いわゆる攻勢終末点に到達したのだった。

　南京陥落から1年後の1938年（昭和13年）12月6日、陸軍中央部は侵攻作戦の打ち切りを決定した。持久戦に移行する。日中戦争開始からわずか2年足らずのことだった。兵站を軽視した日本軍の限界が早くも見え始める。

　それは毛沢東の「持久戦論」のとおりに戦争が進み始めたことを意味する。

　この年の4月1日に国家総動員令が公布されたが、同月2日には農地調整法を公布、同5日には商法を大改正し、さらに電力の国家管理を実現する電力管理法が公布、さらに国家総動員法の初の発動として全国の工場全てを管理できる工場事業場管理令を5月4日に公布した[56]。

　政府は着々とファシズム体制構築のため教育はもちろん産業・経済界を国家管理のもとに置き全面的な統制を強め始めていた。

心までも管理する、宗教団体法制定へ

　それに引き続き、今度は国民の心を管理する政策を考え始める。つまり人間の基本的人権の基礎になる信教の自由を脅かす行動に出たのが1939年（昭和14年）だった。

　明治維新以来、宗教に関する規定は、大日本帝国憲法第28条で「日本臣民ハ安寧秩序ヲ妨ケス及臣民タルノ義務ニ背カサル限ニ於テ信教ノ自由ヲ有ス」と限定つきで信教の自由を認めていた。

　以来、宗教に対する保護や統制のための法案は度々上程されたが、いずれも

55　半藤一利『昭和史1926-1945』平凡社、2004年2月、204～205頁
56　歴史学研究会『日本史年表』第5版、岩波書店、2017年10月、288頁

廃案・流案となっていて明治から昭和に至るまで宗教に対する法律は成立しなかった。宗教各派の利害がからみ、成立への反対が多かったからである[57]。

　しかし、従来考えられた宗教に対する法律ではなく、初めて宗教団体を対象とした法案が1929年（昭和4年）に貴族院に提出され、成立するかに見えたが、これも審議未了で制定されなかった[58]。

　ところがついに、宗教団体・結社も国家の目的遂行、すなわち戦争勝利のため統一的に統制し管理する必要があるとして「宗教団体法」制定が急遽浮上し、年明け早々の1939年（昭和14年）1月18日、「宗教団体法案」37か条が上程された。

　内容は従来は警察・司法検察の領域だった新宗教（類似宗教団体）をも統制・行政の対象として、全宗教を統制・保護・監督する法律の制定だった。所詮、国家の統制下に宗教団体を置くことを目的にしていることは明らかだった。

　注目すべきは、この宗教団体法の第16条で、

　「宗教団体又は教師の行ふ宗教の教義の宣布若は儀式の執行又は宗教上の行事が安寧秩序を妨げ又は臣民たるの義務に背くときは主務大臣は之を制限し若は禁止し、教師の業務を停止し又は宗教団体の設立の認可を取消すことを得」

とある[59]。

　しかも創価教育学会のような団体は「宗教結社」とされ同法の23条で「代表者に於て規則を定め、14日以内に地方長官に届出づるを要す」と定められた。

　同年3月23日に衆議院本会議（平沼内閣の第74議会）でこの「宗教団体法」が成立し、4月8日に公布（施行は、翌年1940年4月1日）された。

　明らかに、国家権力が宗教団体の生殺与奪権を握ることになった。すなわち天皇制への忠実な従属と、天皇制国家の秩序維持のため精神教育を錦の御旗として宗教活動に権力が介入できることになり、宗教全般を国家の政策に協力させようとする布石でもあった。

　この宗教団体法成立の2日後、3月25日に牧口の三男・洋三と稲葉貞子の結婚

57　井上順孝ほか編『新宗教事典』弘文堂、1990年3月、478〜479頁
58　同上　井上順孝ほか編『新宗教事典』480頁
59　「宗教団体法」（昭和14年4月8日法律第77号）

式が行われている。仲人は戸田城外だった。

　長男、次男を病気で亡くしていた牧口にとってはどれほどの喜びだったかは、想像に余りある。

　もちろん謹厳実直だった牧口の周辺からそれをうかがわせる証言も記録もない。

九州広布へのおおいなる一歩

　それどころかこの直後に、牧口ははるか西のかなた、九州の地へ未知の人への超宗教・日蓮仏法の弘教拡大のためたった一人で旅立つ。

　1939年（昭和14年）の３月末か４月の初め、牧口は福岡県八女郡福島町（現・八女市）に赴き、その地の田中国之宅を訪問、妻の田中シマ代を折伏しようとしていた。

　先述した実業家の木下鹿次は、九州・八女に住む田中国之（製紙業を営む田中家に養子で入っていた）の実弟であったが、東京留学のため上京した国之の息子・淳之（木下の甥にあたる）をその自宅に下宿させていた。

　そこで淳之は牧口に会い、その話を聞いて入会・入信した。

　息子が日蓮仏法の信仰を始めたと聞いた田中国之があわててこの年正月に九州から上京してきた。もちろん、信仰をやめさせる目的だった。

　しかし上京した田中国之を逆に牧口が折伏し、国之の帰郷後、それを聞いた国之の妻・シマ代が猛反対を始めた[60]。

　その妻の猛反対を入会決意したばかりの田中国之が説得できず、困っているようだとの息子・田中淳之の報告を受け、牧口自らが九州に向かったのだった。

　牧口は単身で東京駅から汽車に乗り、20数時間をかけ西下するが、当日、東京駅まで見送りにかけつけた田中淳之（東京の学校に在学中）が、牧口が当時の三等車（座席の椅子は背もたれを含め全部木製。67歳になっていた高齢の牧

60　田中淳治からの聞き書き（2009年に九州・八女市の田中家で、上藤取材）

口には厳しかったと考えられる）で20数時間もかけて行くのを見て心配する。

　すると牧口は「弘教に行くにはこの三等車でいいのだ」と全く気にしない様子だったという[61]。

　たった一人ではるかな九州をめざしたが、牧口が車中でどう過ごしていたか。資料はないので想像するしかないが、1年後の1940年（昭和15年）、牧口とともに九州広布の旅に出た木下鹿治はこう述べている。

　列車に乗り「しばらくすると同席の婦人に話しかけられ、仏法を諄々（じゅんじゅん）と説かれる。その婦人が降り、今度は壮年の人が乗ってくるとまた下種（仏法の話をする）されるのである。

　この先生の姿勢は旅行中少しも変わることなく、ある旅館では話を聞いて感激した主人（旅館の主か：筆者注）が入信したこともあった」[62]と。

　さらに2年後の1941年（昭和16年）秋に、牧口夫妻とともに東京から九州に向かった木下夏子（木下鹿治の妻）はこう述べている。

　「先生（牧口のこと：筆者注）の折伏精神は車中においても変わらず、乗り合わせた人達に御本尊様のすばらしさを話され、宿に着けば、宿の人達を折伏しておられました」[63]と。

　この話から想像すると、20数時間の列車旅でも、無為に過ごすことなく隣り合わせた乗客に日蓮仏法のすばらしさを語り続けていたのではないかと筆者は想像する。

　牧口はおそらく東海道本線、山陽本線を乗り継ぎ鹿児島本線で熊本方面に向かい福岡県の久留米駅から2つ目の駅、羽犬塚（はいぬづか）駅で下車したと考えられる[64]。

　そこから八女の福島駅に連絡する列車（南筑軌道）があった。しかし、田中国之・シマ代夫妻の証言によれば牧口はそれには乗らず、下駄ばきの徒歩で約

61　同上　田中淳治からの聞き書き（2009年に九州・八女市の田中家で、上藤取材）。なお『評伝　牧口常三郎』によれば出発は3月31日だったという
62　木下鹿治「牧口先生三題」『大白蓮華』第302号、聖教新聞社、1976年6月、27頁
63　木下夏子「毅然とした折伏精神に感銘」聖教新聞1979年6月9日付3面「草創の友が語る牧口初代会長」
64　「草創の息吹伝える大B（八女支部京町大B）」「聖教新聞」1980年8月21日付け、4面

6キロの道を歩いて福島町八女の田中宅を訪ねたという。

　羽織・袴姿で下駄ばき、帽子をかぶり、オーバーコートをマントのように羽織って玄関口に立った。「夕方に一人でお見えになった。うろたえてしまった」とその姿を田中夫妻は長く忘れなかったという[65]。

　オーバーをマントのように羽織ったということから判断すると、3月末から4月の初めころの福岡県西部はまだ薄ら寒い気候だったと思われる。事実、夜は火鉢を囲んで座談会を開いたという証言もある[66]。

　そして、牧口を出迎えた二人の記憶によれば、西日が射していたというので、到着は夕方近くだったのは間違いないようである。

　『評伝　牧口常三郎』では、「羽犬塚から南筑軌道で福島町へ」と書いている。田中夫妻の証言では「南筑軌道には乗らず、徒歩で八女の田中宅に夕方来訪した」となっている。また、裏付け資料でも「田中宅まで6㌔の道のりをゲタばきで歩いて行った」[67]ともあるので完全に食い違う。

到着するや直ちに弘教の対話

　しかし20数時間、椅子も背もたれも木製の三等車両の列車に揺られ、連絡船に乗り換え、また鹿児島本線で三等車両に揺られ、さらに6キロの道を徒歩で田中宅を訪ねた牧口。相当に疲れていたはずである。

　しかし到着するや、そこで旅の疲れも見せず、田中シマ代に向かって開口一番、「田中さん、貴女の悩みの解決には宗教革命しかありません」と、話し始めたという。以下はその証言である。

　そこで日蓮の御書「竜門御書」の一節を引いてさらに烈々と説き始めたという。

　その御書にはこうある。

　「竜門の滝を上ることができる魚はほぼ皆無だが、上ったものは竜になると

65　田中シマ代「心に残る指導と薫陶の数々」『牧口常三郎先生の思い出』聖教新聞社九州編集総局編　1976年、55〜58頁。田中国之から聞き書き（1979年、九州・八女の田中宅で上藤取材）
66　「大Bルポ　座談会の源流を訪ねて」「聖教新聞」1980年8月21日付け4面
67　前出　「大Bルポ　座談会の源流を訪ねて」「聖教新聞」1980年8月21日付け4面

いう故事がある。

　日蓮仏法を信仰する者は皆無に近いけれども、それができれば、仏の境涯を開ける」[68]（趣意）という内容である。

　牧口は「九州にはまだ日蓮仏法の信仰をしてご本尊を受けた人はだれもいない。あなたがその第一番手で行きなさい」と牧口は田中シマ代を激励した。

　その瞬間、シマ代は入信を決意したという。

　「その一言一言には、創価教育学会の精神の全てを教え込まれようとするかのような迫力がこもっておりました。"この先生の期待を裏切ってはならない"

　"どんなことがあっても退転してはいけない"──そうした新たな決意がふつふつとわいてくるのを覚えたものです」

　入会決意したシマ代に「田中さんが御本尊様をいただくということは、仏法の原理に照らして、九州の全民衆が不幸という悩みから救われることになるのです。『諸法実相抄』という御書に『日蓮一人はじめは南無妙法蓮華経と唱へしが、二人・三人・百人と次第に唱へつたふるなり、未来も又しかるべし』[69]とあります。……今、田中さんが九州で一人、この最高の御本尊に向かって南無妙法蓮華経と唱えるということは、地涌の義によって、九州にも必ず二人、三人、百人と御本尊を持つ人があらわれるということなのです」[70]と語った。

　シマ代に勤行・弘教の大切さを教え、「その功徳で悩みは必ず解決するが、同時にまた必ず三障四魔（仏道修行者の前進を阻む各種の働き：筆者注）が競い起こる」とも述べ、難を乗り越える信仰心の大切さもかんでふくめるように教えた。

　到着当日の夜、田中宅の2階で早速、座談会が開催され当時、田中宅の家事手伝いをしていた今里トミ子はじめ7〜8人が参加した。そこで入信・入会する人が数人でたという。

　旅の疲れも癒さずに、ここまでやり切った牧口。まるで疲れを知らない67歳

68　日蓮　「上野殿御返事」（別名竜門御書）弘安2年　58歳作　御書全集1560頁　新編1894頁
69　日蓮　「諸法実相抄」文永10年　52歳作　御書全集1358頁　新編1788頁
70　前出　田中シマ代「心に残る指導と薫陶の数々」『牧口常三郎先生の思い出』聖教新聞社九州編集総局編、1976年、55〜58頁

だったといえよう。

　驚くことにその翌日、まだ御本尊も受けず、正式に会員にもなってない、いわんや信仰の功徳も罰も未経験の田中夫妻を伴い、牧口は有明海を渡り、雲仙（現・長崎県南高来郡小浜町）へ折伏に赴いている。

　田中の知り合いの宮崎旅館の夫婦を折伏するためだった。

　だが、この時はその夫妻はすぐには入信には至らなかった[71]。

　しかし、この急な行動も実は田中夫妻に折伏（弘教の対話）の仕方を実践で教えるためだったという。道々、「あなたたちは、私が折伏するのをよく見ておきなさい」「折伏が宗教の生命です。他人を利していく生活こそ大善といえるのです」と懇々と教えた[72]。

　牧口が帰京後の５月に、この八女の田中夫妻が入会後にたちどころに大きな功徳をうけたことを報告するため上京してきた。

　牧口は２人を自宅に歓迎し激励した。

　牧口の自宅は1934年（昭和9年）、それまで住んでいた旧宅を敷地の後方に移して新築された簡素な二階家だった。

　2畳の玄関の間を入ると右側に台所など。左側に8畳の座敷、並んで6畳の居間、3畳の書斎があった。

　2階は8畳の床の間つきという間取りだった[73]。

　牧口は二人をさらに東京・中野の日蓮正宗歓喜寮に案内し、そこで久留米の霑妙寺に縁が深い掘日亭の紹介状をもらい、御本尊下付の手続きまでする。

　さらにその翌日、田中夫妻を案内し静岡県の総本山・大石寺に向かい、夕刻に到着すると境内を案内して日蓮大聖人以来の広布の流れを教えながら、信仰のあり方について懇談・激励したという[74]。

71　田中淳之から聞き書き（2009年に九州・八女市の田中家で、上藤取材）
72　前出　田中シマ代「心に残る指導と薫陶の数々」聖教新聞社九州編集総局編、1976年、55〜58頁。
73　渡辺力『『郷土科研究』再刊のころ』『牧口常三郎全集』第3巻、『月報』1、第三文明社、1981年11月、6〜7頁。
74　田中シマ代から聞き書き（1979年に八女市の田中宅で、上藤）

「その一言一言には、創価教育学会の精神の全てを教え込まれようとするかのような迫力がこもっておりました。“この先生の期待を裏切ってはならない”　“どんなことがあっても退転してはいけない”──そうした新たな決意がふつふつとわいてくるのを覚えたものです」[75]。

（九州に帰郷後、田中夫妻は、地元の久留米・霑妙寺で御本尊を下付されている）[76]。

ひとりの会員をどこまでも大事にし、育てようとする牧口渾身の苦心と努力が伝わってくる。

創価大学の構想を語る

たった一人での九州弘教の旅を終えた牧口は4月9日、歓喜寮における毎月恒例の御講[77]に参加した。そこに、結婚したばかりの三男・洋三の妻を案内し参加している。（当時を知る人の話によると、牧口と洋三の妻・貞子が歓喜寮の御講に、牧口の妻・クマと三男・洋三が常在寺にと分担して参加していたという）

歓喜寮の御講が終了した後、その場で開かれた座談会（1935年以来、御講のあとに、牧口を中心に歓喜寮の住職・堀米泰永も加わって座談会が開催されていた[78]）で牧口は重大な発言をしている。

それは「将来、私が研究している創価教育学の学校を、必ず僕が、僕の代に設立できない時は戸田君の代で作るのだ」と述べたという。

それを聞いた金子貞子（当時の名前は牧口貞子、洋三が戦死したため再婚し金子姓となった）は、夢物語を聞いているようだと思ったという[79]。

むろんまだ当時は超宗教革命による同志拡大が始まったばかりで、その同志の数も推定でも100人に満たなかった[80]と思われる時代であり、創価教育学の

75　前出　田中シマ代「心に残る指導と薫陶の数々」聖教新聞社九州編集総局編、1976年、55〜58頁
76　田中淳之からの聞き書き（2009年に八女市の田中宅で、上藤）
77　当時、毎月第二日曜に御講が開催されていたので日時が特定できる
78　『牧口常三郎全集』第7巻「月報」4、第三文明社、1982年7月、6〜7頁の陣野久代の証言
79　金子貞子の証言「聖教新聞」1978年（昭和53年）6月9日付5面。「月報」『牧口常三郎全集』第6巻「月報」5、第三文明社、1983年3月、6頁
80　同年12月の創価教育学会第1回総会（菊水亭）に参集した会員は60人足らず（記念集合写真より）

学校など、夢のまた夢に過ぎなかった。

　だが、この牧口の終生の願望、遺命は牧口の不二の弟子、創価学会第2代会長・戸田城聖に託され、そしてこの日から10年後の、1950年（昭和25年）11月に戸田からその不二の弟子・池田大作（同第3代会長）に遺言され託される。

　その池田大作の苦闘と努力の結晶としてまず創価学園が1968年に、そして創価大学が創立されたのは1971年（昭和46年）4月になる。
　牧口のこの発言から実に約30年後、東京・八王子の地に創価大学の威容が出現することになる。

　だが、この牧口の発言から2週間後の４月26日、政府は小学校を卒業しても進学しない（もしくはできない）子供たちの教育施設（自主的登校が原則）のため設置されていた「青年学校」を義務化し[81]、そこで軍事的教育を行うことにする。
　同じく、大学もこの年から軍事教練が必修科目となった。
　子供たちの向学心を逆用して、彼らを兵士として育てる露骨な方針だった。

　さらにその3日後、16歳から19歳の青少年を満州に送り、関東軍を側面から応援する「満州開拓青少年義勇軍」の計画が発表される[82]。青少年までも戦争勝利のために使う露な政策のひとつだった。
　これによって多くの青少年が大陸の開拓という大きな夢を胸に満州に渡り、このわずか６年後にソ連軍の怒濤の侵攻により地獄のような惨禍に遭遇することになる。
　ささやかな少年たちの夢を国家は容赦なく利用し、その戦争目的に供しようとしていた。

　続いて、5月22日には「青少年学徒に賜りたる勅語」[83]が天皇から発せられ国

81　歴史学研究会『日本史年表　第5版』岩波書店、2017年10月、291頁
82　前出　半藤一利『昭和史1926-1945』255頁
83　同上　半藤一利『昭和史1926〜1945』255頁

の運命は青少年学徒の双肩にかかっているとして、質実剛健の気風の涵養と国家への忠誠を「青少年学徒」に命じている。

それを受けて全国1800校の代表3万2500人が銃を持ち、帯剣姿で東京の皇居・二重橋前に整列、天皇自らその親閲式に臨んだ。

その1週間後の29日には小学校の5・6年生と高等小学校の男子に武道習得が課せられる[84]。

教育界あげて子供たちを兵士に育て上げ動員し戦場に送り、軍閥のため、天皇制ファシズムのために利用しようとする露骨な準備が着々と進行していた。

それだけではない。日本の植民地・韓半島では「創氏改名」すなわちと韓半島の住民全てに日本人名を押し付ける暴挙にでた[85]。

かつて大陸のあらゆる文化を日本に伝えた兄のような国の人々の文化もプライドも真っ向から否定する到底ありえない政策だった。これも天皇制ファシズム体制を推進する一環であった。

ノモンハン戦争の惨劇と日本軍の限界

牧口が九州から帰京した翌月、突如、北のかなた満州とソ連・モンゴルの国境付近の高原で日本軍（満州国軍を含む）とソ連軍（モンゴル軍を含む）の衝突、いわゆるノモンハン事件（戦争）が起きる。

事件と呼ばれたが、それは1939年（昭和14年）の5月から8月にかけて行われたまがうことなき本格的戦争でもあった。

当時の日本軍は「戦いの最後の勝負は歩兵の白兵戦できまる。死を怖れない精鋭の攻撃を、ソ連の機械化部隊といえどもさえぎることはできないという、理論上の裏づけのまったくない、大和魂を強調する感情的な強がり」だけで戦った[86]。

84　歴史学研究会『日本史年表　第5版』岩波書店、2017年10月、290頁
85　同上　半藤一利『昭和史1926 ～ 1945』256頁
86　津本陽『八月の砲声～ノモンハンと辻政信』講談社、2005年8月、20頁

日本軍の時代遅れの兵器と戦術で惨敗したノモンハン戦争

　だから兵器の近代化などは無視され続けていた。信じられないことだが、日本軍の小銃は日露戦争時の三八式歩兵銃（弾丸を一発毎に装填し発射）で「諸外国のような自動小銃をついに採用しなかった」[87]。重砲（野砲）も同じく1908年（明治41年）製の骨とう品なみの古ぼけた大砲だった[88]。

　兵器と同じく戦術、兵法も明治時代のそれにとどまり[89]、砲兵火力や航空戦力、機甲部隊の整備や、軍隊の機械化も決定的に立ち遅れていた。要するに日本軍は海外に、そして他者に学ぼうとしなかったことがわかる。
　牧口は常に学び続ける重要性を訴え、自らもそうしたが日本軍は明治の時代にすでに学びを止めていた。日露戦争に勝ったというおごりがそこにあった。

　にもかかわらず、関東軍は小さな国境紛争を機会に攻撃を開始した。驚いたソ連の首相スターリンは、名将ジューコフを総指揮官に任命。最新鋭の戦車部

87　藤原彰、今井清一編『十五年戦争史3』青木書店、1989年1月、83頁
88　前出　津本陽『八月の砲声～ノモンハンと辻政信』講談社、2005年8月、37頁
89　前出　藤原彰、今井清一編『十五年戦争史3』83頁

隊、重砲部隊を集中的に投入し、日本軍に対する殲滅戦を展開した[90]。

　日本軍の兵士たちは重い軍装を着け、徒歩で酷暑のモンゴル高原を移動し、兵糧・弾薬を運ぶ輜重隊は馬車が主役だった[91]。

　一方、ソ連軍の補給・兵站は5個師団もの大兵力を4300台近いトラックで送り込み[92]、戦車群を投入して対抗した。

　日本軍の兵士はサイダー瓶にガソリンをつめた火炎瓶をもって敵戦車に接近し、その火炎瓶を戦車に投げ込んで炎上させるという究極の肉弾戦で対抗するしかなかった[93]。

　1939年（昭和14年）8月20日に始まったソ連軍の大攻勢で日本の第23師団2万人のうち約7割が数日のうちに死傷して壊滅する。

　死傷率は76％という。あの太平洋戦争中最も悲惨なガタルカナル戦の死傷率が34％といわれるので比較できないほどの惨敗だった[94]。

　日本軍の司令官や参謀たち、それは学校秀才たちでつくる軍事官僚組織から生まれるが、その救いがたい無知、無能ぶりが史上初めてもろに露呈したのがこのノモンハン戦争だった。

　一般に学校秀才型エリート軍事官僚は正解が決まっている問題の答えは最高点を取れても、正解がない国際問題、軍事作戦、緊急非常事態の現場対応では右往左往するしかない無能力者となる傾向が非常に強い。

　牧口はこのような無能力者をつくる教育制度や教育界を終生、批判し改革しようとした。しかし、受け入れられなかった。本書第2巻「"革命の書"『創価教育学体系』発刊と不服従の戦い」で明らかにしたとおりである。

　そんな無能な指揮官のもとでも、一般市民から徴兵された兵士たちは火炎瓶だけで近代的戦車に肉薄攻撃をくりかえすなど涙ぐましいまでの敢闘をした。当然、犠牲も多かったが日本の歩兵たちのこの勇敢さと能力は敵だったソ連軍

90　前出　半藤一利『昭和史1926〜1945』228〜230頁。
91　前出　津本陽『八月の砲声　ノモンハンと辻政信』、36〜37頁
92　半藤一利『ノモンハンの夏』文藝春秋、1998年4月、272頁。前出　津本陽『八月の砲声　ノモンハンと辻政信』、46〜47頁
93　司馬遼太郎『司馬遼太郎対話選集』3、文藝春秋、2003年1月、287頁
94　前出　半藤一利『昭和史1926〜1945』231頁。　前出　半藤一利『ノモンハンの夏』343頁

の敵将をも感動させるほどだったといわれる。

ソ連軍司令官ジューコフ（独ソ戦の英雄）はノモンハン戦後、スターリンに対して「ソ連軍は戦車と砲兵は日本軍に比べて優れていたが、日本軍の歩兵は白兵戦に優れていた」とその頑強さと勇気を心から称賛し高く評価したという[95]。

独ソ不可侵条約の締結と無能な日本外交

ところが、このノモンハン戦が戦われていた8月下旬、日本政府も日本軍もまったく想像だにしなかったことが欧州で起きていた。

現に今戦っているソ連があのナチス・ドイツと独ソ不可侵条約を結んだのだ。

実は、1936年（昭和11年）11月に日本は共産主義国家（実際は国家社会主義国家）ソ連をけん制するため日独伊防共協定をドイツ、イタリアと結んでいた[96]。さらに、それを一歩進めた日独伊三国同盟の締結に向け交渉中でもあった。

そのドイツがなんと現に日本と戦っているソ連と不可侵条約を結ぶという恐ろしいまでの現実に、日本の指導陣は大恐慌をきたした。

日独伊三国同盟の交渉打ち切りを直ちに決定した当時の平沼内閣は「欧州情勢は複雑怪奇」と声明して8月28日、総辞職した[97]。

インテリジェンス（高度情報取集能力）に疎い日本の指導部のお粗末極まりない体たらくだった。

独ソ不可侵条約の秘密付属議定書ではポーランドとバルト三国を独ソ間で分割することが決められていて[98]、それに従いドイツはその4日後にポーランド侵攻を開始。ソ連も同時にバルト三国などの分け前を受け取った。

共産主義国家、労働者の国家のはずだったソ連がまがうことなき国家社会主

95　半藤一利『ノモンハンの夏』文藝春秋、1998年4月、344頁
96　歴史学研究会『日本史年表　第5版』岩波書店、2017年10月、286頁
97　三宅正樹ほか『戦争と外交・同盟戦略〜検証　太平洋戦争とその戦略2』中央公論新社、2013年7月、36頁
98　前出　三宅正樹ほか『戦争と外交・同盟戦略〜検証　太平洋戦争とその戦略2』35頁

義国家（ファシズム体制国家）であり、ナチス・ドイツの仲間であることを天下に証明した一瞬だった。

第2章

天皇制ファシズムに不退の挑戦

　まさかの独ソ不可侵条約締結とナチスドイツのポーランド侵攻に対しイギリスとフランスがドイツに宣戦布告して第二次世界大戦が始まった。1939年（昭和14年）9月3日である。

　この想定外の世界情勢の激変に日本政府は腰砕けになって9月15日、モスクワでノモンハン事件（戦争）の停戦協定を成立させた[1]。

　しかし、このノモンハン敗戦と多大な損害は一切、日本の国内では報道されなかった[2]。さらにその敗戦の責任を参謀本部などだれも取らなかった。

　攻撃を主張し開始した関東軍の秀才参謀（服部卓四郎中佐、辻政信少佐ら）は転勤させられたものの大きな責任を問われず[3]、逆に、その命令により命がけで最前線で指揮をとった連隊長クラスの将校たちは敗戦の責任をとって自ら、あるいは周囲から強要されて自決して果てている[4]。

　参謀本部、関東軍参謀など当時の軍閥のトップは同じ陸軍大学卒の秀才軍事官僚と先輩・後輩の関係にあり、互いにかばいあい、常に守りあった。恐ろしいまでの官僚主義組織が軍官僚の骨の髄まで腐らせていた。

　繰り返すようだが、牧口が一貫して教育革命を進めようとした狙いは、日本の教育制度、教育体制が生み出したこうした怪物のような官僚制度、官僚体質

1　前出　秦郁彦『明と暗のノモンハン戦史』、234 〜 235頁
2　同年6月から7月にかけ東京朝日新聞は大々的な戦果を報道したが、8月末のノモンハンの絶望的敗戦では23日付け3面で「ソ連、極東軍備を増強」「総兵力40万突破」の見出しでソ連軍の圧倒的兵力を伝えるだけ
3　前出　半藤一利『昭和史1930 〜 1945』234 〜 235頁
4　半藤一利『ノモンハンの夏』文藝春秋、1998年4月、341頁。前出　秦郁彦『明と暗のノモンハン戦史』、400 〜 408頁

の革命にもあったと筆者は考える。

　残念ながらそれは21世紀の今も日本のあらゆる官僚組織、また大組織に残っている。

昭和14年夏の夏季修養会

　ノモンハン戦争が行われていた1939年（昭和14年）8月2日から静岡県・富士宮の日蓮正宗の総本山大石寺・理境坊で第4回の創価教育学会夏季修養会が開催されていた。

　これに創価教育学会の教員や関係者の子供など計14～5名が参加している[5]。

　修養会2日目の8月3日に、この第7回の大石寺夏季修養会参加者全員が入った記念撮影が境内で行われ、それに教育学会関係者も入っている[6]。

　さらに翌4日の午後、創価教育学会のメンバーのみが白糸の滝へ赴き、そこで教育学会のメンバーが記念撮影をしている。

　そこに写っているのは、牧口常三郎、矢島周平、中垣豊四郎、小塚鉄三郎、寺坂陽三、山口トシエ、稲葉又英、小塚フミ、木村栄、藤木茂、稲葉荘、光岡房子、中原キミ、蝦名友秋でほぼ全員学校教員、教育関係者である[7]。

　戸田の妻・幾子と長男・喬久も最前列に写っている。戸田は一家で参加していて前日の修養会全体写真の記念撮影に入っているものの、この日は入っていない。

　おそらくは多忙を極める仕事の関係で東京に帰ったと考えられる。

　1938年から39年にかけ戸田の事業は急速に伸びていて、この翌年、少年雑誌の創刊、大衆向け単行本の創刊などを控えていた。

　前年1月に教育学会の一員になった蝦名（えびな）友秋は、初めて参加したこの夏季修養会の思い出をこう回顧している。「休みになるのが待ち遠しかった。（牧口）先生の立正安国論の講義、創価教育学、価値論、その指導法と……。たしかに10人前後だったと思う。ひざをつき合わせての一週間――先生

5　『大日蓮』8月号、日蓮正宗宗務院、1939年8月、
6　同上　『大日蓮』8月号、日蓮正宗宗務院、参加者の写真グラビアによる
7　教育学会の夏季修養会参加者記念撮影の写真より（学会本部蔵）

の気魄に、目的観の偉大さを知り、生活への確信、教育への情熱を燃やしたものである。

　朝は宿坊のそばを流れる小川のせせらぎで顔を洗い、歯をみがく。（牧口）先生は風呂場で冷水浴、ときには（大石寺境内を流れる）潤井川の深みで褌（ふんどし）ひとつで水浴びをする。いつでも先生が先頭で陣頭指揮だった。小言ひとつ言わずに、どんどんやり出す。とても70歳とは思われなかった。

　講義はいつもきちんと羽織袴（はかま）で、わたしたちは思い思いの姿勢で聞いた。

　休憩には将棋をやったり、ねころんだり、はだかになったりするが、先生はそのままの姿勢で本をお読みになったり、なにかメモしたり、相談相手になったり、謹厳そのもので、近寄り難い感じであった。

　講習会のひとつの行事として、白糸の滝への遠足、30余年前のことで往復とも徒歩であった。わたしたちは軽装だが、先生はふだんのとおり変わりない。

　途中、駒止め桜、曽我兄弟の墓、地形のことなど地理学の大家としての片鱗をみせてくださった。鎌倉時代の富士の巻狩り（の光景）がほうふつとして浮かんでくる。

　先生は足が達者で、うかうかして花や草をとっていると遅れてしまう。こちらは若さにまかせてマラソンのように走って帰る。先生は1時間遅れるだろうとのんびりしていると、20分ぐらいでお帰りになってびっくりしたものである」[8]と書いている。

　風雲は急を告げていた。国民精神の一層の高揚のために宗教者の協力を求めるとして文部省主催の国民精神総動員宗教団体代表者協議会を1939年（昭和14年）9月7日から8日まで文部省で開催。

　さらに文部省と国民精神総動員中央連盟が主催する宗教教師講習会が9月11日から6日間東京・神田の帝国教育会館で開催された[9]。

8　蝦名友秋「月1回は激励と指導の手紙」美坂房洋編『牧口常三郎』聖教新聞社、1972年11月、456 〜 457頁
9　『宗教時報』第116号、文化庁文化部宗務課、2013年10月、92 〜 93頁

教義、教典、儀式など宗教団体の活動全般に渡り、（天皇制という）国体護持と国民精神総動員に向けた各宗派の協力が要請された。

日蓮正宗からは、堀米泰栄、小笠原慈聞など3人が出席している[10]。

宗教界も戦争に巻き込み協力させる布石であることは明白だった。

戸田の事業に重大な危機、昭和14年夏

この動きはさらに教育界にも激震を生む。試験地獄と呼ばれて久しい中学校入学試験について9月28日、文部省は翌年の1940年（昭和15年）からの学科試験の廃止を通達した[11]。

子供たちをより幸福にするための入試改革ではなかった。子供たちや親が、入試による無駄なエネルギーを費やすことよりも国民精神総動員、すなわち戦争勝利への方向へ意思と力を結集しようとの軍・政府による姑息な学科試験廃止策だった。

だがこれによって戸田の教育事業は大打撃を受ける。すなわちその大きな柱のひとつだった「東京府模擬試験」（正式名称は「戸田城外主催　東京府総合模擬試験」）事業は終息を迎える。

この当時まで、戸田の模擬試験は東京の東洋大学大講堂、鉄道協会講堂、渋谷公会堂など大型会場が中心だったが、さらに横浜、平塚、横須賀などの神奈川県各地にも会場を広げるなど関東有数の大規模模擬試験として定着し、有名になっていた[12]。

その模擬試験会場がこの年の秋から、一気にがら空き状態になった。

同時に試験対策のための様々な参考書の売れ行きも落ち、戸田の受験産業事業が重大なピンチを迎えた。

しかし、戸田が師と仰ぐ牧口はこう言ったと伝えられる。「日中戦争が行き

10　日蓮正宗宗務院『大日蓮』第24巻第10号、大日蓮社、1939年10月

11　「朝日新聞」昭和14年9月28日付朝刊11面、同29日付2面。歴史学研究会編『日本史年表　第5版』岩波書店、2017年10月、291頁

12　「戸田城外の東京府総合模擬試験会」専用封筒の裏の表記による

詰まり、時代の閉塞感のなかでは、大衆小説の需要が必ず高まる。これからやがて、大衆小説の時代が来る」「印刷は機械だ。機械をフルに働かせて、利潤を上げる……それでないと大きく発展しない。人力でなく、機械が仕事をしてくれる……これが資本主義なのだ」「金を儲けることは、人生の目的ではない。しかし、価値を創造することは、人類の当然の仕事だ。一日の活動中から、よりよく利の価値を創造して、社会に貢献することが善の生活である」[13]と。

このように牧口価値論から明快に戸田にアドバイスしたと伝わる。これは戸田が第二次大戦後に書いた小説『人間革命』（妙悟空著）の抜粋であり、厳密な歴史資料ではないが、牧口から戸田が聞いた内容の概要とみることもできよう。牧口は、明治期に学ぶ意欲がありながら貧しさのため高等小学校に行けなかった女性のため通信教育事業「大日本高等女学会」を創設し、2年間で3万人を集めるなど、時代の動向を読む力に長けていた。

この時から戸田の新しい大衆娯楽小説の出版事業への模索が始まったと筆者は考える。

まず、出版社にとって重要な印刷会社を設立した。1939年（昭和14年）6月15日、出征することになった友人の西川喜右衛門が経営する東京・神田小川町の印刷会社を引き継ぎ「秀英社」を設立した[14]。

職工7〜80人が働く中堅の印刷会社で、戸田が代表取締役で西川が取締役、監査役が稲葉伊之助だった（西川が戦地から帰還すると即座に戸田は代表の立場を明け渡している）[15]。

こうして足場を確保したうえで翌年から、戸田は出版事業者として本格的な取り組みを始める。

13　直接資料はないが、戸田はその著、妙悟空『人間革命』（精文館、1957年7月）で牧口（小説では牧田）が戸田（小説では巌さん）に向かって「支那事変（日中戦争のこと：筆者注）が烈しくなるに従って、物資は少なくなるし、娯楽も制限されるであろうから、大衆小説の時代が必ずくる」（134頁、271頁）と予見したとある。
14　『帝国銀行会社要録　昭和15年』帝国興信所、1940年11月、187頁。「中外商業新報」1939年8月4日付朝刊10面の商業登記広告による
15　西野辰吉『伝記　戸田城聖』第三文明社、1985年2月、148頁

　先ず、戸田が着目したのは好奇心旺盛で知識欲が高い小学生高学年を対象にした少年雑誌の創刊だった。

　このころから月刊雑誌『小学生日本』を創刊するための準備を着々と進め、翌1940年（昭和15年）1月1日付けで創刊号を発刊する。電光石火といっていいほどのスピードだった。

　また、中学入試の中止は、逆に日頃の学校における試験の成績で希望する中学への進学が決まる仕組みのため、補習授業の需要がさらに高まった。

　だから補修学習塾として戸田の時習学館は一層順調な経営ができるようになったと思われる。

　前述の日大講師だった神尾武雄は学内紛争に巻き込まれて辞職していたが、12月8日、先に入信決意していた夫人と同時に歓喜寮で入信[16]したことは先に述べた。

　そのとき華道師範の須賀一精も一緒に入信したという。

　それからまもなく、神尾は予期しなかった幸運に恵まれて有利な条件で就職が決るが、その後、戸田の時習学館に勤めるようになり、その講師陣の中心になる[17]。

第1回　創価教育学会総会を開催

　1938年（昭和13年）に入会した片山尊は東京・保谷にあった中島飛行機（当時、戦闘機・隼などを生産する日本航空業界を代表する大手航空機生産工場）に勤務していたが、この1939年（昭和14年）12月にその会社の上司・阿部一極を日蓮仏法の信仰へ導いた。

　阿部が成田山に参拝するという話を聞き、それをきっかけにほぼ連日1週間近く日蓮仏法の話を続けた結果だった。

16　神尾よ志「牧口先生の思い出」『牧口常三郎全集』第5巻「月報」3、1982年1月、5頁。神尾武雄の履歴書
17　神尾武雄「計り知れない御恩に思う」『大白蓮華』第107号、1960年4月、73頁

　その後、この阿部の持病が快癒したため阿部は歓喜し、そこから中島飛行機従業員メンバーへの折伏弘教が始まり、やがてこの日本航空機産業中心拠点工場が日蓮仏法広布のひとつの拠点となる[18]。

　牧口が第一線に立って推進する弘教拡大により会員の増加は著しかったが、この1939年（昭和14年）の暮れも近づいた12月23日、東京麻布にあった料亭・菊水亭に会員など56人（菊水亭の第1回総会の記念写真による）が集まり創価教育学会第一回総会を開催した[19]。

　本書の第1章でも書いたように、すでに1937年（昭和12年）から会の組織や目的は実質的に教育改革から超宗教革命へと変換し、その目的も教育改造ではなく超宗教革命による人々の生活革命（教育改革を含む）、いわゆる大善生活の実証生活へと大きく変わろうとしていた。
　それを明確に反映して、参加した教育者はわずか10人足らず。そのほかは戸田の事業に関連する実業家や会員の家族など一般の人々が大半であった。

　そして、ここまで研究生への支援など教育学会への応援を惜しまなかった学会顧問で元外交官の秋月左都夫、あるいは貴族院議員・古島一雄の姿はもうここにはなかった。
　彼らは1937年秋の「幻の発会式」にも参加してないので、牧口が『創価教育法の科学的超宗教的実験証明』を書いて、教育革命から超宗教革命へ路線を大転換した時から学会から遠ざかっている。中でも秋月は1937年（昭和12年）に「松左塾」という塾を開設して、自身が人材育成に乗り出していた[20]。
　もちろん、関係を断ったわけではなく後年に来賓として会合に参加もしたが、具体的な超宗教革命の運動に加わった形跡はない。

　小泉隆が前に述べたように「『人生地理学』の著者として、当時の学術界に名を成した牧口先生も、創価教育学体系の発刊ではそれほど注目されず、日蓮

18　片山尊からの聞き書き（1978年、聖教新聞社で上藤取材）
19　美坂房洋編『牧口常三郎』聖教新聞社、1972年11月、125 ～ 126頁
20　秋月左都夫「松左塾設立趣意書」『大亜細亜』第6巻第6号、1938年6月、72 ～ 74頁

62

1939年（昭和14年）12月23日、東京・麻布の菊水亭で第1回総会を開催。約60人が参加。

正宗の広宣流布を叫ばれてからは誰にも相手にされなくなった」[21]というとおりだった。

　この総会開催のいきさつについて矢島周平はこう証言している。「当初は自らが弘教（折伏）した人を一緒に連れてきてください、また各地の座談会で入会する人が相次いでいたので一度、一緒に集まろうという企画だった。

　総会というよりもいわば懇親会のようなもので、全員で会食をしました」と[22]。

　矢島周平、そして初めて教育学会の会合に参加しその強烈な印象を心に刻んだ神尾武雄などの証言、さらに当日の記念撮影写真を突き合わせてみると、参加メンバーは牧口、戸田をはじめ、牧口の妻・クマ、三男・洋三、渡辺力など牧口の親族と娘婿3人、さらに洋三の義父・稲葉伊之助とその家族、戸田の義父・松尾清一、日蓮正宗の僧・千種尊師、そして教育者では矢島周平、寺坂洋三、中垣豊四郎、小塚鉄三郎など。

　そのほか神尾と同時に入会した生け花指導者の須賀一精、クリーニング業を営む陣野忠夫、弁護士の大瀧亀代司、などがいた。

21　小泉隆「牧口先生の思い出」『牧口常三郎全集』第3巻『月報』1、第三文明社、1981年11月、2頁
22　矢島周平から聞き書き（上藤）

　さらに戸田人脈になるが経済人（実業家、商店主、書店経営者などや弁護士）では野島辰次、広田義夫、四海民蔵、北村卯之松、住吉巨年、などの顔がみえる。

　変わったところでは、かつては労農党のリーダーとして活躍し、詩人としても有名だった浅野晃も入信・入会して参加した。彼から英語を教わったことがある神尾武雄は驚いたと言う[23]。

　繰り返すようだが、1936年（昭和11年）の教育者が中心だった時と比較すればまったく様変わりしていることがこの総会参加者の顔ぶれから確認できる。

　総会は会食形式で進められ、数人が立って信仰体験と決意を述べた。
　最後に立った牧口は「私のようなものの話を聞いてもらうのは恐縮だが……」といつもの謙虚な語り口で話し始めたという。
　そして詳しい話の記録はないが「鶏頭となるも牛後となるなかれ」（たとえ小さな組織や運動の先頭に立ち、リーダーになっても、決して大きな団体、大組織の後にひたすらついていくような、主体性のない存在にはなるなとの意味）という格言を引いて指導したという[24]。

　軍部を先頭に国家総動員体制による天皇制ファシズム体制に全ての国民を組み込み日中戦争勝利、皇国勝利へ全国民を上から強引に引っ張っていたまさにその時に、この発言は何を意味するのか。
　"牛後"の牛を巨大な軍部・官僚組織に喩えているとすれば、ギリギリの線でそれを批判していると考えられる。牧口は不服従を貫く人であった。

　そして、最後に牧口は、気分が乗るといつも口ずさんだという北海道の民謡「江差追分」を皆の前で歌って、この総会の開催の喜びを表現した。
　〽櫓（ろ）も櫂（かい）も　波にとられて　身は捨て小舟　何処へ取り付くしまもない〜

23　神尾武雄から聞き書き（1977年、上藤の同僚記者が取材）、写真では前列中央が牧口、その左が妻・クマ。2列目右端が戸田である。浅野晃は前から3列目左から2番目
24　神尾武雄から聞き書き（1977年、上藤の同僚の聖教新聞記者取材）。第1回総会出席者の名前は当日の記念写真から推定した

矢島周平によれば、「江差追分」は北海道時代、牧口がその道の達人に直接
教えてもらったと言う。それだけに相当な名調子で歌い、大喝采を受けたという。

戸田は総会の世話役、裏方として進行に気を配り、全員参加の記念撮影では、
その撮影準備が手間取るのを見ては冗談めかして「早くしろ〜早くしないと尻
に火をつけるぞ〜」と撮影技師に軽口をたたいては人々を喜ばせたという[25]。

どこまでも一人一人を大切にする牧口の行動

総会の翌日、12月24日、神奈川の会員・美藤栄祐（北海道師範22期生で牧口
の後輩。後に学会弾圧の時に逮捕される神奈川支部・美藤トサの夫）が死去し
た。それを聞いた牧口はすぐさま横浜に駆けつけた。

美藤の妻トサによれば駆け付けたのは午後3時から4時の間だったという。
牧口自身で通夜、葬儀の一切の段取りをしてくれたという。

またその場で妻の美藤トサや家族を激励した。

通夜に参列したのち、翌日の葬儀にも参列して一切の面倒をみたのだった[26]。

美藤栄祐は、1936年（昭和11年）1月ごろに創価教育学会の会員になってい
る[27]。また、『創価教育学体系』の序文を書いた同師範学校卒の日大教授・田辺
寿利を牧口に紹介したのも彼だという。

牧口は周囲の人のこうした不幸にはいち早く駆け付け、家族を徹底して守り、
激励するのが常だった。

例えば戦後、学会の理事長になる小泉隆の妻・綾は独身の時に入信・入会し
た。だがその直後に妹が他界した。それを聞いた牧口は道に迷いながら一人で
綾の自宅へかけつけ、妹の遺体の前で勤行・唱題して亡き妹の冥福を祈り、心
細い思いの綾を激励してくれたという[28]。

25　神尾武雄からの聞き書き（1977年、聖教新聞社で上藤取材）
26　美藤トサ「いざとなったらビクともしないね」聖教新聞、1979年6月9日付け3面『この人に聞く30
　　分』。なお夫・栄祐の入信・入会が1935年（昭和10年）ごろと記事にあるが1936年1月が正しい
27　本書第2巻『新　牧口常三郎伝2』251頁参照
28　小泉綾「一人の会員を大切にされる」『大白蓮華』302号、聖教新聞社、1976年6月、29頁

　また1942年（昭和17年）前後、白銀小学校の近くに住み、工場経営をしていた橘谷晋がその長男を亡くした時、牧口がいち早く駆け付け、その応援で滞りなく葬儀を進めることができたという。

　「私のような一会員のために全魂こめて激励してくれる先生の姿は今も忘れることはできません」[29]と語っている。

少年雑誌の創刊と戦争から子供を守る戦い

　年が明け、1940年（昭和15年）1月1日付けで戸田を編集兼発行人として月刊雑誌『小学生日本　五年』（「小学生日本社」刊）が創刊された。

　当時、国をあげての戦争応援の現実は子供たちから子供らしい夢や未来を根こそぎ奪おうとしていた。

　当時の小学生たちの夢は何だったか。

　有名なジャーナリスト田原総一郎は、当時の自身の夢をこう語る。

　夢は「お国のために立派に戦死すること」だったと（田原総一郎「戦後70年思う」「毎日新聞」2015年8月11日付け）。

　まさに子供たちが「立派に死ぬ」ことを夢とする社会だったのだ。死ぬことを夢にするとは……なんと恐ろしい、残酷極まりない社会だったことか。

　体操の教師すら児童に向かって「お前たちの体はお前たちのものではない。天子様のものだ」と言う[30]。

　小学校2年生で早くも子供たちは天皇に対して臣民として仕えなければならないと教え込まれたのだった。

少年雑誌『少年倶楽部』（昭和15年5月号）の表紙。陸軍と海軍の少年兵が肩を組んでいる

29　橘谷晋「草創の友が語る初代牧口会長〜父親のような親しみ感じる」聖教新聞1979年6月9日付け、3面、
30　橋川文三編『日本の百年7　アジア解放の夢』筑摩学芸文庫、2008年4月、291頁

忠君愛国宣伝活動は学校の教室で行われただけではなかった。

家に帰った少年達の貪欲な知識欲、想像力により、講談社を大本山とする少年雑誌の戦争シーンが怒濤のように、ひたすら少年たちの脳内に流し込まれ、加熱をさせられ続けていた。

満州事変から始まり太平洋戦争にいたる15年戦争に身をささげた青年たちは多かれ少なかれ、これら少年雑誌の影響の下に彼らの夢や人生の目標をつくりあげ、育てていた。

例えば当時の少年雑誌としては最も有名な『少年倶楽部』（昭和15年5月号）を開いてみると、表紙には陸軍海軍の少年航空兵が肩を組みあう写真、その横に「国民挙（こぞ）って国策協力」の標語が躍る。子供も大人も戦争政策に協力することがうたわれている。

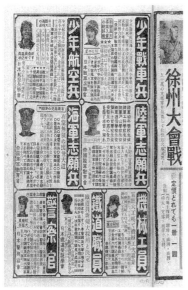

『少年倶楽部』に掲載された
少年兵募集広告の数々

内容を見るとカラーグラビアの「出征の船」、「護国神社に奉仕する小学生」、「満蒙開拓青少年義勇軍」と並び、絵物語で「軍馬を育てる人々」、「たのもしい日本の飛行機」が目を引く。

読み物としては「国民挙って国策協力 戦に勝つ道と偉くなる道は一つだ」というタイトルで国策協力をアピールし、物語として「銃後の愛犬」「友情進軍歌」「艦長は死ねども」と戦争、軍人をたたえる内容が並んでいる[31]。

さらに広告のページには「少年戦車兵」、「少年航空兵」、「陸軍志願兵」など少年兵

31　『少年倶楽部』昭和15年5月号、大日本雄弁会講談社、1940年5月の各頁

を募集する広告も並んでいる[32]。実際にこの広告に応じて多数の青少年が少年兵として入隊していった。

　当時、小学校6年生だった池田大作（のち創価学会第3代会長）も書いている。「（愛国心は）それはもう徹底して植えつけられたのである。全ての価値観が天皇にあり、国家にあった。教育の恐ろしさは、幼児の純白な心のキャンバスに、自在に色を塗っていけることだ（中略）高小（高等小学校）を出たら少年航空兵になろう、私はそう思っていた。勇んで兵士に憧れて志願していく友だちに刺激されたことは言うまでもない」[33]と。

　それに対して暗澹たる子供たちの未来に、なんとか本当の少年らしい夢や未来をはぐくみ、世界に目を開いてもらいたいとの願いが、戸田が発刊した雑誌の内容を精査すると見えてくる。その思いは子供たちを幸せにする教育をめざした牧口の思いに重なる。

　だが、日中戦争開始以来、雑誌界も統制が強められ、不急不要の雑誌は廃刊に追い込まれ、戦争開始前には2万5千誌もあった各種雑誌が1939年（昭和14年）末には8千6百誌にと実に3分の1にまで激減していた[34]。
　その大きな原因のひとつは国家総動員体制からくる紙の使用量規制であった。
　この1940年（昭和15年）には内閣に用紙統制委員会が設置され一段とその統制が強化され、雑誌に対する用紙の割り当ては前年比25％減という恐ろしい削減目標が指示されてもいた[35]。

　だから原則として、新しい雑誌の創刊は認められなかった。認めさせるには、その雑誌がどれほど必要なものか当局にアピールしなければならなかった[36]。

　当時の講談社などの少年雑誌の内容をみれば、少なくとも半数以上は戦争も

32　同上『少年倶楽部』昭和15年5月号、大日本雄弁会講談社、1940年5月、広告の頁二のc、三のc
33　池田大作『私の履歴書』『池田大作全集　第22巻』聖教新聞社、1994年5月、208頁
34　高崎隆治『戦時下の雑誌〜その光と影』風媒社、1976年12月、36頁
35　同上　高崎隆治『戦時下の雑誌〜その光と影』、36頁
36　高崎隆治『戸田城聖　1940年の決断』第三文明社、2002年2月、78〜79頁

戸田が創刊した『小学生日本5年』
創刊号の写真。雰囲気がまるで違う。

の、時局もので占められるのが常識だった。しかし戸田の少年雑誌は違った。

創刊号だけに検閲は厳しく、トップ記事は時局もの、つまり戦争賛美の読み物は不可欠だったが、それ以外はサムライ時代小説、少年たちの目を世界に向ける「世界は動く〜起（たち）上る蒙古」、連載「五少年の世界一周」、ラジオの「海外放送の話」と続く[37]。

戦争ではなく子供たちの目を世界に広げてもらいたいという編集者・戸田の意図がありありと伝わってくる構成である。

翌月の『小学生日本　五年』第2号の内容も同様に子供たちに夢と、海外の事情を知らせる内容[38]になっている。

そして号を重ねるたびに戦争ものは姿を消し、広く世界に目を向け、諸外国の優れた文化、産業などを伝えるルポルタージュやヨーロッパの物語などが掲載され、戦争について扱った小説でも、戦争は、決してお伽噺のように華々しいものではないと、登場人物に語らせている。

戦争賛美とはほど遠い、極めて異例な雑誌だった。

この創刊号で雑誌の主幹・戸田城外は「創刊のことば」を書いている。その最後のところに戸田が直接、子供たちに呼びかける悲壮感あふれる部分がある。

それはこうだ。

「明日の日本を背負って立つ人々は、かならずや小学生日本の愛読者のなかから生まれると言ふ（う：筆者注）強い確信を持って、私はこの雑誌を諸君にお贈り致します」[39]と。

37　『小学生日本　五年』日本小学館、1940年1月、各頁参照
38　同上『小学生日本　五年』日本小学館、次号紹介広告
39　前出『小学生日本　五年』日本小学館、1頁

　高崎隆治はこの部分を「まちがいなくこれは『創刊のことば』だが、深く冷静にこれを読めば、『終刊』のことばとも読めるはずである」と分析し、それは戸田の意識＝覚悟がそこに見えるからとして「戸田城外は、創刊の時点で子どもたちと運命を共にする覚悟をきめていたのである。その決意が『創刊のことば』を『終刊のことば』たらしめたのである」と書いている[40]。

　まさに戸田はいつ廃刊命令が出されてもおかしくない戦争に距離を置く雑誌を創刊し、またいつ廃刊されてもいいという覚悟でこの雑誌を出したことが見えてくる。ほかのあらゆる少年雑誌のような戦争賛美ではなく、子どもたちを少しでも幸福にしたいという牧口の思いを体現するものだった。

　「明日の日本を背負って立つ人々は、かならずや小学生日本の愛読者のなかから生まれる」との戸田のことばは、命がけで創刊した雑誌にこめた彼の思いが、読者の少年たちに伝わってほしいというあまりに切実な思いが吐露されていたということだろうか。

　この創刊のとき池田大作少年はまさに羽田第二尋常小学校を卒業しようとしていた。

　また、戸田の創刊の言葉を見れば、まさにその読者層のなかに戸田とともにやがて、日本と世界を変える戦いを繰り広げる若い人々が出現してくることを確信していたことがわかる。

　続いて戸田は4月1日に『小学生日本　六年』も創刊し、『小学生日本　五年』と並んで本格的な小学生向け雑誌出版を進める。

　この1940年（昭和15年）3月、池田少年（池田大作）は、羽田第二尋常小学校を卒業する。上級学校である中学校への進学を希望していたが、家の経済事情がそれを許さず、4月から羽田高等小学校（高等小学校は二年で卒業）に入学している[41]。

　創価学会の初代、2代、3代の会長は共通して家の貧しさから上級学校の進

40　前出　高崎隆治『戸田城聖　1940年の決断』第三文明社、114頁
41　前出　池田大作『私の履歴書』『池田大作全集　第22巻』聖教新聞社、1994年5月、207頁

学をあきらめざるをえなかったが、共通して、燃えるような向学心があった。

　池田少年は高等小学校の卒業を前に、卒業したら少年航空兵になろうと志願した。しかし「父と母は猛然と反対した。もうたくさんだ、という時勢を超えた本当の叫びだったのであろう。

　志願書をもとに海軍の係員が、家を尋ねてきたという。（中略）父は係員に言った。『私は絶対に反対だ』と。『うちは上の3人とも兵隊に行っているんだ。まもなく4番目も行く。そのうえ5番目までもっていく気か。もうたくさんだ！』。係員は『わかりました。当然でしょう』と静かにいって帰っていったという」[42]とある。

戸田の出版事業の発展、大衆娯楽小説の成功

　ピンチをチャンスに。日本小学館を中心にかつての学習塾、模擬試験、受験参考書という受験産業の危機をバネに戸田は少年雑誌の出版へ、そしてさらにはもっと大きな総合出版事業に翼を広げようとしていた。

　1940年（昭和15年）5月25日には大衆娯楽小説出版のために新しい出版社・大道書房を設立してその代表取締役となった[43]。

　「大道書房」の名前は当時、大衆小説の流行作家だった子母沢寛の選集を出すにあたり、最初に発刊したのが江戸時代・土佐藩の悲劇の大政治家・野中兼山を描いた『大道』であった。それにちなみ命名したという。

　子母沢寛（本名・梅谷松太郎）は、戸田と同郷で北海道厚田の出身。祖父は江戸幕府の末期、戊辰戦争において東京・上野で官軍と戦った彰義隊の生き残りだったといわれる。

　戸田の兄・外吉とは厚田尋常小学校同窓で、その関係で顔はよく知っていたと思われる。

42　前出　池田大作『私の履歴書』『池田大作全集　第22巻』聖教新聞社、1994年5月、209頁
43　5月25日に設立。小説「大道」の出版に合わせて設立しているので、出版日は設立の日と考える。
　　『大道』の刊行日は1940年5月25日

　1940年（昭和15年）には子母澤寛の著作5冊を、翌1941（昭和16年）には11冊と以後、毎月のように子母澤寛の選集を刊行し続けた。

　印刷を担当したのはもちろん戸田傘下の秀英社だった。

　流行作家の大衆小説だけに売れ行きは絶好調だった。大衆小説の流行を予見した牧口の言った通りになった。

　進学予備校・時習学館、印刷会社・秀英社、少年雑誌を刊行する日本小学館、そして大衆小説を発刊する大道書房の成功と事業拡大のはずみがついたこの年8月には代表取締役社長として日本商手株式会社（神田区錦町1の19）を東京・神田に設立した[44]。

　手形を割り引く金融業に属する事業であった。

創価教育学会本部を東京神田に設置

　それから少し遅れた8月に、創価教育学会の本部を東京・目黒にあった時習学館から日本商手事務所のある東京・神田の錦町に移転した[45]。

　建物の一階が会社事務所、入り口を入ると応対用のカウンターがあり、カウンターを挟んで応接セットが置かれていた。

　その奥に戸田社長と取締役・稲葉伊之助の机が並んでいた。

　2階に学会本部があり8畳の間が3つあってそのひとつに牧口がいた。

　加えて6畳の間1つ、そして6畳程度の板の間があった。

　これが創価教育学会の本部全容だった[46]。教育学会の小会合や牧口の個人指導の場となる。

　創価教育学会の本部が神田・錦町に移ったため、目黒にあった時習学館の建物には学習塾・時習学館と出版部門の日本小学館、大道書房の2社が残った。

　また、戸田の事業の拡大・発展と安定に伴い、戸田が弘教拡大してきた出版

44　西野辰吉『伝記　戸田城聖』第三文明社、1985年2月、147頁。「中外商業新報」1940年8月27日付け朝刊、6面の商業登記広告による

45　創価教育学会会報『価値創造』第8号、1942年4月、1面。

46　同前　創価教育学会会報『価値創造』第8号、1面

業を始めとした自営業者たちによる「生活革新同盟倶楽部」を発足させる。8月末のことになる。

　生活革新同盟倶楽部は約30人の実業家の集まりであり、牧口・戸田の下で、月一回の座談会を行い、信仰即事業、つまり日蓮仏法の信仰の実証を各自の事業の成果として示し、それを倶楽部内部で発表し競いあうことになる[47]。

　また、同年10月には戸田の会社「日本商手」の目的が金融業から事業投資、出版代理、用紙売買業に変更され各方面に事業のウイングを広げた[48]。

　戸田の事業拡大はまだまだそれにとどまらず最終的には17社の企業集団を統括するまでになるが、それはまた後述する。

　一方、この年5月、ヨーロッパではナチス・ドイツの大軍が戦車と航空機による電撃作戦を開始して西部戦線に大攻勢をかけ、すぐさまオランダを降伏に追い込み、ベルギーの首都ブリュッセルを陥落させた。

　さらにドイツ軍はフランスの最大の防御線マジノ線を突破して英仏連合軍をドーバー海峡に追い詰め、6月14日にはパリを無血占領した。

　ヨーロッパ大陸のほとんどの国に「カギ十字」の旗がはためき、大国イギリスにも危機が迫っていた。

　わずか1か月半でヨーロッパを完全に席巻したナチス・ドイツの爆発的な膨張、進撃ぶりに日本の軍部・政府は圧倒され、魅惑され、その勢いにのまれたかのように南進、すなわち戦争に訴えても東南アジアに触手を伸ばそうとした[49]。

　南進、すなわち東南アジア方面進出を想定した日独伊三国同盟締結が秒読みで迫っていた6月7日に陸海軍の将官、日蓮宗各派代表、学術者たち日蓮主義者でつくる水魚会（常任幹事・井上陸軍中将）の例会が東京・日比谷公園内の松本楼で開催されている。

47　前出　創価教育学会会報『価値創造』第8号、1面。
48　「中外商業新報」1940年11月21日付け朝刊、8面の商業登記公告による
49　山中恒『アジア・太平洋戦争史』岩波書店、2005年7月、465〜467頁

　そこでは南方の資源を確保のため東南アジアを侵略する「北守南進論」について2時間もの講演があった。

　このころの主な水魚会のメンバーは、海軍中将・子爵　小笠原長生、貴族院議員・海軍中将　佐藤鉄太郎、陸軍中将・井上一次、立正大学学長　清水龍山、そして日蓮宗各派の代表がいて、あの小笠原慈聞もメンバーだった[50]。

　南進、すなわち東南アジア方面への進出という方針のため軍部・政府はさらに市民を締め付けた。
　隣組という名の相互監視、相互扶助を目的にした町内組織が東京に初めてできたのは1940年（昭和15年）の春だった。国家総動員体制構造の一番下部の組織で、町内の隣同士10軒ごとに隣組が作られた。
　月に何度か会を開き生活物質の配給、不要品の供出、出征兵士の歓送、防空演習などについて話し合い実行する組織だった。
　上からのお達しを皆に知らせるため各自の家に回される回覧板もできた。
　隣組の重要な行事の防火演習では隣組の組長や在郷軍人の指導でバケツリレーによる消火訓練、火たたきによる焼夷弾の消火訓練なども行われた[51]。

　この年11月には、米や味噌、塩、マッチまで10種類の品が切符制になった。
　足りるはずがなかったが「足らぬ足らぬは工夫がたらぬ」といった標語を流布し不満を押さえつけた。
　さらに同じころ国民服令が出され男子はカーキ色の国民服、女子はモンペの上下が式服として制定された[52]。

　1930年（昭和15年）7月7日には信じられないような法律ができる。「七・七禁令」、すなわち贅沢をしてはならないという、まるで江戸時代の倹約令のような法律が制定された。
　「ぜいたくは敵」との標語ができて、街中に「贅沢品よ　さようなら」との

50　『世界の日蓮』昭和15年7月号、世界の日蓮社、1940年7月
51　内務省は町内会、隣組の整備要綱を9月11日に全国に通達した。歴史学研究会編『日本史年表』第5版、岩波書店、2017年10月、290頁
52　前出　歴史学研究会編『日本史年表』第5版、岩波書店、2017年10月、291頁

看板が立つようにもなる。高価な指輪、ネクタイピン、宝石類、高価な白羽二重、丸帯、洋服などが禁じられた。質素倹約して国家に奉仕せよとの方針だった[53]。

そしてナチスドイツの影響をうけた「大東亜新秩序」建設を基本方針とする第二次近衛内閣が7月22日に成立するや同月26日、閣議を開いて武力行使を含む南進策「基本国策要綱」を決定した[54]。

同日、アメリカは日本への石油、くず鉄の輸出を許可制にしてさらに圧力をかけ、月末には西半球以外への航空用ガソリン輸出を禁止した[55]。

もちろん狙いは日本への石油を中心にした経済封鎖だった。

軍部、特に海軍が最も恐れていた非常事態が到来した。石油が止まれば艦船、飛行機はやがて一切動かなくなる。

日本の軍部、とくに海軍にとっては致命的であり、だからこそ海軍の必死の要望を入れ、アジア南部の石油を求めて南進策を決定したと考えられる。悪あがきそのものだった。

多くの有力幹部が入信入会

ひしひしと迫る巨大な戦争への危機感のなか、牧口は一人、また一人と日蓮仏法拡大のための対話を進めていた。

一人一人の生活革命、そして最高の人生の道、大善生活への方向転換をめざしての果てしない対話行だった。

日蓮仏法の素晴らしさをただただ語り入会・入信に導く。誰に賞讃されるわけでもなく、何の得にも利益にもならないのだが、未聞の超宗教革命へ常に一歩前進をひたすら続けていた。

1940年（昭和15年）3月にはのちに戦前の教育学会副理事長になる野島辰治が入会した。

53　前出　半藤一利『昭和史』273頁

54　橋川文三『日本の百年8　果てしなき戦線』筑摩学芸文庫、2008年5月、187 ～ 188頁。

55　前出　山中恒『アジア太平洋戦争史』岩波書店、2005年7月、525頁

　野島は編集記者、出版社の編集長を経て出版社を起業していたが、事業は思わしくなく、戸田の紹介で牧口に会い、わらをもつかむ思いで入会・入信した[56]。

　4月には、第二次大戦後、創価学会の理事長になる小泉隆が入会した[57]。
　小泉は日蓮正宗のみが正しい宗教であると聞いて入信した。「昭和15年の3月末頃、折伏座談会に連れていかれた。大体5～6人が参加をしていた。内容は『認識と評価』、真理と価値の概念、つまりほとんど牧口『価値論』の内容であった。
　『負けたか』と聞かれ、『負けた』というと『では言うことを聞くか』ときた。『なんだ』というと『ご本尊を拝め』と言われた。
　『だったら難しいことを言わずにさっさと言ったらどうだ』ということで入信した。
　小善と中善、大善、そして極善があると教えられ、次善は悪、釈迦仏法も極善からみれば悪だときた。とにかく理詰めの折伏だった。
　だが次々に起きる現証に驚き喜ぶ。
　以後、折伏に次ぐ折伏の日々を送った。何度も夜遅くまで駆け巡り何度も警官に不審尋問された。（中略）学校で伊勢神宮など拝んでも利益は何もないと言ったら憲兵が飛び込んできたこともあった」（趣意）[58]と証言している。

　小泉は4月に入信して、直後の5月に修学旅行で生徒を引率して関西の神社仏閣を回ることになった。
　牧口会長に指導を受けると、「神社仏閣を折伏して来い」と言われた。
　どのような折伏をするかと聞くと「神社仏閣の前で題目三唱をするように」と言われた。そこで伊勢神宮の前で題目三唱をやり、皆を驚かせたという[59]。

　そして福岡市在住の写真業者・金川末之（のち、創価教育学会福岡支部支部長）が上京してきた。金川末之は、福岡県八女郡出身で木下鹿次、寺坂（旧姓・

56　野島辰次遺稿集『わが心の遍歴』大和薫編集発行、1992年6月、非売品、8～12頁
57　小泉隆「牧口先生の思い出」『牧口常三郎全集』第3巻『月報』1、1981年11月、1頁
58　「大白蓮華」第4号、創価学会、1949年10月、28頁
59　小泉隆から聞き書き（1977年4月、聖教新聞社で上藤取材）

有村）陽三の小学校の同窓生だった。

　木下鹿次から牧口を紹介され、牧口宅を訪ねた。そこで「何のための商売か」
「何のために生きているのか」「目的のない人生はどうなるか」と牧口から追及
され答えに詰まった。それに対し牧口は笑顔で話し続けたという。

　寺坂陽三との議論から始まって5か月間議論を続けたことになる。結果、上
京5か月目でついに入会した[60]。

　6月には牧口が出席した東京・保谷市（現・西東京市）での座談会（おそら
くは保谷にあった中島飛行機勤務の片山尊や阿部一極が開いたと考えられる）
で、福島県郡山出身の青年・猪狩巍（たかし）が入会する。

　牧口の場合、それで終わらない。彼の両親が郡山に住んでいることを聞くと、
果たしてその両親への弘教のため、一人で猪狩の郡山の実家に足を運んだ。

　この時、両親は入会しなかったが、2年後の1942年（昭和17年）に牧口が再
び訪問・仏法対話した結果、両親は入会することになる[61]。

　7月3日には民俗学者として高名になった柳田国男の別荘（神奈川県高座郡茅
ケ崎町、現・茅ケ崎市）を訪問[62]。柳田に日蓮仏法を教えようと一夜を語り明
かすも柳田はこれを拒絶、ついに信仰するには至らなかった。

　これについては、のちに柳田はこう書いている。

　「牧口君がうまく働いていてくれさえすれば、色々のことが明らかになるだ
ろうという希望から、私は彼の立場に同情を寄せていた。

　後に彼の著書『価値論』（『創価教育学体系』のこと：筆者注）に私が序文を
書いたのもそんな因縁からである」と。

　つまり、本当に牧口の学説に共鳴したのではなく、ある意味、牧口を自分の
ために役立てたいと思っていたので序文を書いたのだと、その本心を明かし「と
ころが先（牧口のこと：筆者注）は私が信仰までを一緒にやってくれるものと
誤算した。

60　金川末之『牧口常三郎先生の思い出』聖教新聞社九州編集局編、1976年
61　牧口から猪狩巍の父・四郎への手紙（昭和17年8月30日投函）『牧口常三郎全集』第10巻、第三文明社、
　　271～272頁
62　柳田国男年譜『定本　柳田國男集』別巻第五、筑摩書房、1971年5月、647頁

　今度の戦争（第二次世界大戦：筆者注）に入って間もなく、牧口君は一晩若いの（矢島周平のこと：筆者注）を連れて話に来て、泊まり込んで行ったが、私はたいした印象もうけなかった」[63]と書いている。

　だが誤解したのは牧口ではなく、柳田のほうだったと思われる。1930年（昭和5年）に牧口が『創価教育学体系』第1巻の上梓にあたり柳田に序文を依頼したとき、まだ牧口は日蓮仏法を信仰し始めたばかりの時であり、決して折伏しようとはしていない。
　牧口から当時折伏された稀な例は牧口の三男・洋三の妻・貞子の実父である稲葉伊之助くらい。それもそのとき、入信・入会には至らず父娘ともの入信・入会は1932年（昭和7年）だった[64]。

　しかも、『創価教育学体系』序文の依頼から、この柳田の別荘に泊りがけの弘教対話に至るまで10年が経過している。柳田には彼が言うように下心があったのかもしれないが、牧口にそれがあったようにはまるでみえない。

　戦後、創価学会理事長になる和泉覚の妻・美代はこの年6月に、実の姉、小塚フミの折伏を受けていた。小塚は1937年（昭和12年に）寺坂の折伏で入信。夫婦で学校の教員だった。
　その小塚フミが実の妹の和泉美代を訪ねて来て「日蓮仏法はすばらしい。だがもしこの信心しなければ罰がでる」と言った。あまりに短兵急な話に美代は反発したという。
　一方、夫の和泉覚は当時29歳、憲兵隊に所属していたが、義兄の小塚鉄三郎に連れられ牧口を訪ねた。1940年（昭和15年）7月27日の夜だった。
　牧口から話を聞いた和泉は「私は、田舎に先祖代々の墓もありまして等とこだわっていた。牧口先生はとにかくやって見れば解る。そのあとで墓のことは考えればよいとも話された。
　私も考えて見れば、檀家総代をやる等、田舎では、私の家ほど先祖代々寺に

63　柳田国男「故郷七十年拾遺」『定本　柳田國男集』別巻第三、筑摩書房、1971年3月、463頁
64　「座談会　牧口先生の思い出①」の金子貞子の発言『牧口常三郎全集』第1巻「月報」5、第三文明社、1983年1月、7頁

尽くした家はないと思うのに、功徳どころか、長男は生後4日後で死亡、長女は脳性小児まひで悩んでいる。

こうした現実を思い起こしたとき、人生に悔いを残したくない、子どもが治るものならやって見ようという気になって」7月28日に夫妻そろって入信・入会したのだった[65]。

夏季修養会から弘教の勢いが一変

その2日後の7月30日には小泉隆から話を聞いていた同じ小学校の同僚だった辻武寿が入会した。小学校の宿直中の話が仏法対話に発展したという。

辻は真理の追究が人生だと考えていた。それについて、小泉は牧口価値論から話をすすめ、真理は価値をもたない。その真理をどう使うかで価値が生まれる。価値創造のために真理の追究があると話を進めた。

そこから話は発展し、最高の価値を創造する大善生活をすることが人生の目的ではないかという話になった。

その大善生活こそ、日蓮仏法の実践だと知らされ、それで安心感をもって入会したという[66]。

和泉覚は早速8月1日、知人を折伏して8月2日から始まる静岡県富士宮の日蓮正宗富士大石寺における夏季修養会に連れていった。

また、同じく1940年（昭和15年）の春、埼玉から東京・本所の柳本（やなもと）小学校に転勤してきた柏原ヤスも入会・入信した。彼女を牧口に紹介したのは同じ小学校の同僚だった小塚鉄三郎だった。

柏原は牧口から創価教育や価値論の話を聞いて感動したが、話が日蓮仏法になると、もともと宗教が大嫌いだったため逃げ回ったという。

そして毎日、家に帰ってくると机の前で日が暮れるまで考え込んでいた。そこへ牧口から激励の速達便が届く。やむなく牧口に会って話を聞き、何回も聞

65 和泉覚「牧口先生の思い出」『牧口常三郎全集』第5巻「月報」3、第三文明社、1982年1月、1頁。
和泉覚「厳しさの中に好々爺の一面」『牧口常三郎』聖教新聞社、1972年11月、459頁
66 辻武寿「座談会 牧口先生の思い出①」『牧口常三郎全集』第1巻「月報」5、第三文明社、1983年1月、6頁

いてついに入会・入信する[67]。

　戦後、創価学会の全国婦人部長として男性顔負けの闘将として全国を駆け回り大活躍をするのがこの柏原ヤスである。

　第二次世界大戦後に創価学会第2代会長の戸田城聖を中心に弘教拡大の教線を圧倒的に拡大したのが、実にこの1939年（昭和14年）から同40年にかけて入信・入会した多士済々の人々だった。

　その入会間もないメンバーも含めた第5回創価教育学会の修養会が8月2日から静岡県富士宮の総本山大石寺で開催された。

　別途、日蓮正宗の第八回夏季修養会が同じ大石寺で2日〜9日に開催されていたのでこれに併行し、同時開催で第5回創価教育学会修養会を開催したのだった。

　日蓮正宗の機関誌『大日蓮』に紹介された日蓮正宗の第5回夏季修養会は、

　2日・着山。

　3日・講話、御開扉、境内散策、講話。

　4日・講話、紙芝居、童話。

　5日・講話、記念撮影、白糸の滝行、講話、座談会。

　6日・講話、記念撮影、山内見学、下之坊見学。

　7日・早朝の勤行会、講話、紙芝居。

　8日・講話、修養と慰安の夕。

　9日・閉会式　となっていた[68]。

　第5回創価教育学会の修養会については記録がないので、おそらくこれらの日程に沿って進行したものと思われる。

　参加者は牧口、戸田をはじめとして、教育者の辻武寿、小泉隆、小塚哲三郎、神尾武雄、柏原ヤス、九州の教員・安川鉄次郎、そして主婦の和泉美代、原島精子、などだった。

　神尾武雄は当時を回想して「宿坊だった理境坊の10畳と12畳の部屋に全員が

67　同上「座談会　牧口先生の思い出①」『牧口常三郎全集』第1巻「月報」5、6頁
68　日蓮正宗宗務院『大日蓮』昭和15年10月号、大日蓮社

入るくらいの参加者だった。

　牧口先生は終始、羽織はかまで『開目抄』や『立正安国論』の講義、あるいは価値論を通し信仰と折伏精神を打ち込まれていた」と述べている[69]。

　辻武寿は初めて参加した修養会の内容の豊富さに圧倒されていたが、それを見ていた初対面の牧口は、辻と顔を合わせるなり「飢国より来たりて大王の膳にあうがごとしとは、君のことだ」と大笑して歓迎したという。

　修養会の後、辻武寿は「この仏法で世の中は良くなる」と断言し、弘教にかけずりまわったという[70]。それほどの感動と衝撃が20代の辻青年を貫いたのだろう。

　実際に、この夏季修養会から参加者の弘教拡大への熱意と行動は大きく変わる。おそらく牧口の救国の情熱が参加者の心を大きく揺り動かしたに違いない。

　牧口は常に、新聞で雑誌で対話で学び、世界を見ていた。日本の行く末を分析していたはずである。

　「認識せずして評価するな」という信条からそれは当然であり、ならば今、日本が未曽有の戦争に突入しようとしていることを見抜けないはずはなかったと筆者は考える。

　その戦争で言語に絶する不幸を背負うのは庶民、市民であろう。それを救うのは何か。超宗教・日蓮仏法の流布しかない。それを、この修養会の講義で熱く語ったのではなかろうか。

　炎暑のなかで、参加者は約1週間、牧口会長と寝食をともにしながら日蓮仏法の教義と奥底の哲学を学び、勤行や唱題をともに実践し、日蓮仏法への確信、弘教への情熱を燃え上がらせたかにみえる。

　辻は青年教師らしく、この国家をどうするか、人材をどうするかを真剣に考えていた気配がある。だからこそ、弘教活動に一層燃え立ったようである。

　下山するや入信ほやほやにもかかわらず赴任していた小学校の教員を片っ端から折伏した[71]。

69　神尾武雄からの聞き書き（1977年、聖教新聞社で上藤取材）
70　辻武寿『価値創造』第6号、1946年11月、8頁。辻武寿『私の個人指導』聖教新聞社、238頁
71　辻武寿「わが信仰の回想録」『大白蓮華』第76号、創価学会、1957年10月、27頁

こうした弘教拡大のスピードがグンと上がったのがこの修養会以後だったと参加した小泉や神尾がともに証言している[72]。牧口の情熱が拡大につながった。

牧口の弁証法的価値論が拡大に勢いを

10月には辻武寿の父親で埼玉・秩父にいた小学校校長・辻賢太郎が東京に来て青年学校校長になり入信・入会[73]するなど入会者が続出した。修養会が拡大に大きな力を及ぼしたことがみえてくる。

小泉隆は述べている。「（牧口先生は）その心血そそいで完成された教育学の普及よりも、日蓮大聖人の仏法を流布することに、ひたむきな情熱をもやしておられた。（中略）人間の幸福に役立たないばかりか、反って不幸に追いやるような飾り物の学問なら、しないほうがいいとまで言い切った」[74]と。

その日蓮仏法拡大へのすさまじい情熱が人々の弘教拡大のエネルギーを生み出したといえようか。

激しい弘教戦だった。小泉は1年間で6人の学校の教員を入会に導いたという。半面、小泉、辻、原島の3人は3人とも弘教拡大の度が過ぎるとして問題になり、学校を追い出された[75]。

辻も赴任していた学校を追い出されたが、その時なんとか元の学校に戻りたいと運動しようとした。だが牧口はその運動を止めたうえでこう言ったという。

「追い出されたことでもうケンカは勝ちだ。校長を折伏したんだから追い出されても君は勝つ。それが妙法だ。変毒為薬できなければ法華経ではない。身をもって実践しなさい」[76]と実に確信にみちた激励だったという。

3人は夜遅くまで弘教に走り回り、警官に不審尋問を受けたり、生徒の父兄から学校に通報があって校長から油をしぼられたりもした。

72　小泉隆、神尾武雄からの聞き書き（1977年、聖教新聞社で上藤取材）
73　辻武寿『私の個人指導』聖教新聞社、1979年10月、247頁
74　小泉隆「牧口先生の思い出」『牧口常三郎全集』第3巻『月報』1、第三文明社、1981年11月、2頁
75　小泉隆からの聞き書き（1977年、聖教新聞社で上藤取材）
76　前出　辻武寿「座談会　牧口先生の思い出①」『牧口常三郎全集』第1巻「月報」5、7頁

82

一方で、周りを見渡しても当時の教員にはシンボルとなる思想はなかった。社会主義的な思想はもちろんノーで、相次ぐ思想弾圧で自由主義や個人主義まで欧米の思想として警戒され、徹底して排撃されていた。

だから自然に、教員の多くは事なかれ主義や虚無主義的な考えに陥りやすく、結果、学校の授業が終わると歓楽街の巷で飲み歩くものが多かったとも小泉は述べている。そのなかでかれらは弘教一筋に活動した。

彼らの折伏の現場でのやりとりだが、まず日蓮仏法の極めて優れた内容を相手に納得してもらったうえで牧口の価値論から学んだ独特の論法「いいことをしないのと、悪いことをするのは同じか違うか」と相手に問いかける、これがポイントだった。

これは牧口が実に10年近くをかけて苦労に苦労して第一線の弘教の現場で磨いてきた価値論による対話術、いうならば弁証法であった。弁証法的価値論と呼ぶことができようか。

これが非常に有効だったと小泉は語っている。つまり、価値論に従って話が進めば、結局この日蓮仏法を信仰しないのは悪人だという結論になるからである。

この価値論による論法がなかった場合、せっかく日蓮仏法の優れている点を納得させることはできても、「網の奥に穴が開いているのと同じで、せっかく追い詰めても逃げられる」と牧口は語っていたという。

「この信心は実際にやってみなければわからない。見かけが美味しそうな料理でも、本当に美味いかどうか、食べてみなきゃわからない」という論方も牧口の現場での経験から生まれた。

参加者全員により信仰体験が語り合われる座談会の重要性がそこにあって、「毒味は体験談で証明済み。さあ味は食べてみなければわからない」と牧口が結論を求めると、大体の人は信仰を決意したという[77]。

夏季修養会から教育学会の弘教、拡大のスピードが大きくアップし、多数の

77　小泉隆からの聞き書き（1977年、聖教新聞社で上藤取材）

人々が牧口門下になっていたころ、ナチス・ドイツはいよいよ英国本土上陸作戦をめざし、8 月上旬から総力を挙げて英国空軍に襲い掛かった。バトル・オブ・ブリテンの開始である。

　イギリスが開発した初期のレーダー、イギリス海岸に住む市民の情報活動、そして超高性能戦闘機スピッツファイヤーに乗るパイロットの献身的な応戦によって、ドイツ空軍は大損害をだし、ヒトラーは10月12日に英国本土上陸作戦をあきらめ、その目を東のソ連に向けた。

　バトル・オブ・ブリテンが戦われていた 9 月27日、ドイツのベルリンで日独伊三国同盟条約が調印される。

　ここまで条約に反対していた日本海軍トップが海軍の予算獲得のため賛成に回り、ついに調印がされたという。『昭和史1926-1945』の著者・半藤一利は「軍備予算の獲得が条約締結の裏面の目的だったわけです。情けないことに、金のために身を売ったんです、いや魂を売った」と書いている[78]。

　もともとナチスドイツがイギリスに上陸するという前提で組みたてられたのが日独伊三国同盟だった。その前提がこの時崩れたのだが皮肉にもその瞬間に、日本海軍はその同盟に賛成したことになる[79]。

　元老・西園寺公望もこの三国同盟成立を聞き、側近に「これで日本は滅びるだろう」としみじみ言った[80]と伝えられている。

日米両国が開戦をひそかに決意～ 1940年（昭和15年）

　日独伊三国同盟が締結されるやアメリカのルーズベルト大統領は10月12日、「脅迫や威嚇に屈して独裁者たちを支持する道を歩む意図は毛頭ない」と演説[81]して、この年（1940年）暮れから41年の春にかけて日本には不可欠な戦略物資の対日輸出を次々に停止する。次は石油になることは目に見えていた。

　日独伊三国同盟が米国参戦の抑止力になると考えてこれを推進した松岡外相

78　半藤一利『昭和史1926-1945』平凡社、2004年 2 月、284 ～ 287頁
79　前出　半藤一利『昭和史1926-1945』294 ～ 297頁
80　同前　半藤一利『昭和史1926-1945』319頁
81　山中恒『アジア・太平洋戦争史』岩波書店、2005年7月、484頁

の予測は完全に裏目に出た。日米開戦は時間の問題になった。

　追い込まれた陸海軍は、オランダの植民地・蘭領東インド（現在のインドネシア、蘭印と呼ばれた）の油田や仏領インドシナ（現在のベトナム、ラオスなど、南印と呼ばれた）に目をつけた。

　この蘭印や仏印を手に入れて石油や資源を確保して対英米戦に備えるべきという南進論が一気に高まった[82]。

　しかし、アメリカのインテリジェンス（高度情報収集能力）は日本軍の想像をはるかに超えていた。圧倒的な人数と機械を投入して日本の政府、軍部が使う暗号電報の解読に挑戦。日本の外務省が使う九七式欧文印字機とそっくり同じような暗号変換機を8台もつくって外交電報解読をすすめ、この1940年（昭和15年）10月ごろには「パープル（紫）」と呼んだ日本の外交用暗号の解読に成功していた。

　それによって日本とドイツ、イタリアの外交関係電報は全て傍受解読されていた[83]。日本が南進論にかたむく有様をとらえて、対抗策を次々に講じた。衝突は避けられない状況は当時の新聞報道をみればだれでも理解できたはずである。

大政翼賛会発足と戸田の事業に迫る危機

　その超弩級戦争による悲劇、市民の苦悩を何として除きたい、その一心で日夜活動を続けていたのが牧口を先頭にわずかの創価教育学会のメンバーだった。

　一方、対英米戦不可避の空気の中で、第二次近衛内閣は国論の統一、高度防衛国家、政治新体制をつくるため政治力の結集を構想し、軍部や民間右翼に対抗しうる新しい国民組織の結成を考えていた[84]。国家総動員体制に続く新体制運動『大政翼賛会』である。

82　前出　山中恒『アジア・太平洋戦争史』岩波書店、2005年7月、462 ～ 463頁
83　同上　半藤一利『昭和史1926~1945』350頁
84　前出　橋川文三・今井清一編『日本の百年8 ～果てしなき戦線』筑摩書房、2008年5月、173頁

　この新体制運動が打ち出されるや、なんと真っ先に解党して参画を目指したのは左翼無産政党の社会大衆党だった。新体制運動を通して彼らがめざす国家社会主義体制到来を夢見たようだった[85]。

　続いて各種思惑から民政党、政友会などの合法政党は次々に自ら解党、解散して、新体制になびいた。こうして同床異夢の"大政翼賛会"が発足した。

　政党だけではない。東京交通労組、日本労働総同盟、大日本農民組合、全国水平社などの労農団体や社会団体が次々に自ら解散して吸収され、まるで雪崩を打つように崩れ落ちていった。

　しかし、これは憲法をそのままにしておいて、議会を上回る勢力・政治力を作ろうとする夢想家の近衛らしい到底無理な幻想、発想にもとずく体制だった。

　近衛が夢想した現実的な政治的統合力を発揮することはできず、たちまちのうちに同床異夢の寄せ集め「大政翼賛会」は軍部と内務省の支配下に置かれて、戦争協力の御用機関に化す[86]。そして議会の力は極端に弱まった。

　残されたのはまさに天皇制ファシズムの完成した姿だった。

　ナチスドイツの第三帝国の隣国オーストリアが自ら選挙によりナチスドイツと合同（1938年）したように、日本の全政党、そしてほとんどの社会団体が自ら進んで解党、解体して大政翼賛会に参加。天皇制ファシズムを完成させたことになる。

　ところがこの動きは車に乗り遅れるなという日本独特の統合圧力により、政党や社会団体を越えてさらに、マスコミ、出版界、宗教界にも及ぶ。

　各種の雑誌出版事業団体が解散して統一の事業団体、出版文化協会が設立されることが9月中に決まった（12月19日設立）。

　推進したのは内閣情報局だった。その役割は雑誌の編集内容の事前審査と、印刷用紙の割り当て査定だった[87]。

　印刷用紙の割り当てはそれまでの実績によって決まるため、弱小出版社は淘

85　井上寿一『日中戦争下の日本』講談社、2007年7月、132〜133頁
86　前出　橋川文三・今井清一編『日本の百年8〜果てしなき戦線』175頁
87　「中外商業新報」1940年9月6日付け、夕刊2面

汰されていくことになる。戸田はもちろん、その周囲の出版業者に危機が迫っていた。

　この厳しい挑戦に戸田はどう応戦したか。

　彼が代表取締役をつとめる「日本小手株式会社」の登記内容を変更し、会社の目的を事業投資、出版ならびに出版代理業、印刷業、和洋紙の売買業、金融業と多目的化した[88]。

　本来、"日本小手"の名前が示す通り小切手や、手形割引を行う金融業が中心目的だった会社をこのように多目的化したのはおそらく、その年12月に予定される出版文化協会や翌年に設立される日本出版配給株式会社の設立によって、出版やその用紙を統制しようとする政府の意図を見抜いた戸田の戦略かと思われる。

　すなわち、当然それまでの出版や印刷部数の実績によって、紙の数量や出版部数が決められるのであれば、出版社を統合して大規模化を図れば乗り越えることができる。そこで戸田の「日本小手」を中心にしてグループの出版社を統合、大規模化する戦略を考えたのではなかろうか。これはあくまでも筆者の想像である。

牧口の初代会長就任と新体制運動

　こうした動きが宗教団体にも及ぶのは時間の問題だった。

　大政翼賛会の新体制運動に順応して宗教界も「宗派に一元せよ、これが先決問題だ」と宗教業界紙「中外日報」が「仏教の新体制試案」を示して呼びかけを始めたのが1940年（昭和15年）8月上旬だった。

　すでに禅宗の曹洞宗が新体制運動に則り宗制再編の議論を始めていた[89]。

　以後、同年11月、天台宗は宗派を法人格に、11月27日に臨済宗が各派合同を宗会が可決[90]するなど文部省主導により、宗教各派の宗派統合が進められる。

　10月3日、日蓮宗各派に対してもその統合問題についての会議が東京・小伝

88　「中外商業新報」1940年11月21日付け朝刊 8 面
89　「中外日報」1940年8月8日付け2面
90　「中外日報」1940年11月28日付け2面

馬町の村雲別院で開催された。

日蓮正宗からは、堀米泰栄などが出席。

その場で身延日蓮宗を中心にした統合案が出されるが、堀米らは、そこでは結論を出さないまま、総本山大石寺に持ち帰って検討すると約束するにとどめた[91]。

日蓮正宗は決して身延派日蓮宗と合同できない700年来の歴史と背景があった。

これについては、本書の巻末特別解説『日蓮仏法と革命の奔流』を参照いただきたい。

一方で、この1940年（昭和15年）10月、それまで約3年間、組織らしい組織のなかった創価教育学会が初めて組織体を構成する[92]。

宗教団体法の施行から半年、各種団体への取り締まりが厳しくなり、内務省への届出のため綱領、規約、役員などを決めることが必要になった。そこで綱領、規約、組織、役員が決定されたと神尾武雄は証言する[93]。

だから特に役員の任命式などはなかったようである。

戦争へ戦争へと斜面をころがるように落ちていく日本の姿を前に、創価教育学会の臨時総会が1940年（昭和15年）10月20日、午前9時半から東京・九段の軍人会館（現・九段会館）の集会室で開催された。

開会のあいさつに戸田城外が立ち、次に新役員の紹介披露、綱領の朗読・説明、規約の朗読・説明、財務報告、質疑応答、来賓の秋月左都夫講演、牧口会長講演と続いた。

新役員としてそれまで研究所長であった牧口が正式に会長になり、戸田が理事長になった。

また、12人の理事が就任、本部に企画部以下10部が設置された[94]。

91　『世界の日蓮』世界の日蓮社、昭和15年10月号、1940年10月
92　すでに1936年（昭和11年）4月に学会の綱領、組織ができあがり、地方支部もできたが続かなかった。『新教』第6巻第4，第5号に綱領や組織要覧が掲載（本書第2巻「"革命の書"『創価教育学体系』発刊と不服従の戦い」267～268頁参照
93　神尾武雄からの聞き書き（1978年、聖教新聞社で上藤取材）
94　創価教育学会会報『価値創造』創刊号、1941年7月、4面

　ちなみにその10部とは企画部、教育研究部、教育者倶楽部、創美華道研究部、折伏指導部、生活革新同盟倶楽部、印刷部、婦人部、青年部、少年部の10部だった。

　この企画部以下の10部体制といっても、たとえば少年部の責任者だった神尾の証言によれば「『部』といっても有名無実で、ほとんどが役所への届け出のために名前を付けただけだった」と証言している[95]ので、実体があった婦人部、教育者倶楽部、創美華道研究部、生活革新同盟倶楽部以外は名前だけの部であったというのが事実に近いところではなかったか。

　もちろん生活革新同盟倶楽部は戸田を中心とする実業家たちであり、婦人部は婦人活動家が多数いたし、創美華道研究部は華道家元の須賀一精が折伏したお弟子さんのグループだった。逆に神尾が部長だった少年部とか青年部というのは実体はなかったと神尾自身が認めている。

　同じく、地方支部を設置すると定められたが、この当時あった支部名として京橋支部、蒲田支部、本所支部、日本橋支部、横浜支部の名前をあげることができるが、正式な支部長人事や結成式があった形跡はない。

　注目の新綱領、これは牧口が原案を書いたとされている[96]。

　そこでは、「教育学会は利己主義者や滅私奉公という虚像の全体主義者の団体ではなく、自他ともに最高の幸福をめざすものの団体であり、牛の尾のように大きな集団についていくだけの臆病な小善人ではなく、小さな存在でも人々をリードする勇敢な大善人にして日蓮仏法の信仰を貫いて生活革新の実証を示すのが会員の信条である」（趣意）としている。

　また、新規約要綱では会の名称を正式に「創価教育学会」と定め「本会は日蓮正宗に伝わる無上最大の生活法たる三大秘法に基き、教育・宗教・生活法の革新を計り、忠孝の大道を明らかにし、以つて国家及び国民の幸福を進めるを目的とす」として、超宗教である日蓮仏法を根幹として教育、宗教、生活法を

95　神尾からの聞き書き（1977年、聖教新聞社で上藤取材）
96　前出　野島辰次遺稿集『わが心の遍歴』、27頁

革新して広く社会革新への道を進むとしている[97]。

　また新規約要綱第4条には「本会の会員によって折伏教化されたる者は当然本会の会員たるべきものとす」とあり、創価教育学会が日蓮正宗の末寺に所属する講組織ではなく、あくまでもそれから自立した組織であることが明記されている。

　以下、規約では会の事業及び集会、組織、役員などが定められている。あらためて創価教育学会が日蓮仏法の信仰を中心に教育、宗教、生活法を革新して広く社会革新への道を進む団体になったことがより明確にされたといえよう[98]。

　この総会で牧口は会長として初めて講演した[99]。だが講演内容は記録としては残っていない。牧口は69歳で創価教育学会初代会長に就任したことになる。

　総会の参加者数は雑誌『大日蓮』では300人となっていて『評伝　牧口常三郎』でもそう書いているが、これに出席した神尾は「会場がなかなか満杯にならず、やきもきした。参加者は約200人ぐらいではなかったか」と証言している。

　野島辰治も参加者200人とその遺稿集[100]に書いている。おそらく200人程度であろう。

　1939年（昭和14年）12月の第1回総会（56人参加）の時がそうだったように、当時はまだ組織として一体として参加者を結集できるような体制（会員名簿や連絡網）はできておらず、中心的メンバーからその教線をたどって声掛けをしたのではないかと思われる。だから当然、参加者数には限界があった。

　また理事といっても、比較的古くからの会員だった矢島周平、寺坂洋三に並んで前年末に入会したばかりの神尾や、この年3月に入会したばかりの野島辰治が任命されている。

　前述の神尾の証言にあったとおり役所への届け出のために役員を決めたようであり、名前だけというのが事実に近いところではなかったか[101]。

　その神尾は突如、この総会での体験発表を依頼され「信心は理屈ではない。

97　「創価教育学会綱領・規約」創価教育学会会報『価値創造』第2号、1941年8月、2面
98　同上　「創価教育学会綱領・規約」『価値創造』第2号、2面
99　日蓮正宗宗務院『大日蓮』昭和15年11月号、大日蓮社、1940年11月、27頁
100　前出　野島辰次遺稿集『わが心の遍歴』、28頁
101　神尾からの聞き書き（1977年、聖教新聞社で上藤取材）

証拠だ」と語って大拍手を受けたとも証言している[102]。

　この総会終了後、同じ軍人会館で行われていた政党関係者の30人ほどの会合に、牧口他４人が講演に行った。そこで牧口は「道理に合わない滅私奉公はできないし、またすべきではない。

　自己を空にせよというのはウソである。両方（公と私の両方の意：筆者注）とも栄えなければいけない」と言ったという[103]。

　当時はすでに戦争勝利のためあらゆる政党も団体も、そして政治家もそれを捨てて大政翼賛会や中央の団体に合同していた。滅私奉公が常識だった。

　だからそれを聞いた政治家など出席者が烈火のごとく怒り「だまれ！今こそ滅私奉公が大切なのだ」と怒鳴りつけ、会場の空気は一気に緊張した。しかし、牧口はそれに一歩も退かず「善と利が一致する、つまり自他ともに幸福になろうというのが本当なのです」[104]と続けたという。

　忘れてならないのは、それほどの社会との緊張感をはらみながら、牧口は戦い続けようとしていたことである。

九州広布の先陣に立つ〜昭和15年

　創価教育学会が総会後にその本格的な組織的活動の端緒を切ったのは九州広布のさらなる前進だった。

　日程は定かではないが、11月上旬から牧口会長は理事の寺坂陽三、木下鹿次とともに、前年と同じく約2週間の日程で九州を転戦する[105]。

　すでに69歳になっていた牧口が２週間も九州の地で拡大に挑戦するのは生易

102 神尾からの聞き書き（1977年、聖教新聞社で上藤取材）、前出　野島辰次遺稿集『わが心の遍歴』、28頁に神保（神尾のこと）などが体験発表したとある
103 美坂房洋編『牧口常三郎』聖教新聞社、1972年11月、126頁
104 同前　美坂房洋編『牧口常三郎』126頁
105 田中国之「九州にも転教の足跡」『大白蓮華』第302号、1976年6月、29頁。前出『牧口常三郎』聖教新聞社、1972年11月、127〜130頁

しいことではなかったはずである。

　東京を発ち、大阪で下車して一泊したのち、かつての北海道師範学校の教え子を大阪市内に訪ねて弘教対話した後、兵庫県・西宮にあった日蓮正宗寺院に立ち寄り住職にあいさつ。

　さらに兵庫県・芦屋の知人を訪ねて仏法対話をしている。

　次の日、東京を発って3日目に下関（山口県下関市）に到着。下関と門司（現・北九州市門司区）の会員宅、そして日蓮正宗寺院に立ち寄り、4日目にようやく博多（現・福岡市）に到着した。

　この年春に入会したばかりの金川末之宅で座談会を昼夜二回開催、10人くらいが出席したという。

　座談会後にはさらに金川の友人宅を数軒訪問し、弘教対話を重ねた。

　この時、金川の紹介で入会・入信したのが小学校訓導の安川鉄次郎だった。その後、彼が弘教に熱心に取り組み、福岡で30世帯以上が入会したという。

　この時、金川の経営する写真館（自宅兼用）で牧口の肖像写真が撮影される[106]。これが現在、牧口初代会長の正式の遺影として、創価学会の各会館に掲示され、出版物にも掲載されているあの写真である。牧口が69歳の時の写真となる。

　翌日、久留米市に移動して二か所で座談会に出席する。久留米市内の会員宅（店舗兼住宅）二階で開いた座談会には隣近所から約30人が参加。

　牧口の口から次々に飛び出す「大善生活法」「価値とは」「三世にわたる因果の法則」など、耳慣れない言葉に戸惑った出席者も、さらに牧口の説く話に引き込まれていく。

　「病気は直すよりは病気にならない方法のほうが根本です。それが生活であり、正しい信仰をすることが最大の価値になるのです」といったわかりやすい話に納得し入会をほのめかす人もいることはいたが、やはり天照大神を尊崇す

---

106 金川末之からの聞き書き（2008年、九州・福岡で上藤取材）

る当時の世相を気遣い、入会する者はほとんどなかったという[107]。

　その日は久留米に１泊し、翌日、霑妙寺（久留米市）に立ち寄り、住職と懇談。その隣町の八女郡福島町（現・八女市）の田中国之・シマ代夫妻宅を訪問。田中宅の座談会には近隣の医師、教員、商店主など20数人が参加した。

　続いて田中夫妻の案内で折伏に出かけ、また田中宅をはじめ二日間で数か所の座談会に出席している。

　「先生は着くとほっとする暇もなく私を促されて折伏に赴かれました。私の実家をはじめ、親類、知人を案内いたしましたが、先生は高齢にもかかわらず歩くのが早く、三里（＝十二キロ）、四里（＝十六キロ）の道のりも先頭きって歩かれました。（中略）そして夜は、わずかばかりの会員と近隣の人々を集めて座談会が開かれました。

　先生は小さな黒板に『慈無くして詐り親しむは即ち是れ彼が怨なり』（＝中国天台宗・章安大師）また『彼が為に悪を除くは即ち是れ彼が親なり』（＝同前）と書かれ、正しい信仰の必要性を説かれました。

　その話の途中、今度は『難』と一字書き、その横に『正法の証拠』と書かれましたが、力が入りすぎたのでしょうか、チョークがポキリと折れて畳の上に転がりました。

　しかし、皆真剣に聴き入っていたのか、または気がきかなかったのか、だれ一人転がったチョークを拾おうとする人はいませんでした」[108]という。

　翌日、田中夫妻の案内で、牧口たちは福島町の近在の池田山（現・八女郡広川町）の雑木林でマツタケ狩りを楽しんだ。

　この時の松茸の収穫は案内した人が「かつてこんなにとれたことはない」というほどで、参加者一同、七輪（しちりん：煮炊きする円形のコンロ）で焼く松茸の香りとともにその美味を楽しんだ[109]。

　牧口自身が「これはうまい！」を連発するほどだったという。

107　前出『牧口常三郎』聖教新聞社、128頁
108　田中シマ代「心に残る指導と薫陶の数々」聖教新聞社九州編集総局編、1976年、55〜58頁
109　田中国之「九州にも転教の足跡」『大白蓮華』第302号、1976年6月、29頁

その場でも牧口は身近な例を通して集まった人たちに懇談的に指導した。

「隣の山に泥棒が入ろうとしている。それを見て見ぬふりするのは泥棒と同罪になる。泥棒をとがめてこそ、罪を免れる」と、入信まだ日浅い人に折伏の重要性をわかりやすく教え一行を感服させたという[110]。

終了後には、疲れもみせず田中宅の座談会に出席。夜も遅いので同家に宿泊したが、そのとき同家の風呂に入った。

それは五右衛門風呂という鉄製の大きな釜の風呂で、入るときは普通、中敷きの板を沈めて、その上に足を置いて入る。

しかし、牧口は五右衛門風呂に入るのが初めてだったらしく、中敷きなしで入ったため、とたんに「熱くて入れない！」という問い合わせが中からあり、田中家一同爆笑したというエピソードもあった[111]（その風呂釜は2009年取材時に同家に記念として残されていた）。

翌日、有明海を渡って雲仙（現・長崎県南高来郡小浜町）に向かい、前年訪ねて折伏した友を激励した。

雲仙で1泊して翌日、島原から連絡船で再び有明の海を渡り熊本県の長洲港から荒尾に、そこから熊本市を経由して、阿蘇山のふもとを通り九州を横断し大分県別府に入った。

別府で1泊した後に帰京した。1940年（昭和15年）11月下旬のことであった[112]。

この北九州指導が機縁になり、翌1941年（昭和16年）の夏に九州に三支部（福岡市支部・金川末之支部長、久留米市支部・伊東昇平支部長、八女郡福島町支部・田中国之支部長）が誕生することになる[113]。

110 「聖教新聞」1980年8月21日付4面、「大Bルポ　座談会の源流を訪ねて」田中シマ代の証言
111 田中淳之から聞き書き（2009年、八女の田中宅で上藤）その取材時にこの風呂釜は田中宅にあった
112 前出　美坂房洋編『牧口常三郎』聖教新聞社、1972年11月、127～130頁
113 前出　田中国之「九州にも転教の足跡」『大白蓮華』第302号、1976年6月、29頁

スピードを増す宗教界再編の動き

　1941年（昭和16年）に入るころまでに国家総動員体制を完成させるため文部省が先導する、国内の思想統一、なかんずく宗教界の宗派合同の動きはさらにスピードを増していた。それまで13宗56派にまで分かれていた日本の仏教界は計28宗派にまで合同が進む。

　すなわち真言宗は８派が合同して大真言宗に、臨済宗も14派が合同して大臨済宗に、天台宗も３派が合同して天台宗にと、まさに仏教の宗派数が半減する。

　なかには真言宗のように合同かと思えば決裂、逆転、合同容認と迷走の末やっと合同が成立した宗派もあった[114]。キリスト教のプロテスタント系各派も一宗派に統合、合同の方向に進んだ。

　一方で日蓮宗各派合同準備会は1940年（昭和15年）12月３日、東京・芝二本榎上行寺で開催され、身延日蓮宗と顕本法華宗、本門宗が合同することが決まり、さらに本門法華宗と法華宗、本妙法華宗が合同の方向に進むことで意見が

宗教界再編の動きは全宗派に及んだ。「中外日報」昭和16年7月20日付けの記載

114「中外日報」1941年3月12日付け、2面

一致、1941年3月10日に合同して新「法華宗」の宗制案が宗会を通過した[115]。

　こうした流れを背景に日蓮正宗に対し文部省からは度々、日蓮宗身延派と統合するように勧告があった。マスコミも「日蓮正宗は他宗と合同のはず」と当然のように報道した[116]。

　それも無理はなかった。1939年（昭和14年）末現在、日蓮宗身延派と日蓮正宗の勢力を対比してみると寺院数は身延派3736に対して日蓮正宗75。住職の数は身延派3443人に対して正宗52人と桁数が2つ違うほどの圧倒的な差があり、檀徒数に至っては身延派151万6473名に対して正宗4万6832名、信徒数は身延派88万9130名に対して正宗4万209名と比較にならないほどの差があった。（昭和17年版「毎日年鑑」[117]より）
　日蓮正宗はほぼ50分の1の勢力しかなかった。

　この日蓮宗内の統合は当初順調に進むかにみえた。しかし、他宗派も簡単にはまとまらず連日、混乱の様子が宗教業界紙を飾っていた[118]。
　しかし、思想統一、宗教統一による天皇制ファシズム補完の動きはそのくらいでは収まらなかった。

　1941年（昭和16年）3月7日、内務省は、なんと大正年間にまでさかのぼり、マルクス『資本論』はじめ左翼系の出版物500種以上を「階級闘争を示唆し、私有財産制度を否定し、或いは、直接行動を扇動する」との理由で発禁処分とした[119]。
　歴史をさかのぼって天皇制を否定するような思想・哲学書までそれを抹殺しようとしたのだった。歴史をさかのぼっての思想・宗教界の"魔女狩り"だった。

　それに呼応するかのように「皇道日報」という右翼系の新聞を刊行していた

115 同前　「中外日報」1941年3月12日付け2面
116『朝日新聞』1941年3月16日付け7面「日蓮正宗は法華宗として合同のはず」とある
117 大阪毎日新聞社、東京日日新聞社共編『毎日年鑑　昭和17年版』1941年10月、342～343頁
118「中外日報」1941年3月12日、同14日、同18日付け2面など
119「昭和書籍雑誌新聞発禁年表」（明治文献刊）

右翼活動家・福田狂二が日蓮の遺文や曼荼羅に認められた天照大神はじめ日本の皇室に関連する表記を問題にした。

それらを不敬にあたるとして日蓮系各教団・宗派を攻撃するキャンペーンまで始めた。

かれらの行きつく先にある主張は、当然「日蓮宗禁制」と「日蓮遺文集発禁」であった。その主張を大々的に建白書にして攻撃を続けたのである。

さらに福田らは日蓮主義の著名な団体・国柱会や、同じく日蓮主義者・石原莞爾が率いる「東亜連盟」さえも国体に背く運動だとして攻撃をしかけた[120]。

天皇制ファシズム体制のもとでは、このようなおよそ常識外れの攻撃にも人々は反論することさえできなかった。

宗教団体法施行（昭和15年4月1日）以来、文部省宗教局から常に迫られてきた日蓮宗各派による宗派合同問題の決着をつけるため、1941年（昭和16年）3月10日、日蓮正宗の僧俗護法会議が静岡県・富士宮の大石寺・御影堂で開かれた。

すでに3月6日付け「中外日報」では「日蓮正宗の信徒大会　門下合同へ一歩前進」の見出しで、水魚会などの側面支援もあり、空前の信徒大会を9日に開催して合同へ一歩前進することになった[121]という裏付けのない不可解な記事も掲載されていた。合同派の画策だろうと考えられる。

会議には、管長・鈴木日恭、元管長の堀日亨、阿部日開をはじめ140余人の僧侶と檀徒代表が出席。牧口は戸田とともに僧俗護法会議に参加した。

午前9時に始まった会議では、それまで宗門の窓口として対外折衝にあたってきた堀米泰栄が開会のあいさつをして討議が始まった。

すると真っ先に手をあげた合同推進派・水魚会のメンバーで同宗布教監の小笠原慈聞が合同即決を強く主張した。機先を制する意図が明らかだった[122]。

だが牧口は敢然と軍部政府の宗教政策に迎合することなく、700年間、日蓮

120 司法省刑事局『思想月報』第86号、1941年8月、79〜81頁（参考文献懇談会編『昭和前期　思想資料　第1期』文生書院、1973年6月）
121「中外日報」1941年3月6日付け2面
122「世界の日蓮」第8巻第4号、世界之日蓮社、1941年4月

－日興とつながる日蓮仏法の嫡流として単独の宗派として正法正義を貫くよう
強く主張した。

　正午に休憩となるまで激しい論戦が続けられ午後１時に再開され、４部門に
別れての協議会でさらに協議・論戦のあと、全員の挙手による採決が行われ最
終的に「合同不参加」を圧倒的多数で決定した[123]。

　この前後、牧口自身が合同阻止のため密かに、しかし必死の努力をしていた
ことを教育学会青森支部長だった蝦名知秋が証言している。すなわち、当時の
文部政務次官は青森県出身で教育学会会員の小塚鉄三郎の学校の先輩だった。
それを聞いた牧口が早速、小塚鉄三郎に色々な動き方を指示し、この小塚の陰
の活躍が合同問題を有利な方向に進展させていったという[124]。

　最終的に日蓮宗系の各派は身延日蓮宗と顕本法華宗、本門宗が合同して「日
蓮宗」、さらに本門法華宗（旧）と法華宗（本成寺派）、本妙法華宗が合同して
「法華宗」に、日蓮宗不受不施派と日蓮宗不受不施講門派が合同して「本化正宗」、
そして最後に、単独宗制認可を申請した「日蓮正宗」の４宗派にまとまった[125]。
　宗教界を圧倒する軍部政府のもとで圧倒的な少数派の日蓮正宗が単独宗制認
可されたのは奇跡的といえた。ここまで抵抗した真の理由は、実は日蓮正宗が
日蓮宗各派を生み出した出発点、根源の宗派にあたるという歴史と誇りだった
ろうか。その詳細は巻末特別解説（本書255頁）にゆずる。

　片山尊の証言によれば、僧俗護法会議や宗派合同問題については、その重大
さにもかかわらず当時、機関紙や機関誌に類するものがなかったため一般会員
はほとんど知ることができなかったという[126]。これが同年夏の教育学会会報『価
値創造』創刊につながるひとつの背景ではなかったかと筆者は考えている。

　この僧俗護法会議の直前の３月8日、従来のものよりさらに改悪された治安

123「大日蓮」第26巻第4号、大日蓮社、1941年４月
124「創価教育の源流」編纂委員会編『創価教育の源流　第2部～評伝　戸田城聖』第三文明社、427頁
125『朝日新聞』1941年4月1日付け7面
126 片山尊からの聞き書き（1977年、聖教新聞社で上藤取材）

維持法が公布された[127]。この治安維持法改正部分には国家神道を無理やり国民に強制するのみならず一切の思想的宗教的活動を厳重に取り締まる条項が盛り込まれていた。

　同法第7条は「国体を否定し、または神官者若（も）しくは皇室の尊厳を冒涜（ぼうとく）すべき事項を流布することを目的として結社を組織したる者又は結社の役員其の他指導者たる任務に従事したる者は無期又は4年以上の懲役に処し、情を知りて結社に加入したる者又は結社の目的遂行の為にする行為を成したるものは1年以上の有期懲役に処す」と規定している。

　国家神道を否定したり、攻撃することを禁ずる内容であり、これだけでもすでに国家神道以外の信教の自由そのものが完全に否定され、重要な宗教宣伝の自由を奪い去られることが可能になっていた。やがてくる創価教育学会弾圧の法的根拠がまさにこれだった。

日蓮正宗の単独宗制認可の光と影

　日蓮正宗の単独宗制の認可（合同せずに単独で存続）は1941年（昭和16年）4月1日付けで報道された[128]。官報に記載されたのは5月12日だった[129]。
　その正式な通知（昭和16年3月31日認可）が文部省から日蓮正宗に届いたのが5月9日だったという。
　それから間もない5月11日、東京・中野の日蓮正宗・歓喜寮で御講があった。
　歓喜寮の住職は堀米泰栄であり日蓮正宗の時局対策局長として苦労に苦労を重ねた身にしてみればその喜びは大変なものであったに違いない。
　御講参加者に向かって歓喜の報告をした[130]。

　しかし、いつものように、御講のあとに開かれた座談会（東中野・陣野宅）で牧口は小泉、辻、原島など学校教員にこう言ったという。

127 「法律第54号」『官報』第4250号、1941年3月10日
128 『朝日新聞』1941年4月1日付け7面「仏教の宗派は半減」とある
129 「文部省告示」第646号『官報』第4300号、1941年5月12日
130 小泉からの聞き書き（1978年、聖教新聞社で上藤取材）

「教育者はしっかりしろ。宗門はいざという時に心配なところがある。一宗として単独で認可されたほどのことであれだけ喜んでいいものだろうか。

日蓮大聖人は佐渡流罪を赦免になって、鎌倉に帰って来られた時に、幕府から懐柔策として一宗派として認め、寺の造立寄進をするという提案がなされた。だが日蓮大聖人はこれを拒否して、身延の山奥に入られた[131]。

しかるに今日、他宗派とともに一宗派として認められたことぐらいであれだけ喜んでいる。

これでは大聖人に笑われるだけではないか。教育者の諸君はよほどしっかりしなければ、これからの難局に立ち向かえないぞ」と[132]。

堀米住職の報告を聞いて一緒に喜んでいた小泉たちは冷水を浴びせられたようだったという。ここで牧口は宗門の姿勢に疑問を呈すると同時に、宗教団体を支配規制しようとする国家権力に明らかに不服従の抵抗をしようとしたと見ることができる。

日蓮正宗が単独宗制認可された同じ4月1日、日本の小学校の名前がナチスドイツに倣って国民学校に改称される[133]。さらに国家総動員体制の一環で生活必需物資統制令が公布され、生活必需品さえ配給制となることが決まった。

例えば6日から東京市内はじめ全国6大都市でコメが配給制になり、外食も外食券が必要になった。外食を好きなだけ食べられる時代は終わった[134]。

131　日蓮大聖人は佐渡流罪を赦免され鎌倉に凱旋した時、幕府から一宗派としての公認と寺の創建を提案されたが「王地に生まれたれば身をば随えられたてまつるようなりとも、心をば随えられたてまつらず」とこれを拒絶した。文永11年4月8日だった。『撰時抄』御書全集256頁、新編204頁
132　小泉からの聞き書き（1978年、聖教新聞社で上藤取材）
133　「国民学校令」は1941年2月28日に勅令第148号で公布（『官報』第4243号、1941年3月1日）
134　歴史学研究会『日本史年表　第5版』岩波書店、2017年10月、293頁

第3章

大善生活法を訴え、滅私奉公の戦争政策を拒否

子供たちを兵士にする学校「国民学校」

1941年（昭和16年）4月1日から小学生の生活が変わる。前述したように明治以来、小学生が学んだ尋常小学校の名前が初等科6年と高等科2年を併せて8年の「国民学校」に変わった[1]。

そこでは天皇絶対主義、国家に奉仕する教育が徹底され「戦争に役立つ科学」が強調され、戦争に勝つ未来の兵士を育成する場に変わった。

国民学校令第1章第1条には、「皇国ノ道ニ則リテ初等普通教育ヲ施シ国民ノ基礎的錬成ヲ為ス」とあり、学校自体が「少国民錬成の道場」とされたのだった。

それに伴い、小学生は皆"少国民"と呼ばれた。

国民とされた以上、国民の義務を果たさなければならない。その義務の一つは国を守ること、すなわち戦争に協力することだった。

子供たちさえ戦場に駆り出すための教育をすること、それがこの「国民学校」創建の目的であったことになる。

すでに前年、1940年（昭和15年）から国策として「生めよ殖やせよ」という運動が始まり、子だくさんが推奨された。同年10月、全国の子だくさん家庭を厚生省が名簿として発表し、表彰もした[2]。

将来の兵士をたくさん作る政策であり、市民の人命を消耗品扱いする政策だった。国民学校はその兵士を育て上げる機関に過ぎなかった。

戸田は4月から小学校が国民学校に改称されるのに伴い、発行する雑誌『小学生日本』の改題を余儀なくされ、それに先立つ3月1日、『小学生日本』（小

1　前出 「国民学校令」勅令第148号、1941年2月28日公布『官報』第4243号、1941年3月1日
2　前出　半藤一利『昭和史1926~1945』273頁

学生日本社）を『小国民日本』（小国民日本社刊）に改題し、『小国民日本』3月号として発行した[3]。

　しかし、戸田はあえて"少"ではなく、"小"の字を用いて、『小国民日本』と改題している。子供を"兵士のたまご"の少国民にする軍国主義教育へのせめてもの抵抗だったと筆者は考える。

　これについて『戸田城聖　1940年の決断—軍国教育との不屈の闘い』の著者・高崎隆治は「これはとんでもない誌名なのである。こんなことをしていいのかという驚愕はおそらく、編集スタッフの全員が感じたに違いない」「これは並みの人間にできることではない。度胸というより覚悟がなければできないことである」[4]と書いている。戸田もまた、牧口と同様に国家の戦争政策に不服従を貫く覚悟の人だった。

　小学校が「国民学校」に変わったころ、三国同盟を積極的に推進した松岡外相はこの三国同盟を基盤に自身が提唱するソ連を加えた四か国同盟こそが、中国に対するソ連、英国の軍事、経済支援を止めさせ、さらに日本の南進策に対する米国の干渉を防止できると夢想して、1941年（昭和16年）の3月から4月にかけてヒトラーとスターリンに会うため、自らベルリンとモスクワを訪問した[5]。

　そして帰路の4月13日に日ソ中立条約を電撃的に調印した。

　これにより、ソ連という北の脅威がなくなったとして南進論が日本の朝野の主流になった。

戦争の危機を前に教育学会臨時総会を開く

　この日ソ中立条約締結から1週間後の4月20日、創価教育学会は臨時総会（東京・神田の共立講堂）を開いた。参加者数の記録は残っていない。

　この臨時総会の内容を伝える会報『価値創造』創刊号には、教育学会の新し

3　前出　西野辰吉『伝記　戸田城聖』第三文明社、151頁
4　高崎隆治『戸田城聖　1940年の決断—軍国教育との不屈の闘い』第三文明社、2002年2月、129頁、130〜132頁
5　前出　半藤一利『昭和史1926〜1945』321頁

い人事、綱領などが発表されたとしている[6]。だがそれは前年の臨時総会ですで
に発表された内容だった。

　むしろこの総会が「日ソ中立条約」締結の1週間後、つまり対英米戦をいよ
いよ開始か、という危機感の高まりと関係しているのではないかと筆者は考え
るのだがうがち過ぎの見方だろうか。

　超弩級の戦争がもたらす民衆の苦悩、不幸を決して看過できないのは当然だ
ったろう。それが牧口を臨時総会開催に向かわせたと考えるのは考え過ぎであ
ろうか。総会の内容、そして牧口、戸田の講演内容をみると答えは出るように
思われる。

驚くべき非戦のデモンストレーション

　総会の内容だが先ずその開会に先立ち行われたのは、教育学会の華道部長・
須賀一精による生け花実演指導だった。

　周囲の全てがカーキ色の軍事色一色に染め変えられ、ぜいたく品禁止、女性
のパーマ禁止、そのスローガンが書かれたポスター、看板が街角にあふれ戦争
賛美、戦争協力の窒息するような体制下に、数百人の会員の前で鮮烈な生け花
を実演し、かつ皆にそれを教えるというイベント自体が何を意図し、目指した
ものか。

　筆者はこれこそ牧口による非戦の大胆なデモストレーション（意思表示）の
一つと考える[7]。

　続いて、教育部長の中垣豊四郎より、会場に展示された国民学校生徒の成績
品を裏付けとする、創価教育学に基づく教育指導の多大な成果について紹介が
あり、参加者一同からの賞賛を浴びた[8]。

　戦争協力の“兵士のたまご”少国民を育成する授業を行う目的で小学校が国民
学校と名称が変更された直後に、子供たちの幸福を第一にめざす創価教育法に
よる絵画や書などの少国民（小学校生徒）制作の平和の作品を展示する。

6　前年の臨時総会（1930年10月20日）では新しい綱領、規約、組織人事がすでに発表されている
7　創価教育学会『価値創造』創刊号、1941年7月、2頁
8　同上『価値創造』創刊号、2頁

　「教育の目的はあくまでも子供たちの幸福にある」とする創価教育を貫こうとするこのイベント。

　これも、まさに数年後には爆弾を抱えて敵戦車に特攻する少年兵を生み出そうと考えていた軍国ファシズム教育への無言の抵抗と挑戦の姿といえないだろうか。

　創価教育学会の国家の大方針に不服従を表明する非戦すなわち天皇制ファシズムに対する反戦・非戦の意思表示をするデモンストレーションはこのように思いもかけない別の角度から始められたのではないかと筆者は考えている。

　この総会に続く1941年（昭和16年）11月の第3回総会、そして太平洋戦争開戦から半年後の1942年（同17年）5月17日の同第4回総会、同年11月22日の第5回総会、そのいずれも、記録によれば開催時間に合わせて教育研究部員の指導による創価教育実験成績品、すなわち国民学校児童生徒の制作した書画の陳列、そして創美華道研究会のメンバーの制作した生け花が華やかに多数展示された創美華道展が行われている[9]。

　いずれも同じ会館の別の階の広間を貸し切って華々しく展示・公開されている。

　繰り返すが周囲の全てが軍事色一色に染め変えられ、ぜいたく品禁止はおろか男性はゲートルにカーキ色の国民服、女性は防空頭巾にもんぺ姿という戦争協力の窒息するような体制下に、鮮烈な生け花作品を会場いっぱいに並べて華道展を、そして子供を幸せにするための教育である創価教育学を実証する国民学校生徒の作品展を開く意味とは。

　それはこの文化・教育・平和を象徴するイベント自体が戦時下の国家総動員体制、すなわちあらゆる資源を戦争準備につぎ込み、戦争賛美だけがあふれる天皇制ファシズム軍事国家に対する不服従・非協力を象徴する反戦の大胆な意思表示、デモンストレーションではなかったかと考えるのだがどうであろうか。

9　前出『価値創造』第4号、2頁。創価教育学会『大善生活実証録〜第4回総会報告』1942年8月10日、20頁。同『同第5回総会報告』1942年12月31日、15頁。

　牧口の反戦の闘いについて松岡幹夫氏は「牧口が『滅私奉公』を徹底的に否定したことは、戦争遂行に不可欠な国民道徳上の前提を転覆させようとしたわけであり、一種の道徳的な反戦運動だったと考えられなくもない」[10]と評価し、「かつて私は、創価教育学会の戦時対応が根本において日蓮仏法の論理に基づくものであり、そこには『見えない』反戦の行動があったと指摘しました。

　はっきりと戦争反対の声を上げることは政治的な『見える』反戦です。

　だが、反戦の仕方は他にもあります。教育を通じて人々の心を平和に向けさせる、宗教の力で戦争の原因そのものをなくす、これらも教育的あるいは宗教的な『見えない』反戦と言えるでしょう」[11]と。

　松岡氏は牧口と創価教育学会の活動は「見えない反戦」だとしている。

　だが、筆者は牧口、そして創価教育学会は天皇制ファシズムに対する「見える非戦運動」をこの総会の文化のデモンストレーションで展開したと強調したい。

　牧口は教育学会の総会をついには「大善生活の総合展覧会」と呼ぶ。すなわち第4回総会で牧口は「本総会は大善生活の総合展覧会」だと断言し「実業家営業成績の報告、国民学校教育実験成績品（習字、図画、地図、統計等）の陳列、創美華道会の速成的生花の展覧と共に、即身成仏の例証としての人格を提示した上、其等の由来した根本原因の体験談の交換をなすのが本会ゆえ大なる利、美、善の価値創造の総会（合の誤植か：筆者注）展覧会と謂うべし」[12]と述べている。

　総会自体が反戦・非戦を象徴する大善生活の総合展覧会、すなわちデモンストレーションだというのである。

　「大善生活」とは牧口が初めて世界に明らかにした牧口「価値論」から導かれたもので「自他共に共栄することによって初めて、完全円満なる幸福に達し得る真実なる全体主義の生活のこと」[13]を意味する。間もなく刊行される教育

10　松岡幹夫『日蓮仏教の社会思想的展開〜近代日本の宗教的イデオロギー』東京大学出版会、2005年3月、250頁
11　『東洋学術研究』第58巻第2号、2019年11月29日、124頁
12　前出　創価教育学会『大善生活実証録〜第4回総会報告』14頁
13　前出　『牧口常三郎全集』第10巻、14頁

学会会報「価値創造」創刊号で初めて牧口が提示したテーゼである。

つまり自分と他人、自分と社会が一体不二であるという『人生地理学』で明らかにした世界観から出発して、自分が幸福であると同時に他者も社会も同時に幸福になる生き方こそが「大善生活」であるとした。

そして牧口は自他共栄を意味する「大善」こそあらゆる価値のなかで最高の価値、究極の価値であるとして、それを基準にして「最大の一善のみが正となり、以下の大小ことごとくが邪となる」[14]とする価値判定の基準原理を打ち立てた。

牧口の大善生活を最高の価値に置く哲学からは、その自他ともの幸福を破壊する戦争は「大悪」となるのは当然の帰結だった。

さらに、大善という自他共栄の最高原理からみれば、滅私奉公もまたその対極にある最低の生き方、すなわち大悪となる。

ならば大善生活を打ち立てる活動、実践、戦い、展示活動はそのまま滅私奉公を否定する非戦・反戦運動となるのではないかと筆者は考える。

国家への敵前上陸、すなわち国家諫暁を主張

さらに特高警察が監視する同会第4回総会で「我々は国家を大善に導かねばならない。敵前上陸も同じである」[15]と現実に牧口は訴えた。

「国家を大善に導く」——それは牧口が命がけで常に先頭を切って実践していた「大善生活実証座談会」における日蓮仏法の弘教拡大戦の目的だったと考えられる。そして「敵前上陸」とは大悪である戦争を続ける国家に対する国家諫暁ではなかったか。

話は戻るが、1941年（昭和16年）4月20日の臨時総会だが、この会場の規模から考えると総会参加者は数百人と思われる。そのほぼ全員はおそらく日本が間もなく英米両国という当時の世界最大の大国、強国と戦争状態に入ることな

14　同前　『牧口常三郎全集』第10巻、36頁
15　前出　創価教育学会『大善生活実証録〜第4回総会報告』19頁

どつゆほども知らなかったはずである。

　この総会で牧口、戸田は何を訴えたか。

　まず開会の辞には、理事長・戸田城外が立ち、会長・牧口の人生地理学発刊以来の歴史を振り返り「創価教育学会員は、世にもまれな異体同心の"小日蓮"の役目を背負っている」と熱烈な口調で語り、日蓮のごとく広宣流布に戦おうとその使命を訴えている[16]。

　「"小日蓮"の役目を背負う」とは何か。詳しくはそこに記録されてない。

　解釈はいかようにもできるが、日蓮は鎌倉時代に「立正安国論」を高々と掲げて、戦乱や疫病、飢餓に苦しむ民衆を救うために正法（すなわち民衆を幸せにする最高の思想・教え＝南無妙法蓮華経）を打ち立て、それに基づく政治を行うことで国民全ての生活を安心・安定させよう（＝安国）と身を捨てて立ちあがった。

　ために鎌倉幕府の宗教政策を真っ向から批判し、挑戦。結果、弟子や信奉者ともども絶え間ない弾圧、迫害を受け、ついには命に及ぶ斬首刑（未遂）、流罪、暗殺などの大難さえ何度も受けた。

　まさに戸田の激烈な主張は「日蓮のごとく国民を救え！命をかけて戦おう！」と日蓮のような不服従の精神で広宣流布に前進することを訴えたと言えまいか。

　国民あげての戦争が始まる前に日蓮がしたような国家への不服従を訴えるこのあいさつは実に異例である。そこに戸田の並々ならぬ超弩級戦争への危機感を筆者は感じる。後日、この戸田理事長の熱烈な訴えを振り返って学会の生活革新同盟倶楽部の一員がこう書いている。

　「去5月の学会春季総会（実際は前年4月の臨時総会：筆者注）に真面目に定刻から出席された人は午前中に行われた理事長戸田城外先生の講演を何と聴いたか。

　舌端火を吐く如きあの熱烈さ、そして文字通り法華経の神髄をそっくり身に體している人でなければと思わせるあの態度、しかも懇々切々と説く明快徹底

16　前出『価値創造』創刊号、2頁

せるあの論旨、筆者はなにかこう、からだ全体を、いや魂までゆすぶられたようで、思わず感激のために目頭が熱くなって来たことを今でもハッキリ覚えている」[17]と。

相当な危機感、強烈な使命感に燃えて戸田理事長がこの講演をしたことが伝わってくる。

そして最後に立った牧口会長は、「目的観の確立」と題し、「目的なしの行動は暗中模索で成功しない」と断じ「究竟（くっきょう）の目的が確定せずして中間の目的は定まらない。世界が解（わか）らずに国家が分（わか）るものではない。国家の生活が立たないでは一家の生活が立たうはずがない」[18]と訴えた。

筆者はこれを、暗に戦利の見込みがない戦争を始めようとする国家を真っ向から批判した主張と考える。戦争は勝利を目的に始めるものだが、最初から勝つ見込みがない戦争を始めようとするのはまさに牧口が言う通り「目的なしの行動は暗中模索で成功しない」はずだった。それを予見した講演だったと思われる。

当時の日本指導部に対米戦争に勝つ見込みをもった人物はいなかった[19]。

あの天才的な日本連合艦隊司令長官・山本五十六すら有利な講和に持ちこめれば上出来と考えていたことはあまりに有名である。

続いて「人生の一番大事なことは目的観がはっきりしなければならないことである。それは信仰によるにあらざれば確立がされない」と述べ、日蓮仏法の信仰をすることが目的観確立の大前提であると述べる。

そして、「新体制で容器が出来ても中味がない。画竜点睛を欠くというべきである」[20]と新体制すなわち近衛首相が打ち出した国家総動員体制、大政翼賛

17　「生活革新同盟倶楽部近況報告」『大善生活実証録～第4回総会報告』創価教育学会、昭和17年8月10日、51頁。
18　前出『価値創造』創刊号、1941年7月、1頁
19　永野軍令部総長は（戦争になった場合の天皇の下問に対し）「日本海海戦のごとき大勝はもちろん、勝ちうるかどうかもおぼつきません」と答えた。前出　半藤一利『昭和史1926-1945』353頁
20　前出『価値創造』創刊号、1941年7月、1頁

会（1940年10月12日）による挙国一致の戦時体制も目的がはっきりしない以上、中味がない、すなわち無意味だと斬って捨てている。

　戦争勝利を目的にした新体制であることは自明なのに「目的がわからない」「中身がない」とは実に強烈な批判である。

　牧口価値論によれば人生の目的はあくまでも幸せになることだった。それに反してあらゆる人々を不幸に突き落とす対英米戦争は価値がないことが明らかだった。この牧口の講演には戦争協力、国策協力のにおいすら感じられない。

　まさに軍部・政府関係者が聞けば飛びあがるような驚愕すべき講演だった。

　滅私奉公すなわち「お国のために名誉の戦死をすること」が当時の一般男子の在り方、生き方として子供時代から徹底して教え込まれていたからである。

　松岡幹夫はこれについて「入信後の牧口において、自他の共栄は以前のような消極的規範ではなく、宗教的確信のうえから絶対的価値とみなされた。

　それゆえ彼は、『大善』の絶対的価値に背く戦時道徳を『大悪』として積極的に断罪し、国家権力と対立したのである」ととらえている[21]。

　この臨時総会が目前に迫った大戦争直前に突如開催されたからこそ、明らかにそれを意識した講演と筆者は想像するが、それにしても大胆な勇気がなくてはとても語れぬ"反戦""非戦"の内容だった。牧口自らが"小日蓮"の姿に見えたはずである。

　しかし、この講演内容は教育学会会報「価値創造」創刊号（1941年7月20日刊）に一部要旨が掲載されただけで、全体像はつかめない。

　たとえ信仰上の観点からであっても「滅私奉公」を否定する、これは当時の日本では決して公言できないことだった。

　だから到底全文を公開できなかったろう。

　以上の点から、牧口・戸田は開戦直前のこの時期に、反戦・非戦の主張をあ

21　松岡幹夫『日本仏教の社会思想的展開～近代日本の宗教的イデオロギー』東京大学出版会、2005年3月、239頁

えてするため、この総会を開催したのではないかと筆者は考える。

独ソ戦開始、御前会議についての牧口の論評

　それから2か月後の6月22日、突如ドイツが独ソ不可侵条約を破ってソ連に侵攻し、破竹の勢いでソ連領土深くまで進軍した[22]。ソ連諜報部門の情報通りだった。

　ちなみにヒトラーがソ連侵攻のバルバロッサ作戦発動に関する命令書に署名した日から数えて11日目の1940年12月29日にはソ連のスパイは早くもその命令書の存在を探り出していた。侵攻の半年前であった。

　また、ソ連の大物二重スパイ・ゾルゲは日本でドイツの秘密情報を探り当て「6月22日にドイツの攻撃が始まる」という正確無比な情報をスターリンにあげていた。

　しかしスターリンは当初、そうした諜報機関の情報を信じなかったという[23]。

　自分と同じファシストだったヒトラーを高く評価していたスターリンにはそれはとても信じられない情報だったろう。

　しかし事実だった。スターリンの誤解と準備不足のためソ連は開戦当初ナチスドイツ軍に存分に蹂躙される。独裁者による独裁政治の最大の欠陥、すなわち独裁者自身の世界観でしか物事を見ることができないという究極の限界がそこにあった。

　それはヒトラーも日本の天皇制ファシズムの指導者たちも同じだった。

　この独ソ戦開始により自動的にソ連は日本の仮想敵国だった米英側につくことになる。日本の思惑は完全に外れた。

　しかし、もしこの時、ドイツの独ソ不可侵条約の一方的な破棄を理由に日本が三国同盟を離脱して中立を宣言すれば、米英との戦争に巻き込まれることは避けられた可能性もある。だが外交音痴の日本指導部には無理な相談だった。

22　「赤軍全戦線に敗色濃厚」「朝日新聞」1941年7月4日付け朝刊1面
23　サイモン・セバーグ・モンテフィオーリ『スターリン　赤い皇帝と廷臣たち　上』白水社、2010年2月、603頁、623頁

　また、三国同盟の集団自衛権の原理に立てばドイツが侵攻したソ連は日独の
共通の敵であるとして日本がソ連を攻撃することもできた。

　事実、日ソ中立条約の立役者・松岡外相は独ソ戦開始を聞くや否や宮中に直
行しソ連攻撃の必要性を天皇に上奏し天皇を驚かせたという[24]。

　もちろん、そうならなかったのは日本の朝野で、北ではなく南進路線がすで
に確定していたからだろう。

　その独ソ戦開始10日後の７月２日、日本はこの年第１回の御前会議を開き、
天皇の裁可によりついに南方進出を決定し、対ソ連戦の準備もとりあえず決定
した。その目的達成のためなら対英米戦争も辞せずとした[25]。

　牧口たちの危機感が現実になろうとしていた。

　この独ソ戦開始と御前会議について牧口は教育学会会報「価値創造」第2
号[26]の論文「大善生活法即ち人間の平凡生活に」おいて、「松岡前外相が御前
会議において決定を見た重要国策についての所感」をとりあげて論じている。

　松岡外相はここで「独ソ戦を単なる二国間の戦争ととらえるのではなく、全
世界の各国の動向をにらみ、細心の準備と心構えでこれを見守ることが必要」[27]
（趣意）と述べているのを取り上げ別角度からこう論評した。

　「松岡外相は日本自体もアジアにも重大な非常事態が起きていることを感じ
るべきであり、この非常事態を呆然と眺めるのではなく、そもそも危険な火が
国中に燃え上がろうとしていることを意識して対処しなければならないと述べ
ている。

　それはまさに創価教育学会の現実的な対応と同じ角度の発言であろう」（趣
意）と引き取った上で「これほど危険な社会状況を黙過して、ただ自分だけの
幸せを求める小善、中善の生活をするのは結局、不善大悪の生活に陥ることを
暗示したものではないか」と斬りこみ、家庭では自身の幸福とまわりの幸福が

24　橋川文三・今井清一編『日本の百年8 〜果てしなき戦線』筑摩書房、2008年５月、191頁。「朝日新聞」
　　1941年７月3日付け夕刊、１面には御前会議の開催は書かれているが内容は伏せられた
25　同上　橋川文三・今井清一編『日本の百年8 〜果てしなき戦線』191頁
26　会報「価値創造」第２号、1941年8月、１面
27　「松岡外相談」「朝日新聞」1941年７月3日付け夕刊１面

共存できる大善生活が可能なのに、国家社会となるとそれが全くできていないことは明らかではないかと断じる。

　そのうえで牧口は言う。「結局、それは社会全体が行き詰っていることを意味する。

　それを打開するには個人と社会全体の幸福が共存する大善生活法こそが重要なのである（趣意）」と[28]日蓮仏法による大善生活の重要性を訴えた。

　当時の日本社会、政治や政策を根底的に批判しながら、それを大善生活法の実践で乗り越えねばならないとする牧口の苦心の労作である。

　牧口が日本全体に迫る超弩級戦争に対して非常な危機感をもっていたこと、それは日本社会が大善生活法、すなわち日蓮仏法の信仰と実践以外には救われないことを訴えたかったことは明らかだった。

教育学会会報「価値創造」の創刊と大善生活法

　対英米戦開始が決定され、いよいよ目前に迫った未曽有の大戦争直前の危機感のなか、創価教育学会は新しく会報を創刊する。発刊は7月20日日曜日だった[29]。

　第1号から最終号まで編集長をつとめた神尾武雄の証言によれば、それまで座談会の連絡のため予定表のようなものはあったが、戸田から新聞創刊の提案があり、「価値創造」創刊は最終的に牧口と戸田の二人が相談して決めたという。

　「実用的には座談会の日程通知であり、根本的には機関紙を持つ重要性があったからだ」と証言している。さらにタイトル『価値創造』は皆で相談して決めたとも証言している[30]。

　当時すでに紙の使用の戦時統制によって、新しい雑誌の創刊も、新聞の創刊

28　前出「価値創造」第2号、1941年8月、1頁
29　前出『価値創造』創刊号、1941年7月、1頁
30　神尾武雄からの聞き書き（1977年、聖教新聞社で上藤取材）

も禁じられていた。

　だからその隙間を縫うようなわずかタブロイド判4〜8頁のパンフレットのような会報が、月1回刊で刊行されたというのが正確だろう。

　神尾によれば当初の発行部数は5〜600部程度。印刷は理事の西川喜右衛門の印刷会社・秀英社だった。

　基本的にこの会報は神田の教育学会本部に常時置かれていて、希望者が自由に持ち帰るシステムで無料だった[31]。

　神奈川の支部幹事だった美藤トサによれば、本部から持ち帰った「価値創造」を弘教拡大のため近所の人によく配布していたという[32]。

　その出版費用は生活革新同盟倶楽部所属の実業家が出す広告収入にたより、会員への郵送、頒布、配達はされなかった[33]。

　この「価値創造」は1942年5月に内務省からの指示で廃刊になる[34]。しかしその時、新聞、雑誌、広宣物の廃刊や削除された一覧が掲載された『出版警察報』（情報局第4部検閲課、内務省警保局検閲課）の同5月分とその前後を見る限りその廃刊は記録されてない。だから当局にとって「価値創造」は機関紙とも機関誌とも認識されず、月刊の会報だったことは間違いない[35]。

　でもこれこそは容赦ない権力による思想弾圧や言論弾圧に抗しうる唯一の手段であり、いわば紙の手裏剣のようなものといえた。

　なお、『評伝　牧口常三郎』はこれを機関紙、つまり新聞としている[36]が上記の理由により可能性はほとんどない。

　牧口はこの創刊号に「創刊の言葉」を寄稿。そこでは大善生活法である日蓮

31　小泉隆からの聞き書き（1977年、聖教新聞社で上藤取材）
32　美藤トサからの聞き書き（1978年、聖教新聞社で上藤取材）
33　『価値創造』の編集長だった神尾武雄からの聞き書き（1977年、聖教新聞社で上藤ほか取材）
34　教育学会会報「価値創造」第9号、1942年5月、1頁
35　内務省、情報局による新聞、出版物の検閲、発禁がまとめられた禁止出版物目録『出版警察報』第143号、昭和16年〜17年、湖北社、1982年3月）には1942年に廃刊された『価値創造』の掲載はない。当局が新聞でも機関誌でもない広報宣伝媒体ととらえていたことは明らかだった。
36　「創価教育の源流」編纂委員会編『創価教育の源流第1部〜評伝　牧口常三郎』第三文明社、2017年6月、404頁

仏法の信仰、実践によって初めて最大の価値創造をすることができるとし、現実の生活でそれを実験証明し、研究を深め指導するのが創価教育学会の目的であると言明[37]。大善生活法という言葉が初めて公になったのがこの創刊号からだった。

　そして日蓮仏法の信仰実践により、個人の幸福と社会の繁栄を図ることを目指して今回の会報を創刊したと述べている。

　ここで国家の大方針「滅私奉公」を否定する「個人の幸福と社会の繁栄が一致する」大善生活をめざすという創価教育学会の目的をあらためて公言した。

　また、この創刊号には前述の創価教育学会臨時総会での講演の一部要旨が「目的観の確立」として掲載されている。

　この『価値創造』には毎月の活動日程表が入っている。例えば牧口の面接指導、だれでも牧口に直接会って、悩みや問題を解決するための面談日として、毎週火曜日は神田・錦町の創価教育学会本部、そして金曜日は豊島区目白の牧口の自宅で行うと掲示されている。

　特に毎週金曜の牧口の自宅の個人面談は午後1時から、なんと午後9時半までという長時間であったが昭和18年の学会弾圧まで続けられた[38]。

　これについて小平芳平（戦後、創価学会教学部長などを経て参議院議員）、はこう語る。「1941年（昭和16年）9月に時習学館の求人広告を見て、目黒の自習学館を訪ね、その時初めて牧口会長にお会いした。

　牧口先生はすでに70歳を過ぎても元気一杯だった。毎週金曜日の午後1時から牧口会長の自宅で個人面談指導があった。そこに相談に来るあらゆる階層の人たちに懇切丁寧な信心指導、生活指導をされていた。特に青年を愛され、面接日は金曜日に限られていたにもかかわらず（小平は）3日続けて夜の12時過ぎまでお邪魔したことありました」と[39]。

37　前出『価値創造』創刊号、1941年7月、1頁
38　同前『価値創造』創刊号、1941年7月、4頁。弾圧5日前の1943年、商大生・山崎覚は牧口宅を友人の会員と訪問、折伏され入会・入信した。山崎覚『亡き山崎覚の形見の日記〜昭和の銃後を峻烈な輝きを放って駆け抜けた一青年の記録』文芸社、2013年3月、68頁
39　小平芳平「青年に深い愛情注ぐ」『牧口常三郎』聖教新聞社、1972年11月、461頁

　この日程表は『価値創造』が廃刊処分になるまでほぼ毎号掲載され、廃刊後もチラシのような日程表が配布されていて牧口が逮捕投獄される直前の1943年（昭和18年）6月まで日程表配布は続いていたこと、牧口の自宅での面接指導も続いていたことが確認できる[40]。

　この日程表を見ると1941年（昭和16年）当時、座談会は「生活革新実験証明座談会」と呼ばれていた[41]。
　そして翌年2月から「大善生活法実証座談会」に変わる[42]。弘教拡大の舞台として、牧口はこの座談会を非常に重視し、そこでは参加者が見えや体裁をかなぐり捨てて赤裸々に自身の悩みや病苦、あるいは目標などを出席者と語り合う姿があった。
　その上で日蓮仏法の信仰でどのように苦難を乗り超えたか、目標を実現したかという体験を語って参加者に大きな共感と決意をよびさまし、新しい信仰の友を拡大していく。

　7月の日程表をみると、5日の創価教育学会本部における座談会から始まり、都内各支部（ほとんどが個人宅）で計7回ほど開催となっている。うち1回は東京在住の会社社長、自営業者などの会員が開く生活革新同盟倶楽部の例会で、戸田理事長を中心に創価教育学会本部で開催された[43]。

　各支部で開かれた座談会だが、東京にはこの当時、9支部があった。神田、蒲田、芝、中野、京橋、新橋、杉並、池袋、目白支部だった。
　当時の支部は人中心であって、支部長ができる人材がいればその人を支部長に任命し、その関連の人々をまとめて支部ができていた。支部長の住所が支部の住所で、参加希望者は所在の住所に関係なくどこの座談会にでも参加できた。

　例えば、目白支部の支部長は牧口の三男・洋三だったが彼が出征していなくなると目白支部はなくなったことが確認できる。しかし、蒲田支部のような大

40　1943年（昭和18年）5月、6月日程表（神奈川の亀田進六氏所持・井上頼武氏提供）
41　前出『価値創造』創刊号、1941年7月、4頁
42　教育学会会報『価値創造』第6号、1942年2月、4頁
43　前出『価値創造』創刊号、1941年7月、4頁

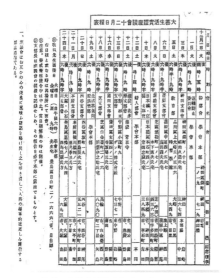

当時の大善生活法実証座談会の日程表

きな支部は後日、支部長交代も起きているので明確なルールはまだなかったようである。

さらに地方に7支部が設置された。福岡市、久留米市、福岡県福島町、下関市、青森市、神戸市支部、そして海外では満州国支部があった[44]。

満州国支部は本書第2巻『革命の書「創価教育学体系」発刊と不服従の戦い』で紹介した満州・鏡泊湖のほとりの学園にあった西津袈裟美を支部長とする開拓者たちの支部である。

こうした各地方支部でも、そのほとんどで座談会は開かれていたようである。

しかし、前年にはあった本所、日本橋、横浜の支部の名前がこの年の支部名には見えない。個人宅が支部とされたので、おそらくはその個人に出征、転勤、転居など一身上で何らかの異動があったものと考えられる。

1940年（昭和15年）に入信・入会した小泉隆は「（牧口）先生の出席される座談会には、千葉であろうと埼玉であろうと、日帰りで行ける所であればどこへでも参加した。座談会は夕方の6時に始まり、12時近くになって、電車がなくなるというので解散するのが常であった」[45]と述べている。

つまり当初は6時間がかりの座談会もあったことになる。

同じように神尾もまた「牧口先生がいらっしゃらなくては座談会にはならなかった。（中略）だからみんなはどんな遠い座談会にも、できるだけ都合をつ

44 　前出『価値創造』創刊号、1941年7月、4頁
45 　小泉隆「牧口先生の思い出」『牧口常三郎全集』第3巻『月報』1, 1981年11月、1頁

牧口は率先して最初はあらゆる座談会に出席した。豊島区池袋の座談会

けて出るようにした」と述べている[46]。

　座談会の目的について牧口はこう語っている。「17歳から大聖人の弟子とな
って、大聖人の側近に侍し、大精神を受け継がれた日興聖人のみが正統である。
　だがその師匠と弟子の関係のみでは不足であって、互いに実験証明をし合う
三位一体の関係を連鎖するのが、座談会の目的である。
　お経文を事で行って、『或示己事、或示他事（ある時は自身を示し、またあ
る時は他を示す）』の通りに大善生活して、法華経の真髄を解し、広宣流布の
ため『見せる法華経』で行け」[47]と。
　すなわち、この座談会で日蓮仏法の信仰による大善生活、生活革命の実証を
自他ともに語り、その功徳を証明して見せる。
　その実証を示し、見せる場が座談会だというのである。"見せる法華経"とは
日蓮仏法の信仰の実証を目の前に見せる、つまりデモンストレーションをする
ということであろうか。

46　神尾武雄「"悪"に対する旺盛な退治精神」『牧口常三郎』聖教新聞社、1972年11月、464頁
47　1942年5月10日「中野支部」座談会での発言記録『大善生活実証録〜第4回総会報告』創価教育学
　　会、1942年8月、76〜77頁

御前会議で開戦を決意～米国、石油の対日輸出を禁止に

創価教育学会が会報の「価値創造」を刊行したころ、日米戦争への流れは止められなくなっていた。

前年（1940年）の秋には日本の暗号解読に成功したといわれるアメリカはこの時点で日本の対アメリカ戦の開戦決意を当然知っていた。

すなわち、独ソ戦開始10日後の7月2日、前述したように日本はこの年第1回の御前会議を開き、天皇の裁可によりついに対英米戦争開始を決意する。

この内容はドイツ、イタリア、ワシントンの大使館に極秘電報で打電されたが、それはアメリカによって全て傍受解読されていた。アメリカは間違いなく日本の開戦決意を知っていたことになる[48]。

だからこそ、7月23日に北部仏印（ベトナム北部）に進駐滞在していた日本軍が南部仏印のサイゴン、およびその周辺に移動を決定するや、直後の7月25日、アメリカは待ってましたと日本の在米資産を凍結すると発表[49]できたのだろう。

さらに日を空けないでイギリス、オランダ、ニュージーランド、フィリピンなどがこれに続き、各国の日本資産が全て凍結され、日本包囲網ができあがった。アメリカはそこまで根回しを済ませていたことになる。これがいわゆるABCD包囲網である。

それに構わず日本軍は7月28日に南部仏印に上陸を開始した[50]。日米戦争に不可欠な石油や錫、ゴムなどの戦争資源の確保めざしての南進を始めたことになる。

間髪を容れずアメリカは石油の対日輸出全面禁止を通達。8月1日だった[51]。

「まさかそこまでやるまい」と思っていた海軍軍人は声もなかったという[52]。

48　前出　半藤一利『昭和史1926-1945』328～329頁
49　前出　歴史学研究会『日本史年表　第5版』岩波書店、2017年10月、292頁
50　同前　歴史学研究会『日本史年表　第5版』292頁、前出　半藤一利『昭和史1926－1945』347頁
51　前出　半藤一利『昭和史1926-1945』347頁
52　同前　半藤一利『昭和史1926-1945』347頁

　アメリカは中国大陸にその飛行機と米国人パイロットを送り込み、さらに極東アメリカ陸軍を創設、ダグラス・マッカーサー中将をその総司令に任命、フィリピン人部隊をその指揮下に入れ、フィリピンをアメリカのアジア戦略の一大基地とした[53]。

　驚いた天皇に対して永野軍令部総長は（戦争になった場合）「日本海海戦のごとき大勝はもちろん、勝ちうるかどうかもおぼつきません」と答えたという[54]。

　勝つ見込みのない戦争の準備を淡々と進める軍部トップには天皇はもちろん、国民への責任感など一切なかったことは明白である。

　同じころ、7月12日に蒲田の白木勲次・静子夫妻（夫妻の娘・香峯子がのちの第3代会長・池田大作の夫人）が入信する。白木静子は産後の肥立ちが悪く、病気がちで外も出歩けないほどの生活をしていた時、隣家から日蓮仏法の話を聞き、まず白木静子が入信を決意した。それに一家も続いた。

　白木静子の話によれば、彼女は入会してからは見違えるように健康になり弘教活動によく歩くようになった。小学生だった娘の香峯子（のちの創価学会第3代会長夫人）もその活動に連れて行ってもらうことがよくあったという。

　親戚中を折伏したので『白木宅に行くと折伏される』という風評がたち親戚が敬遠して来なくなったという。

　そこに親戚の白木義一郎（のちにプロ野球投手、参議院議員として活躍：筆者注）が「兄の借金の保証人になってくれ」とたのみにきた。そこで保証人の件は断ったうえで、座談会に出るように勧めた。

　言われる通り座談会に来た白木に向かって座談会担当の理事だった神尾が日蓮仏法のすばらしさを語りかけた。

　そして、『畳の上でいくら水泳の練習をしても泳げない。本当に水に入って泳がなければ泳げるようにはなれない』と。そして同様に、この信仰を実際や

53　同前　半藤一利『昭和史1926-1945』358 ～ 359頁
54　前出　半藤一利『昭和史1926-1945』353頁

ってみないとその価値はわからない、とたたみかけた。

　この時、白木義一郎は本当に水泳の選手になりたいと思っていたので納得して入信決意をした。そして入会するとすぐに弘教活動をやりだしたという[55]。

　8月7日から新しい弘教拡大の人材を育成するため富士宮の日蓮正宗総本山・大石寺で「第六回夏季折伏法研究会」と銘打った第六回創価教育学会修養会が開かれた。
　会場は先に教育学会有志の寄付で建てられた理境坊内教育精舎と名付けられた建物だった[56]。

　この年から初めて修養会は前期（8月7〜10日）、後期（8月10〜13日）、全期（8月7〜13日）の三期に分かれて行われた。参加希望者が増えたからであった。
　前・後期合わせて延べ183人が参加、つい4，5年前に10人程度だったのとは比べものにならない参加者数だった。
　どの期に参加するかは自由で、牧口は全期にわたって参加し、戸田は後期に参加した。
　戸田の事業はちょうどこの時、食品会社「平和食品（株）」を新しく傘下に収めるなど急速に拡大発展していて寸時も東京を離れることは難しかったようである。

　修養会では開目抄を全員で輪読したなかで牧口はあらためて目的観の確立について強調。軍部・政府が国民全てに要求する「滅私奉公」を否定し、個人の幸福と社会の繁栄をともにめざす真の目的観の確立を訴えている。
　夜の座談会で牧口会長が総本山に参詣の場合の注意事項などを話したあと、法罰論を言ってはいけないとの御書はないと強調した[57]。
　前にも出たが、法罰論は日蓮正宗の教義に背くとして牧口をよく思わない日

55　『香峯子抄』主婦の友社、平成17年2月、20〜21頁。白木静子からの聞き書き（1978年、聖教新聞社で上藤取材）
56　教育学会会報「価値創造」第3号、創価教育学会、1941年10月
57　同前「価値創造」第3号、1941年10月

蓮正宗の僧侶がいたが、牧口は総本山内でも一歩も退かなかった。

　この夏季修養会は迫りくる戦争の危機感のなかで進んだ。その危機を乗り越えるには弘教しかないという意識が高揚していたと参加者は述べている。

　寝食を共にするなか、参加者は弘教拡大に命を賭ける会長・牧口の熱情にふれ、その生命からほとばしる確信によって、弘教拡大の意欲も一変したといわれている[58]。各地に勇躍散っていった会員の弘教の勢いはこの講習会後にさらに加速した。

　8月20日には「価値創造」第2号[59]が刊行され牧口はそれに論文「大善生活法の提唱」を寄稿している。

　創価教育学会が実証するのは妙法を根本にした大善生活法であると述べ、これは実際の生活で体験してこそ納得でき、最高価値の生活に到ることができると主張。また、大善生活法を知っていながら小善・中善の生活法に執着することはかえって不善になると述べている。

　これも裏返せば、戦争を遂行し、お国のためにという中善、小善の生活は逆に不善、すなわち大悪になることを訴えたのではないか。

教育学会を取り巻く環境の悪化と不退転の決意

　しかし、創価教育学会を取り巻く環境はさらに悪化していた。

　日蓮宗身延派への宗派合同に賛成した小笠原慈聞が、その機関誌『世界の日蓮』7月号で、「宗門の維新　7」と題し、持論の「神本仏迹説」を強く主張[60]。日蓮正宗の本尊（曼荼羅）の中に書かれている国神・天照大神が、あたかも法華の番人のような位置に置かれているとして、これこそ不敬にあたると非難し、日蓮教学の神髄は、あくまで神本仏迹にありと断じていた。

　まさに日蓮正宗に対する反逆行為だった。

58　同前「価値創造」第3号、1941年10月、4頁
59　前出「価値創造」第2号、1941年8月、1頁
60　『世界の日蓮』第8巻第7号、世界の日蓮社、1941年7月

これに関連して同月6日、文部省が日蓮宗各派を招集し、「日蓮正宗が単独で天皇を軽視した表現がある日蓮遺文の削除などの対処を内示したが、それと日蓮宗各派のそれが甚だしい違いがある」として、それはいかがなものかと各派に聞いた。日蓮正宗が進んで天皇を軽視した日蓮遺文を削除していたのだ。

これに対して日蓮正宗・大石寺で宗門の長老会議が20日から21日にかけて開催され、勤行要典の御観念文について皇室を軽視するような表記の修正[61]、かねてから問題にされていた日蓮の700年前の御遺文にある天皇や国神について軽視したとする部分の削除、本地垂迹説を今後は使わないなど教義の変更につながる重大な決定の通達がされた。国家神道の教義に沿った修正であり、あきらかに軍部・権力への服従・迎合にちがいなかった。

さらに日蓮正宗の宗務院から、勤行要典の御観念文について、修正の制定文が、全教師、住職に送られ、24日には日蓮正宗の御書全集の刊行停止、本地垂迹説の使用注意が通達された[62]。

それだけにとどまらず、その1か月後の9月29日には、日蓮正宗の宗務院から、雪山書房発行の日蓮正宗の日蓮大聖人御書「祖文纂要」について、「日蓮は一閻浮提第一の聖人なり」（「聖人知三世事」）など、"不敬罪"が適用されると思われる14項目26か所の削除が全ての教師たちに徹底される[63]。
日蓮正宗教学の全面的な国家神道への服従だった。それは命を賭して国家権力と対峙し諫暁し不服従を貫いた宗祖日蓮への反逆でもあったといえる。

創価教育学会の活動はこのような内外から厳しい締め付けが加えられるなかで進められていた。だが、牧口は屈服しない。一歩も退かない。不服従を貫く。
国家の宗教統制を巧みにかわしながら、あくまで難しい道を歩み続ける。
それはこれからの牧口の死闘が教えてくれる。

---

61 日蓮正宗宗務院通達、1941年8月20日付け
62 日蓮正宗宗務院通達、1941年8月24日付け
63 日蓮正宗宗務院教学部通達、1941年9月29日付け

　牧口は「価値創造」第3号に論文「大善生活法即ち人間の平凡生活に」を寄稿してこう述べている[64]。

　「大善生活とは自他ともに共栄して幸福に達する生活のことであり決して特別なことではない」と。

　そしてめずらしく戦場を例に引いて大善生活の重要性を説く。

　つまり、戦場では「自分の義務さえ尽くせば、法規にふれさえしなければ善をしなくても其の位置（地位：筆者注）がたもたれるというが如き小中善の生活を相互にしていてはたちまち全滅する」として戦場では兵士が最低限の義務だけ果たせばいい、自分の持ち場さえ守ればいいという消極的、すなわち自己中心の小中善の生き方ではたちまち敵に弱点をつかれ、圧倒され全滅の憂き目にあうと論じた。

　だから「大善生活が当たり前で、これ以下の中小善は罪悪となりかねない」と大善生活の重要性を戦場を例にあらためて強調したものだった。

　この意味するところは実に深い。

　牧口の非戦の主張、それは日本軍部にとっては反戦以外の何物でもない危険極まりない主張だったが、それを大善生活法の実践という表現で言い表したところに牧口の周到な配慮と未来を見通す眼力を感じる。

　もし牧口が"反戦"とか"非戦"と表現したら最後、牧口門下の教育学会幹部は逮捕され、たちどころに組織は壊滅しただろう。牧口は「反戦」「非戦」の言葉を使わずにそれを主張した。

　1941年（昭和16年）10月、第3次近衛内閣が倒れた。

　その背景には前述した9月6日に開かれた御前会議がある。そこでは対米戦争開始の時期が定められていた。

　すなわち、この会議で決まった「帝国国策遂行要領」において「おおむね10月下旬を目途とし戦争準備を完整す」「（対英米）外交交渉により10月上旬にいたるもなおよくわが要求を貫徹しうる目途なき場合においてはただちに対米開

64　前出「価値創造」第3号、1941年10月、1頁

124

戦を決意す」[65]との恐ろしい決定があった。

その決定をもとに、近衛首相はアメリカとの戦争を避けるためになお10月になってもワシントンの野村大使を督励し日米交渉を続けようとしていた。
だがアメリカとの交渉妥結には日本軍の中国撤兵が不可欠だった。
それを近衛は陸軍大臣・東條英機に何度も要望したが、東條は中国からの撤兵は降伏に等しいと、頑としてゆずらずはねつける。この間に御前会議で決まった戦争開始の決断の時期が迫っていた。
進退窮まった近衛に向かって東條は総辞職を勧告した[66]。そしてついに10月16日に近衛内閣は総辞職する。それが世界の現実も国内の権力構造も認識する力を持たなかった夢想家近衛の限界だった。
２日後、後任として主戦論に立つ東條英機が首相になった[67]。もはや戦争回避の目はなくなっていた。

第3回総会で「弟子の道」が語られ一層の前進始まる

日米開戦のほぼ1か月前の1941年（昭和16年）11月２日、創価教育学会は第3回総会を東京・神田の帝國教育会館で開催した。参加者は400人を数えた。
開会のあいさつに始まり、第一部は会員９人の体験発表が次々に行われた。大善生活の実験証明の体験談であった。
続いて、会務報告があり教育学会の会員数がついに2000人を突破し、支部も東京に13支部、地方に9支部、合計22支部に発展したことが報告された[68]。

そしていよいよ「弟子の道」と題して理事長・戸田城外が講演した。「日興上人は、日蓮大聖人をしのごうなどとのお考えは毫もあらせられぬ。吾々もただ、牧口先生の教えをすなおに守り、すなおに実行し、吾々の生活の中に顕現しなければならない」「先生は師匠であり、我々は弟子である」と強調して、

65　橋川文三・今井清一編『日本の百年8〜果てしなき戦線』筑摩書房、2008年5月、196頁。前出半藤一利『昭和史1926-1945』361〜362頁
66　同上　橋川文三・今井清一編『日本の百年8〜果てしなき戦線』筑摩書房、2008年5月、198頁
67　前出　半藤一利『昭和史1926-1945』365頁
68　教育学会会報『価値創造』第４号、1941年12月、2頁

師弟の道を、創価教育学会の根本におくことを言明した[69]。

　師弟の道を貫く重要性が指導されたのはこれが初めてといってよかった。それまで戸田は「創価教育学体系」出版にあたって全てをかけ、死に物狂いでその出版を成し遂げ、一貫して師の牧口を支え、守り、仕えてきた。
　師弟の道を言葉ではなく、身で実践してきた。ほかの会員には自らの姿勢で「師弟の道」を教えていったともいえる。その言葉に虚飾は一切なかった。
　これから教育学会が進むおよそ険しい道を前にして、まさに牧口会長を師匠として死に物狂いで前に進むしかないという師弟の道の厳しさを強調したと考えられる。

　続いて牧口会長の講演に移った。
　今回のテーマは「大善生活法の実践」[70]だった。繰り返すが大善生活とは個人と社会の幸福が一致する、すなわち個人と社会が共栄するという大善の価値が実現される社会の実現であり、同時に間違いなく「滅私奉公」や戦争という大悪へのアンチテーゼであった。

　先ず「一身一家の小さな生活を目的とする小善生活を続ける限り（中略）天下国家の大きな生活を目的とする大善生活法は実証できるものではない」として、多くの人が広く大善生活法を実践し実証することの重要性を訴えた。
　しかしそれはあくまでも観念的な理解ではなく「自分の生命をかけた直接の体験を加えて自他のそれを対照しなければ真の生活に即した理解はできず、自他の大善生活の比較総合と釈尊の経文と日蓮大聖人の御書などに照らして初めて真の理解に到達できる」（趣意）と、証文と現証と真理を備えた大善生活法こそ最重要なものと参加者に訴えた。

　そのうえで、各人の生活力は大宇宙に具備している大生活力の示顕であり、大宇宙に備わる生活力の偉大な本源こそ、この妙法の大法である、と日蓮仏法

69　同前「価値創造」第4号、1941年12月、2頁
70　同前「価値創造」第4号、1941年12月、1頁

に対する限りない大確信を述べた[71]。

　総会はここでいったん休憩し、その後、総会第二部として、大善生活を実証した会員9人による体験発表が次々と続いた。日蓮仏法信仰によって味わった赤裸々で劇的な人生体験、功徳と罰の信仰体験であり、それこそ大善生活の実証のひとつだった。牧口のいう"見せる法華経"だった。

　この総会でも、開催時間に合わせて帝國教育会館の三階広間で教育研究部員の指導による国民学校児童生徒の制作した書画の成績品陳列と、創美華道研究会による生け花が多数展示された華道展が開催された[72]。

　太平洋戦争の開戦わずか1か月前、滅私奉公を否定し、自他ともの幸福な生活、すなわち大善生活を実証する教育、文化の華を帝都・東京の街に演出したのは再三強調するが、それはまさに非戦の意思表示、デモンストレーションではなかったかと筆者は考える。文化と、教育の非戦のデモンストレーション、つまり見える非戦のデモンストレーションともいえよう。

　牧口が目指したのは決して反戦などという低い次元ではなく、非戦、すなわち戦争の根絶という究極的な目標であったと筆者は考えている。
　同時に、それは仏教の創始者・釈尊の戦争観に非常に近いのではないかと考える。

釈尊の戦争観と牧口の非戦論

　仏教はその創始者・釈尊（ゴータマブッダ）が紀元前4世紀ころインドで説きはじめたとされ、その第一の戒律は不殺生戒であった。当時インドに広まったジャイナ教はじめ各種の宗教ではこの不殺生戒がまず重視された。

　仏教の教えの第一は人間はもちろん、あらゆる生命に対して生命自体をどこ

71　会報「価値創造」第4号、1941年12月5日、2頁
72　同前　会報「価値創造」第4号、2頁

までも尊重する教えだった。だから戦争
に対して、それが人間生命を奪いあうも
のである以上、否定的だったのは当然で
ある。仏教の教えは反戦より非戦に近い
と考えられる。

釈尊が説いた教えは、当初、一切文字
にされず、多くの弟子たちに暗唱されて
伝えられたのは有名な事実で、のちにパー
リー語やサンスクリット語の文字を使
って記録され、100年から数百年をかけて
様々な後継者により編集され、記録され
たうえで各種経文として後世に伝えられ
た。

釈尊の仏像

当然ながら釈尊自らが書いた経文は一切存在しない。それはキリスト教の新
約聖書と同じで、イエス・キリスト自らが書き記したものは聖書に一切ない。
全て、後継者が記憶をたよりに書き記した。

そして釈尊滅後500年以上たってからインドの北方からパミール高原や砂漠
を越え中国に伝わったのが北伝仏教であり、主にサンスクリット語で書かれた
経文が伝来し、有名な羅什三蔵やそのほかの翻訳者によって中国で漢訳され、
それが日本に伝わる。中国で独自に編集された経文もある[73]。

そのパーリー語やサンスクリット語などで書かれた、より原始仏教に近い経
文をもとに、「釈尊の戦争観」を研究した多田武志によれば、釈尊やそのサン
ガ（教団）の戦争観は徹底して非戦であったという。

紀元前4世紀ごろ「釈尊の晩年、釈尊の出身種族であるシャカ族はコーサラ
国王ヴィドゥーダバ（流離）によって殲滅させられたという。（中略）総じて、

73　中国で独自に編集された経文は最近まで偽経と呼ばれたが、インド成立の経文も釈尊が書いたも
　　のではなく、後世に編纂されたことが明らかになり、結果、中国成立の経文と呼ばれるにいたる

北伝・南伝両資料（南伝はインドの南から主に南アジアに伝えられた上部座仏教：筆者注）とも、専制的君主国家であるコーサラ国がシャカ族を対象に集団虐殺を行い、種族を滅亡させた事件として詳細に伝えている」[74] ともいう。

　シャカ族は弓術に優れ、この戦争でもヴィドウーダバ（流離）王のまげの髻（もとどり）や指揮旗を正確に射貫いて王の体をあえて外した。そこまで正確な弓術をもっていたが、「シャカ族は種族の掟として不殺生戒に殉じ、殺されても殺さない戦いを戦った」[75] とされる。

　殺されても殺さない戦いとは武器は持ち抵抗するが、それはあくまでも敵の武器による攻撃を防いだり、相手の武器を叩き落すことはしても、決して相手を殺すような行為をしないことと考えられる。

　コーサラ国の軍勢によりシャカ族が全滅の危機を迎えようとしていた時、釈尊はどうしたか。ひとり枯れ木の下に座し、ヴィドウーダバ（流離）王のコーサラ国の軍勢を迎える。

　釈尊もそのサンガ（僧団）の人々も、出家した以上は、世俗のことに関与はしないのが当然であり、農耕、商取引などの各種労働はもちろん、葬儀などの葬送儀礼や成人式などの通過儀礼、社会的な儀式、そして直接に戦争に関わることまで決してしなかった。

　殺生が当然の戦争についても、不殺生戒をたもっているからといって戦争そのものに直接反対することはできなかっただけでなく、武器を持つ者への布教を禁じ、出征軍を見たり、合戦を観戦することさえ禁じるなど釈尊は事細かく禁止事項を定めていた。
　さらに宗教的権威を用いて戦争を賛美し、敵兵を打ち殺すことを推賞するような可戦論は邪見であるとして、釈尊はそれを排斥している[76]。

74　多田武志『初期経典にみる釈尊の戦争観シャカ族滅亡の伝承を読む』論創社、2023年4月、1頁
75　同上　多田武志『初期経典にみる釈尊の戦争観シャカ族滅亡の伝承を読む』129頁
76　同上　多田武志『初期経典にみる釈尊の戦争観シャカ族滅亡の伝承を読む』108〜109頁、158頁

「律蔵（教団における戒律）に規定される内容は原則的には全て出家者を拘束するものであって、在家社会一般に及ぶものではない」[77]と初期仏教ではされていた。だから出家者のサンガ（教団）が非殺生戒を守っていても、在家の人々がそれを守らなかったのはこれまた当然だった。だが釈迦族はちがった。

大軍勢の前にひとり立ち非戦を訴える

釈尊がインドの熱い太陽の直射日光が当たる枯れ木の下に座しているのを見て、軍団の前進を制止したヴィドゥーダバ王は戦車から降り、釈尊に問う。「枝葉がよく繁り、涼しい木陰のある木があるのに、なぜ枯れ木の下に座るのか」と。それに対して釈尊は「親族の陰は、外の人の陰に勝る」と答える。

その姿に「親族を捨て、故郷を捨てて出家し、ブッダとなった釈尊であっても、シャカ族への情愛は失われていない——釈尊の言葉からそのことに思い至ったヴィドゥーダバは、シャカ族の征伐を思いとどまる。
同じことが、三度繰り返される（中略）釈尊はヴィドゥーダバの進軍を3度まで阻止するが、4度目の時には『シャカ族の宿縁が熟した』として黙過したとされている」[78]。つまりあえて止めなかった。

過去、シャカ族がヴィドゥーダバ王の出生にからんで彼を差別侮辱し傷つけたことが王の激怒を生み、それがシャカ族殲滅の最大の動機・原因となっていたことを『シャカ族の宿縁が熟した』と釈尊が表現し攻撃を黙過したというのである。
釈尊の行動は決して身を挺して進軍を阻止するのではなく、あくまでも精神的な影響力を行使して非戦の意思を示すだけだった。

そしてついに、コーサラ国軍の総攻撃が始まった。だが彼ら釈迦族は在家の

77　下田正弘「初期仏教における暴力の問題〜シュミットハウゼン教授の理解に対して」『木村清孝博士還暦記念論集　東アジア仏教〜その成立と展開』春秋社、2002年11月、398頁
78　前出　多田武志『初期経典にみる釈尊の戦争観シャカ族滅亡の伝承を読む』96〜97頁

身でありながら釈尊の教えに従い、不殺生戒を守り、その武器で相手の武器を跳ね返し身を守りながら、しかし相手を殺すことなくできる限りの抵抗をする。いわゆる抵抗不殺生の戦いである。

でもそれは最初から勝利無き悲劇的戦いだった。殺されても相手を殺さないという絶望的な戦いの末、釈迦族は全滅する。女子供さえも容赦なく殺害される。

しかし、その帰路、大河の砂洲に野営していたコーサラ国の大軍勢は、上流における豪雨の影響で起きた大洪水に襲われ一挙に全滅したという。

以後、コーサラ国はインド史から姿を消している。

こうして見ると釈尊の教え、仏教の教えはよく言われるような単純な反戦ではなく、どこまでも非戦であることが見えてくる。

戦争に反対もしないが賛美も推奨もしない。そして精神的角度から非戦を推奨する。究極の理想は当然、戦争の根絶であったろうが、当時のインド社会は常時、生きるためには戦わざるを得なかった。常在戦場のインド社会の現実には非戦はありえない理想であった。

これは牧口の戦争に対する態度、生き方に非常に近いと筆者は考えるがどうであろうか。

牧口は戦争に直接反対とは言わなかった。しかし、別の言葉でそれを示した。総会では大善生活法のデモンストレーションで滅私奉公には反対し非戦の主張を貫き、自他ともの幸福をどこまでも訴えている。

戦争について牧口はのちに獄中で「上は陛下より下国民に至る迄総てが久遠の本仏たる曼荼羅に帰依し、所謂一天四海帰妙法の国家社会が具現すれば、戦争飢饉疫病等の天災地変より免れ得るのみならず、日常に於ける各人の生活も極めて安穏な幸福が到来するのでありまして之れが究極の希望であります」[79]と特高警察に向けて堂々と述べている。

つまり不幸の根源である戦争、飢饉、疫病の根絶こそが牧口の究極的にめざ

79 「創価教育学会々長牧口常三郎尋問調書抜粋」『特高月報』昭和18年8月分、内務省警保局保安課、1943年9月、151頁

すところであり、それはすなわち日蓮仏法の世界的な流布により成し遂げられると言明している。

　繰り返すが牧口が目指したのは釈尊がめざしたように、戦争に賛成も反対もせず、戦争の根絶という究極的な非戦こそがその目標であったことは明らかだった。

　総会の2日後の1941年（昭和16年）11月4日、学会本部で会長、理事長、理事、支部長らが出席して総会結果反省会が開かれた。総会の反省と今後の活動について種々協議した結果、以下のように決まった。
　①学会専属の事務員を雇用する②指導員を地方支部へ派遣する③理事2名が座談会へ出席する④支部長会議を毎月本部で開催する⑤幹部会、支部会の開催度数を増加するなど9項目だった[80]。

　　いずれも会員数の増大に伴い、教育学会本部で事務作業を専属の職員で対応し、さらなる弘教拡大をめざすための組織強化が目的だったと考えられる。会員数が急速に増加したことがこれでも裏付けられる。

御前会議で最終的に開戦を決断

　2日後の11月5日、皇居でこの年3回目の御前会議が開かれ、アメリカからの最後通告ともいえる「ハル・ノート」について協議。結果として日米交渉がこのまま妥結しなければ開戦することが決まった。
　だがこの結論は出された直後に暗号解読により、アメリカには全て筒抜けだった。
　御前会議には日本の軍部、政府のトップが集まったものの勝利の確信も展望もないなか開戦の結論が下されたことがみえてくる。
　結論を出した原枢密院議長が「最初はいいが、後になると困難が増すであろう。しかし、軍部が何とか見込みありというのでこれを信頼して開戦と決するとの結論をだした」[81]と述べている。開戦決断のその時、最終的に勝てるとは

80　前出「価値創造」第4号、1941年11月、2頁
81　前出　半藤一利『昭和史1926-1945』369頁

だれも考えていなかったことは明白だった。

　勝てなければ敗戦であり、それが限りない悲惨と、不幸を全国民のうえにもたらすことなど考えもしなかった。無責任きわまりない決定だった。

　だが創価教育学会は日蓮仏法をもってその悲惨をもたらす根源の悪に挑戦しようとしていた。微力ではあったが……

　日米開戦が御前会議で決まったその日、11月5日、牧口一行は東京を発ち、九州の弘教拡大の旅にのぼった[82]。

　11月2日の教育学会第3回総会のために九州から参加した金川末之（福岡市支部長）に対して牧口が「これから九州へ行くので一緒に行こう」と参加を要請、その案内で九州を回ったという[83]。だから4日の総会結果批判会から間をおかない5日の出発となったと考えられる[84]。

　しかし、今回は珍しくクマ夫人、尾原イズミ（牧口の二女）の二人の家族をともなっての旅だった。

　クマ夫人の前半生は牧口を陰で支えた窮乏と試練の日々だった。

　その夫人へのせめての慰労と感謝を兼ねての広布旅だったと筆者は考える。目的は二つあったのだ。

　福岡県福島町支部長・田中国之の弟にあたる木下鹿次の夫人・木下夏子も同行した。案内とクマ夫人の身の回りを世話したのではなかろうか。

　だから、これまでの牧口の行動と比べるとクマ夫人を思いやり、半月以上をかけ非常にゆったりとした旅のように見える。

　当時の時刻表では、東京から神戸まで特急でも9時間以上かかった。急行なら12時間かかった。

　朝一番の特急「つばめ」に牧口一行が乗ったとすれば、神戸到着はその日の

82　前出『牧口常三郎』聖教新聞社、1972年11月、135頁

83　金川末之から聞き書き（1979年、九州・福岡で上藤取材）

84　『評伝　牧口常三郎』はこの後の九州総会を11月15日としたが、それでは上京していた金川を1週間も東京に留めたことになる。ありえない

午後5時37分となる[85]。

　金川の証言では神戸に到着すると、東京の陣野クリーニング店社長・陣野忠夫の両親が経営する同店の神戸本店を訪ねたという。

　おそらく陣野の家族に仏法対話をして日蓮仏法の信仰を勧めたと考えられるし、短時間で済む話でもないので神戸に一泊した可能性が大きい。

　だがこれはあくまでも想像の域をでない。金川の証言にはその話はない。だが神戸を訪問しながら、おそらく洋館の並ぶ町神戸をせっかく訪ねながら、その地が初めてのクマ夫人たちを案内しなかったとは考えられない。

　以下、下関、八幡でも日蓮正宗の寺院を訪ねている[86]のでその時間を活用しクマ夫人たちは周辺観光をした可能性がある。

　すると牧口の一行が福岡に到着したのは東京を出発して4日目の11月9日もしくは10日前後ではなかったかと想定できる。

　宿泊したのは福岡市内ではなく、筑紫郡二日市町の湯町温泉・武蔵屋旅館だった[87]。これを見ても牧口の目的のひとつがクマ夫人の温泉浴だった可能性は否定できない。

九州に弘教旅、特高警察の監視下でも堂々と

　旅館到着の翌日から2日間（推定では11月10日から11日の間）は金川の案内で、牧口は福岡市内で個人指導や弘教拡大の対話に走り回っている[88]。一方、クマなど家族は温泉を楽しんだ可能性もある。

　そして運命の"九州総会"を迎える。金川の証言から推定すると"総会"は11月12日になる。（推定の根拠は、当時同行した金川の証言にあるように11月19日未明、大分県、熊本県で起きた大きな地震に牧口一行が別府で遭遇[89]したとい

85　鉄道省編纂「時間表」1940年10月1日発行（日本旅行協会）、6〜7頁
86　金川末之から聞き書き（1979年、九州・福岡で上藤取材）
87　滞在した旅館前で撮影した家族写真の背景にこの旅館が写っている。金川末之からの証言
88　前出　金川末之から聞き書き
89　「大分新聞」1941年11月20日付け、夕刊2面、同朝刊6面。「豊州新報」同日付け、朝夕刊合併号4面に相当大きな地震が起きた記録がある

う事実。そして同じく別府温泉の「海地獄」で牧口一行が楽焼をつくり、そこに「16年11月19日」と書き込んでいる記録をもとに逆算して推定）

しかし、九州・八女で活躍していた田中国之の証言では、もともとこの時に"九州総会"をやる予定はなかったという[90]。

ではなぜ急遽、"総会"が設定されたか。それは福岡市内で神道を信仰していた人が入会・入信をしたもののすぐに退転、それだけではなく創価教育学会を「非国民だ！」とふれまわり騒ぎを起こしていたことが原因という[91]。

そこに東京から牧口会長が来ると聞いて、それならばと、神社の神主をふくむ神道の関係者や退転者など、いろいろ騒ぎを起こしている人を牧口に会わせて、その場でぜひ、折伏してもらいたいとの福岡支部関係者の希望でこの"総会"は急遽企画されたという。

つまり九州に到着するまで牧口はそれを知らなかった可能性が大きい。

すると、『評伝　牧口常三郎』が、『大白蓮華』302号の田中国之の証言によって、あるいは聖教新聞社刊『牧口常三郎』[92]で書かれたような「九州総会に参加するため東京を発って九州に向かった」というのは結果論であって、実際はそうではなかったことになる。

福島町支部の支部長だった田中国之も「福岡方面で折伏していた金川さん（福岡支部支部長）たちが、牧口先生を呼んで国家神道のメンバーと法論をする目的で九州総会が企画された。

だから事前には知らされず、直前になって急に福島町支部に連絡が入り、20人ほどの人達で参加することになった。

もともと"総会"をやると聞いてなかったので、その準備もなく、あくまでも神道関係者（神主など）と法論をすることが目的だったので式次第もなにもなかった」と証言している[93]。

実際に、九州総会の成り行きをみれば式次第はなかったことがわかる。

90　田中国之からの聞き書き（1979年に九州・八女市の田中家で、上藤取材）
91　前出　金川末之からの聞き書き（上藤）
92　前出『評伝　牧口常三郎』407頁、前出『牧口常三郎』聖教新聞社、135頁
93　田中国之からの聞き書き（1979年に九州・八女市の田中家で、上藤取材）

　"九州総会"は福岡（博多）から列車で約25分かかる二日市（現・福岡県筑紫野市）の武蔵旅館の二階広間で行われた。

　八女から田中国之支部長・シマ代夫妻以下20余人、福岡から金川末之支部長以下20余人（未入会者含む）の計40人以上が出席したという。

　会場に福岡の神社の神主など神道関係者4〜5人と、右翼のヤクザ風の男が数人、合わせて6〜7人がやってきた。

　席次は牧口が中心に座り、それに向かって右側に神主と右翼風の男たちが並んで座り、向かって左側に学会員が座って相対した[94]。

　ところがどこで聞いたか3人の特高刑事が監視のため立ち会っていた[95]。

　総会の準備にあたっていた小学校訓導（教員）の安川鉄次郎がこれを見て牧口に「大変なことになりました。特高刑事が3人も来ています。総会ができるかどうか……」とおろおろしながら報告した。

　しかし、牧口は「なに大丈夫だよ」と平然と二階の広間に上がっていった[96]。

　牧口が会場に入るや福岡の神官（神主）などが血相変えて怒鳴りながら牧口に詰め寄り、日蓮仏法と御本尊を誹謗した[97]。

　牧口が冷静に「そのように仏法を誹謗すると罰が出ますよ」と言うと、「罰などあるはずがない。罰が当たるかどうかやってやる」と言って、どこから持ってきたのか日蓮正宗の御本尊を取り出してビリビリと破り、牧口会長の顔に投げつけた[98]。

　田中夫妻など支部幹部が牧口会長にもしものことがあってはと、その周りを取り囲んだ。ほかの神道関係者が何かわめき、ののしりながら牧口に迫った。

　危険を感じた安川鉄次郎の夫人が牧口夫人を連れて広間から避難し、"総会"

94　同上　田中国之からの聞き書き
95　前出『牧口常三郎』聖教新聞社、136頁
96　同上『牧口常三郎』聖教新聞社、136頁
97　田中国之「九州にも転教の足跡」『大白蓮華』302号、1976年6月、29頁では「右翼の男が先生（牧口のこと：筆者注）の前に立ちはだかり『国が天照大神を祭るように言っているのに、それを受けないのはおかしい』『貴様は非国民だ』と大声で怒鳴り始めた」と証言している
98　田中国之からの聞き書き（1979年、九州・八女の田中宅で上藤取材）

妻・クマと共に九州広布の旅先で。福岡二日市で記念撮影

だと言われて参加した福島支部（八女）の人々も予想外の不穏な空気に驚き、
危険を感じ次々に避難した[99]。

　しかし、牧口は「心配しなくていい」と言って一歩もたじろがず、神道派や
右翼のような人物に向かってその誤りを論破していった[100]。
　「天照大神とは法華経の行者を昼夜にわたって守る諸天善神なのです。……
現実生活に証明される大善生活法は、人生の理想として誰人も渇望している。
仏教の極意である成仏法こそ妙法であり『神ながらの道』の真髄もこれでなく
てはならない」と語り始めた[101]。
　「毅然とした態度で破折されましたが、それはまさに胸のすくような思いで
した」と田中シマ代が述べている[102]。

　破折された右翼関係の男はいつの間にか会場から姿を消し、牧口の力で一応

99　同上　田中国之からの聞き書き、前出　金川末之からの聞き書き
100　同上　田中国之からの聞き書き
101　前出『牧口常三郎』聖教新聞社、136頁
102　前出　田中シマ代「心に残る指導と薫陶の数々」聖教新聞社九州編集総局編、1976年、55〜58頁

はこの騒動は収拾されたかにみえた。当初は妨害活動に険しい顔になっていた
出席者の表情もやがて和らぎ、会員の体験発表が行われ、続いて牧口を中心に
質問会へと移り、「時間だ」と特高刑事から中止を宣言されるまでおよそ2時間
続けられた[103]。

　牧口の堂々たる姿に感じたのか、終了後、特高刑事が牧口に「御老体の御身、
ご苦労様です」と丁寧にあいさつした[104]という。

　一方、八女の田中夫妻が旅館の控え室に戻ってみるとそこにいるはずの福島
支部（八女）の会員は一人もいなかった。八女に帰ったようだった。
　牧口にそれを報告すると「みんな退転する恐れがある。すぐに帰って皆を激
励してほしい」と田中夫妻に依頼した。
　それで田中夫妻が急ぎ自宅に帰ってみると、牧口が危惧した通り八女からの
参加者が不安そうな顔で田中宅に集まっていた。
　だが、この“総会”の異様な雰囲気によって退転するものはいなかったとい
う[105]。

　しかし、この“総会”は福岡県警の特高刑事3人が終始監視していたため、当然、
創価教育学会なかんずく牧口の国家神道に否定的な主張内容について重大な関
心を持ったであろうことは十分に考えられる。
　2年後に、創価教育学会が弾圧された時、福岡県警特高課が警視庁とともに
内偵していたという事実がある[106]。福岡県警特高課が絡んでくるのはこのあた
りに伏線があったと推定できよう。

　翌日（13日と想定できる）、出発に際して武蔵旅館の前で記念撮影をしてい
る[107]。
　それから列車で福岡県の八女郡福島町（現・八女市）に赴き、田中国之宅で

103　前出『牧口常三郎』聖教新聞社、137頁
104　木下夏子「毅然とした折伏精神に感銘」「聖教新聞」1979年6月9日付、3面
105　前出　田中国之からの聞き書き（1979年に九州・田中宅で上藤取材）
106　内務省警保局保安課「創価教育学会本部関係者の治安維持法違反事件検挙」『特高月報』昭和18年
　　7月分、127頁、「警視庁、福岡県特高課において内偵中のところ、牧口会長は〜」とある
107　前出『牧口常三郎』聖教新聞社、136頁

座談会を開催した。

　そこには前日の"九州総会"から逃げ帰った会員も参加していて、田中シマ代によれば「一人一人に慈愛のまなざしを注がれながら『どんなことがあっても信心をやめてはいけない。難を乗り越える信心とはこのことをいうのです』等々、懇切に指導し激励してくださいました。皆も『決して退転などしません。先生にご心配をかけて申し訳ありません。これからいっそう奮起してがんばります』と決意を新たにしておりました。八女の会員の間に本当の信心、弘教の決意ができたのも、このときだったと思います」と述べている[108]。

　続いて14日か15日には雲仙（長崎県南高来郡小浜町）へ赴き、その地の宮崎旅館を前年に続いて再び訪問した。

　そこから有明海を渡り、熊本から国鉄豊肥線に乗り、内牧温泉（熊本県阿蘇郡阿蘇町）に到着したのが17日であろうか。同行していた金川末之からの聞き書きでは内牧温泉に一泊したという。

　この内牧温泉は、かつて牧口が九州の最深部の農山村調査に入ったとき、阿蘇山を見渡す絶景の名湯、銘泉として楽しんだ温泉だった[109]。その思い出深い名湯に愛妻・クマ夫人を案内したと考えられる。

　一泊して名湯を楽しんだ後、18日に大分行きの最終列車に乗れば、18日午後9時52分に別府駅に到着したはずである[110]。

　その日の真夜中、正確には11月19日午前1時47分から約3分間、日向灘を震源とするかなり大きな地震があった[111]。

　牧口一行が下車して旅館に入るのが10時半くらいで、温泉に入って旅の疲れをいやし、遅い夕食をとったと想定すれば、別府での金川末之の証言「夕食後、かなり強い地震がきました」とぴたり一致する。

　金川は証言する。「別府での最後の夜のことでしたが、夕食後、かなり強い

108　前出　田中シマ代「心に残る指導と薫陶の数々」聖教新聞社九州編集総局編、1976年、55～58頁
109　本書第1巻『新　牧口常三郎伝～日本の夜明けに躍り出た教育革命の獅子』七草書房、202頁
110　鉄道省編纂「時間表」昭和15年10月1日発行（日本旅行協会発行）による
111「大分新聞」1941年11月20日付け、夕刊2面、同朝刊6面。「豊州新報」同日付け、朝夕刊合併号4面

別府温泉で家族と共に撮影

地震がきました。このとき、皆狼狽して頭や腰を柱に打ちつけたのですが、先生は泰然とされて『こんなときは決してうろたえてはだめだ』と、皆をたしなめられたものでした」[112]と。

　翌朝、つまり地震のあった19日の朝、牧口一行は別府温泉を訪れ、その「海地獄」でクマ夫人ら同行の会員たちと記念撮影をした。
　また、別府公園に登り、楽焼の茶碗を制作。「天晴」「地明」と書き込んだ。その二個の茶碗を、記念として同行の金川末之に贈っている。

　「天晴」「地明」は、日蓮の有名な著作「開目抄」の一節「天晴れぬれば地明かなり法華を識る者は世法を得可きか」から取られたものだった。この楽焼には16年11月19日と書き込まれている[113]。

　（"九州総会"が行われたのは『評伝　牧口常三郎』の15日説に従うと二日市出発から別府到着までの時間がわずかに2日間と非常に短くなり、とても18日

112　前出　金川末之「九州指導同行の思い出」聖教新聞社九州編集総局編、1976年
113　前出『牧口常三郎』聖教新聞社、137頁にその写真が掲載されている。現物は学会本部蔵

に内牧温泉に到着、滞在する時間がなくなってしまう。内牧温泉は証言にあるので外せない。

しかし『評伝　牧口常三郎』では九州総会を11月15日と断定し年表にしている[114]。

さらにもし15日と仮定すると、九州から上京し教育学会の総会に参加した金川を、1週間以上東京に足止めしてから九州に案内させたことにもなる。

他人に迷惑をかけまいとするのが常だった牧口にはありえない行動になる。

だから『評伝　牧口常三郎』の15日"九州総会"説は最初から無理筋の話と考える）

牧口一行は、19日に別府から連絡船で神戸へ向かった[115]。次の日の午前7時前後、神戸港中突堤に到着と推定される。（乗船したのは「にしき丸」か「こがね丸」だった。ともに2,000トン級の連絡船と推定される）

11月20日、列車で神戸から東京に向かい、同日中に東京に帰着したものと思われる[116]。

勝利の見込みなき滅亡への道

牧口が福岡県で弘教に汗を流していた前後の11月15日に、東京では大本営政府連絡会議が開かれ、日米の開戦となった場合の見通しについて討議している。その結果は驚くべきことだがアメリカを屈服させるのは到底無理との結論になった[117]。

そうすると、次善の策としては日本優位のうちに講和に持ちこむしかないが、それにはまず日本が初戦に勝ち、石油エネルギーや食糧自給の途を確保し、長期戦の見通しが立った時、あるいは重慶の中国国民政府が屈服した時、あるいはドイツのイギリス上陸作戦が成功しイギリスが講和を求めたときには、さすがにアメリカも戦意を喪失するだろうから、その時に講和に持ち込むチャンス

114 前出『評伝　牧口常三郎』488頁
115 金川末之からの聞き書き
116 鉄道省編纂「時間表」昭和15年10月1日発行（日本旅行協会発行）による
117 前出　半藤一利『昭和史1926-1945』372頁

が出てくるのではないかとの、まさに相手任せの考えられないほどの甘い見込みだった[118]。

　同じ日、臨時の追加軍事予算を審議する臨時国会が開催され予算が成立した[119]。そこで質問に立った議員から次々に「決戦に移行すべき」「やるべし」の声があがり、首相の東條英機は「帝国は百年の大計を決すべき重大な局面に立っている」と答弁した。亡国への戦争を止めようなどという声は国会はもちろんマスコミからも皆無だった。

　だから各新聞は「一億総進軍の発足」（東京日日新聞）などとそれはそれは勇ましい論陣を張り、対米英戦争の遂行に国民をあおりたてた[120]。一般紙は戦争へ国民世論をあおるだけの扇動機関になり下がっていたのだ。

　牧口一行が東京に帰着して間もなくの11月26日午前6時、日本連合艦隊の大機動部隊が千島列島の単冠（ヒトカップ）湾からハワイに向け進発した。
　その同じワシントン時間26日午後5時、アメリカ国務長官ハルから最後通告として「ハル・ノート」が日本に突き付けられた。
　その内容は中国、インドシナなどからの日本軍と警察の完全撤退など1930年（昭和6年）のあの満州事変以前の状態に日本と中国大陸が戻ることを要求したもので、最初から日本には到底受け入れがたい内容になっていた。

　日本との交渉が11月末までにまとまらなければ日本が開戦することをアメリカは外交極秘電報を解読して知っていた。だから「ハル・ノート」は11月末まで日本に良い回答を出さずにおけば自然に日本軍部が暴発することを読みきったうえでの通告と考えられている。
　アメリカ大統領・ルーズベルトは、それまで厭戦気分が強かった国民世論に配慮して、戦争に巻き込まれることは絶対にない、と再三国民に誓約していた。
　しかし「敵から攻撃されない限り」という留保条件つきの誓約ではあった。

118　同上　半藤一利『昭和史1926－1945』372〜373頁
119　「東京朝日新聞」1941年11月18日付け1面、同日付け夕刊1面、同11月19日付け夕刊1面、
120　同前　半藤一利『昭和史1926－1945』373頁

だから、先に日本から攻撃されることが絶対必要だった[121]。

日本をいかに開戦に追い込むか。その最後のカードが「ハル・ノート」だった。アメリカの実質的「宣戦布告書」が実にこのハル・ノートだった。

そんなことはつゆ知らず12月1日、この年第4回の御前会議が天皇のもとで開かれ、到底受け入れることのできない米国の要求を前にして、ついに日米開戦が決定される。アメリカの思惑どおりとなった。

ところがその4日後の12月5日、日本が心からあてにしていたあのドイツ軍がソ連の首都、モスクワまであと一歩と迫りながら、冬将軍とソ連軍の猛烈な反撃に屈して退却を開始していた[122]。

ドイツがソ連を倒し、イギリスに上陸するという日米戦講和の条件[123]は真珠湾攻撃の始まる前にすべてはかなくも消えていた。

日米開戦の3日前、すでに勝利はおろか、講和することさえ危うくなった状況下で日本連合艦隊の大機動部隊はハワイに迫っていた。

どこまでも平和と幸福を求め続けた牧口

そのころ牧口は、各支部で開催される座談会で連日、日蓮仏法を語り同志を募っていた。12月3日には蒲田支部の生活革新実験証明座談会に出席。56人もの出席者を前に、「世界で唯一最高の日蓮図顕の御本尊を信受していけば、やがて生老病死の四苦を完全に乗り越える絶対の境涯に到達できる」(趣意)と語っていた[124]。

牧口がめざすのは決して神州不滅、大東亜共栄圏などという幻想ではなく、あくまでも現実のうえでの個人の幸福だった。

真珠湾攻撃の3日前の12月5日には「価値創造」第4号を刊行し、そこで「創価教育学会の目的」[125]を明らかにする。

121 前出　半藤一利『昭和史1926－1945』387頁
122 同前　半藤一利『昭和史1926－1945』376頁
123 半藤一利『昭和史1926－1945』372～373頁
124 教育学会会報「価値創造」第6号、1942年(昭和17年)2月、4頁
125 前出「価値創造」第4号、1941年12月5日付け、1頁

　すなわち牧口の論文「大善生活法の実践」において「信仰者各自の自らの生命を惜しまない不自惜身命の強い信仰、すなわち大善生活によって受ける現実の功徳の実証がなければ、いかに経文・御書を拝読しても、理論、理念だけの空想にすぎない」「各人の生命力、生活力はそのまま大宇宙にもとから存在する大生命力、大生活力の示顕であり、それが大善生活である。それを日々の信仰と体験で実証しているのが創価教育学会である」(趣意)[126]と、各個人の幸福も観念ではなく不惜の信仰実践があってこそ実現できると訴えている。

真珠湾攻撃の最終的失敗と価値論

　その3日後の12月8日、日本連合艦隊の機動部隊がハワイ真珠湾を奇襲、同時にイギリス領マレー半島を攻撃して太平洋戦争が始まった。機動部隊は真珠湾に停泊中のアメリカ海軍の戦艦をほとんど破壊する大きな戦果をあげた。

　だが、大きな目標だった空母を発見することはできず、またドックなど重要な港湾施設、貴重な燃料の石油タンクをまるごと無傷で残した。
　このため、この時の奇襲攻撃は真珠湾基地機能にはほとんど影響はせず、軍港の機能の復旧は予想外に早く、真珠湾攻撃で大破、損傷した艦船はほとんど3か月で修理を完了して現役に復帰した。
　それに加えて翌1942年の珊瑚海海戦で大破した空母を応急修理してミッドウェー海戦に間に合わせ大勝利の立役者にした[127]。

　日本の軍人にとって最高の名誉である金鵄勲章の査定ポイントは戦艦が最高で、以下巡洋艦、駆逐艦と続き、輸送船や港湾施設、石油タンクなど、これをどれほど破壊してもまったく点数にならない、つまり勲章はもらえないという決まりがあった。
　なぜ真珠湾攻撃で石油タンクを残したかと問われた日本軍将校が「そんな下司(げす)の戦法はとらない」[128]と高言したことがそれをよく物語る。

126　同前　「価値創造」第4号、1941年12月、1頁
127　空母ヨークタウンを応急修理して劣勢だった米軍機動部隊に回し、日本空母「蒼龍」を撃沈する
128　NHK『映像の世紀』「戦争の血　石油争奪・百年の記録～燃える水が駆り立てた太平洋戦争・中東戦争」2024年1月22日22時～22時45分放映

だとすれば、まさに牧口の強調する価値判断基準において軍人たちにとんでもない誤りがあったことになる。

それよりも一番の問題は日本からアメリカに対する開戦通告（宣戦布告）が真珠湾攻撃の１時間後だった事実。

これにより、"卑怯な日本""だまし討ち日本"のイメージが米国民に定着し、12月8日（ワシントン時間の12月7日）は日本がだまし討ちでパールハーバーを攻撃した「汚辱のなかに生きる日」とされ、「日本政府は謀計によりアメリカをだました」とルーズベルト大統領が日本を指弾する裏付けになった[129]。

真珠湾攻撃の第一報を聞いた瞬間「我が国は勝った」と確信した指導者が2人いた。その一人は英国首相・チャーチルだった[130]。待ちに待ったアメリカの参戦が決まったからである。もう一人は前に述べた中国の蒋介石だった。

一方、ラジオ、新聞の真珠湾奇襲攻撃の勝利のニュースにより日本全国で人々は沸き立った。

太平洋戦争の開始に日本中が興奮した翌9日、創価教育学会本部に幹部が集まり懇談した。参加した矢島の記憶では牧口は「腹を決めてやろう」と指導したという[131]。

それ以外の詳しいことはわからないが、もともとこの超弩級戦争の開始を予見していたと思われるだけに緒戦大勝利に沸き立つ日本の市民を横目にいよいよの超宗教革命を心から決意する言葉が「腹を決めてやろう」ではなかっただろうか。

あの鎌倉時代にひとり宗教革命に立ち上がった日蓮大聖人は古代日本存亡の最大の危機、蒙古襲来を日蓮仏法広宣流布の最大の契機になるととらえていた[132]。

---

129 前出　半藤一利『昭和史』386頁
130 前出　橋川文三他『日本の百年8 ～果てしなき戦線』筑摩書房、50頁
131 矢島秀覚（周平）からの聞き書き（1978年、埼玉・大宮の正因寺で上藤取材）
132 日蓮大聖人はその「撰時抄」で「いまにもみよ、大蒙古国、数万船の兵船をうかべて日本をせめば、上一人より下方民にいたるまで、一切の仏寺、一切の神寺をばなげすてて、各々声をつるべて『南無妙法蓮華経無妙法蓮華経』と唱えて掌を合わせて『たすけ給え、日蓮の御房、日蓮の御房』とさけび候わんずるにや『行書全集』286頁）と述べている。

　同じ日の夜、創価教育学会は新しい青年部長・神尾武雄のもとで青年部の第一回例会を灯管（＝灯火管制）のもと神田錦町の学会本部で開いた。沛然たる雨が降る寒い日だったが青年部員33人が参加したという。

　牧口会長が出席し、今後の座談会のありかたなど戦時下の活動について種々注意を促すとともに、今後の創価教育学会の発展のためには青年に対する期待がどれほど大きいかを述べた。

　北多摩支部（東京・保谷）、蒲田、横浜方面からも青年が参加していたという。夜遅くまで懇談は続き、午後10時ごろ散会した[133]。

　また、同じ日の午後2時より、第1回の婦人部（婦人部長・木下夏子）例会が同じく東京・神田の教育学会本部において開催され、戸田理事長が出席して婦人部の使命について語ったと記録されている[134]。

　日本全土が戦勝に沸き立っていたのとはまったく雰囲気が違っていたことが伝わる。

　12月20日、会報「価値創造」第5号が刊行され、牧口はそこに論文「宗教改革造作なし」を寄稿し、太平洋戦争の緒戦の大勝利に興奮状態の日本に対して静かに戦争の非を説いている。

　その要旨は、各宗教の信徒の生活の上に起きる様々な現証によって、各宗教の教義と価値観を比較対照していけば、各宗教の正邪・善悪はおのずから明確になり、世界の各宗教も比較相対していくならば、同様に明確に差別化できる。ならば宗教改革は造作なくできる。

　しかし、いかに古来の伝統であっても出所の曖昧な、実証できない観念論に従って自他ともの生活を犠牲にすることは絶対に誡められなければならないと訴える（趣意）[135]。

133 前出「価値創造」第5号、1941年12月、4頁
134 同上「価値創造」第5号、1941年12月、4頁
135 同上「価値創造」第5号、1941年12月、1頁

146

「出所の曖昧なる、実証の伴はざる観念論」とは何か。思うに当時の天皇制ファシズムの根拠になる神州不滅、八紘一宇など国家神道の教義であろうと筆者は考える。それを、あろうことか「出所の曖昧なる、実証の伴はざる観念論」（まさにそのとおりなのだが、当時は決して批判は許されなかった）と糾弾して、それにしたがって貴重このうえない国民の生命を犠牲にすることは断じてあってはならぬと訴えている。

これが牧口渾身の非戦・反戦の意思表示でなくてなんであろうか。はっきり言えば、こんなつまらぬ戦争で若者よ命を失うなかれと言ってるのと同じであった。

天皇ファシズム体制下の戦争下でこう言い切るのは決死の覚悟が必要だったのは言うまでもない。

日本軍はこの年の暮れまでにマレー半島を南下してマレー沖海戦で英国の超弩級戦艦二隻を撃沈し、チャーチルはじめ英国民を震撼させ、英領の香港を占領、グアム島も占拠した。

こうした戦果はあくまでも不意打ちが功を奏したのであり、決して日本軍の実力ではなかったが、全国民は戦勝に熱狂した。あまりの戦果に当初は緒戦に勝って有利な条件で講和に持ち込むなどという戦略を立てていた海軍上層部も全くそれを忘れたように戦争遂行に狂奔した[136]。

そしてこの連続勝利の美酒に酔いしれたかのように、日本政府と軍部はやがて「マレー・スマトラ・ジャワ・ボルネオ・セレベス（ニューギニア）を、大日本帝国の領土とし、重要資源の供給源とする」という方針を御前会議で決定している[137]。東南アジアの国々を大日本帝国の領土とすること。これが日本の軍部が夢想した「大東亜共栄圏構想」の実態だった。

戦時下に展開する超宗教革命

明けて1942年（昭和17年）1月、牧口は百数十人の創価教育学会員とともに

136 山中恒『アジア・太平洋戦争史』岩波書店、2005年7月、560頁
137 前出 半藤一利「昭和史1926-1945」396頁

大石寺に登山している[138]。

　当時は世間一般に新年を迎えるに新しい神札が必要と言われて神札を売りに各家庭を回る業者がいた。これについて牧口はこう言った。「神札をよく売りにくるが、それが本当の神様であれば売り買いなどできはしない。

　一般家庭では今年の神札が来たら、去年の神札は不要だと言って焼却するが、これほどばかげた話はない。

　年が明けたら神札もただの紙切れに戻るということなのか。壁にベタベタはりつけたり、年が明けたら焼却すること自体が大不敬ではないか。

　最高に諸天善神としての天照大神を尊敬しているのが我々、日蓮仏法の信徒である。御本尊のなかにおしためた天照大神を朝に夕に大切に拝しているのだから」と。皆が、神札を売りに来る業者に対してこの話をしては撃退したと言う[139]。

　そして正月休みの期間を利用し、前年の九州旅でも見せたように、長年苦労をかけてきた妻・クマや家族への思いやりをみせたようだった。

　三男・洋三の妻・貞子の証言によれば「男の花道」という映画に牧口が連れて行ってくれたという[140]。

　映画「男の花道」（長谷川一夫主演、古河ロッパ共演、監督はマキノ正博）は、1942年（昭和17年）のお正月映画として大ヒットしている。渋谷「東横映画劇場」丸の内の「日本劇場」、浅草「帝国館」、「新宿東宝映画」などで正月に一斉上映された（実際の封切りは前年昭和16年の12月30日）。

　牧口一家の映画鑑賞は大石寺登山の翌日の正月2日から6日までの間だったと推定される[141]。なぜなら、牧口も洋三も休みがとれる期間がこれだった。

　役者の誠意と医者への恩返しがテーマの物語だったが、「画面を見ながら、人の道についていろいろと教えてくれたのです」と貞子は述べている。

　「今こそ滅私奉公！七生報国！」と国をあげて叫ばれるなか、牧口はあくま

138 前出「価値創造」第5号、1942年1月13日付け、4頁
139 白木静子からの聞き書き（1978年、聖教新聞社で上藤取材）
140 聖教新聞1978年6月9日付け5面、（月日を書いてないので上映館、上映日程で判断）
141 「朝日新聞」昭和17年1月1日、同　1月7日付け、同　昭和16年12月25日、27日、30日付け夕刊に宣伝広告がある。正月休みが上映期間だった。

で人の誠意あふれる生き方、報恩といったきわめて人間性にあふれた生き方を求め続けようとしていたことが伝わる[142]。

なお、『評伝　牧口常三郎』では、牧口一家の映画鑑賞は封切りから約1年後の1942年（昭和17年）11月26日から同12月2日の間であり、鑑賞した映画館は「渋谷松竹劇場」としている[143]。

それは古い映画の再上映の3本立て（古い3本の映画を割引料金で連続上映するサービス）興行で、上映映画館は渋谷の松竹以外は大勝館、帝国館など場末の7映画館。

もしそれが正しければ牧口と家族たちはその年の正月映画を周年遅れの11月に3本立て興行で再上映したものを見たことになる。

新しい本が出ると誰より早く購入して読んでいたという牧口が果たして非常に評判を呼んだこの正月映画を、周年遅れの11月、しかも3本立て興行で再上映された映画館で見ただろうか。

しかも11月は22日に第5回総会、24日にその反省会が開かれている[144]。超多忙だったはずである。

座談会活動の重要性をさらに徹底〜昭和17年1月

1月10日、この年最初の創価教育学会幹部会（教育学会本部　午後4時〜8時前後まで）が開催され牧口会長、戸田理事長、理事、支部長など合わせて約30人が参加した。

その席で牧口会長は、「実験証明座談会の存在理由とその価値」と「ヘルバ

142 渋谷での上映は「東横映画劇場」の一館のみであり、ほかは丸の内の「日本劇場」、浅草「帝国館」、「新宿東宝映画」などで正月に一斉上映された（実際の封切りは前年昭和16年の12月30日。渋谷の「東横映画劇場」では、1月6日まで上映されているので、牧口一家の映画鑑賞は16年の年末か、大石寺登山後の正月2日から6日までの間と考えられる。
143 前出『評伝　牧口常三郎』第三文明社、386〜387頁
144 「総会反省録」『大善生活実証録〜第5回総会報告』創価教育学会、1942年12月、50頁

ルトの五段教授段階」[145]について語り、広宣流布はどこまでもこの座談会を軸にして行う以外にはあり得ないと指導した[146]。

　おそらく、九州で"総会"として無理に開いた大きな会合が成果をまったく生まず、逆に参加者の不信感や警察に疑われる結果になったこと。あるいは、太平洋戦争下では、大きな会合は徹底監視される。だからあくまでも小さな座談会を広く、粘り強く続けていくことが最大、最高の結果を生むことを、予見したからではないかと筆者は想像する[147]。

　その指導を受けて戸田理事長はすぐに反応したと考えられる。まず、各座談会や集会の記録を、その都度まとめて会報「価値創造」に掲載するよう指示した。
　座談会に集った人だけではなく、それに参加できなかった人にも牧口の指導の内容等を即刻伝える会報の機関紙としての特性を発揮させようとしたのだった。
　牧口の指導を即実行に移すのが戸田のいつもながらの行動であった。

　そしてこの年2月から、従来使用してきた座談会の名称を「生活革新実験証明座談会」から、「大善生活法実験証明座談会」と改称。前年まで毎月十数か所程度だった座談会場を二十数か所にまで増やし、連日のように開催して弘教が急ピッチで進む環境を整備したのだった。
　当時の会員の記憶では日程表にない臨時の座談会もあったので、ほぼ毎日といってもよいとのことだった[148]。

　事実、牧口のこの座談会重視の路線は軌道に乗り、昭和17年から18年にかけて弘教拡大は学会はじまって以来の盛況ぶりをみせた。これ以後、総会を別に

145　もともとは教育学者ヘルバルトが明らかにした教授、学習指導法で当初4段階あったが、ヘルバルト学派に属するチラー・ラインが教育現場の実情に合わせて5段階に改めた。予備、提示、比較、総括、応用の5段階。この学習指導法を組織活動に牧口が応用したと考えられる
146　前出「価値創造」第6号、1942年2月、4頁
147　前出「価値創造」第4号、1942年2月の論文で「愚人にほめられたさの名誉心がこびりついていたために大衆に呼びかけていたのだが、これも思い違いで、少数の同志を見出す外に方法はがないということが失敗してみて初めて悟ることが出来たのである」と述べている。時期的にこの指導と合致する。
148　小泉隆からの聞き書き（1977年、聖教新聞社で上藤取材）

すれば大きな会合はなくなり、ひたすら毎月、毎週の座談会の成功に牧口をはじめ学会の幹部は総力を傾注する。

このような各支部別の座談会とは別の座談会も活発に開催されたのがこのころからだった。

たとえば13日には東京・神田の教育学会本部で婦人部例会、17日午後には教育者倶楽部の例会、同日夕刻から教育研究部研究発表会（時習学館）も行われいずれも会長・牧口が出席して様々な観点から指導している[149]。

このうち教育研究部研究発表会は当時、月1回、土曜日の夜、時習学館を会場に10人前後で毎月、行われていたが、時には戸田理事長も参加して実際の授業を数回、やってみせたという。

「数学の授業がこんなにも楽しく、こんなにもわかりやすく、アッハッハッと笑い転げながら、教えることができるのかと、私は別世界に行ったような、偉大な感激とショックを覚えた」と辻武寿は述べている[150]。

2月11日の午後には、青年部例会が都内で開かれ20数人の青年が出席した。この青年部例会には学生部も出席したが、当時、東京帝大、慶応大学、早稲田大学、中央大学、明治大学、立正大学などの学生が入信入会をしていた。学生部の萌芽だった。

彼らを前に牧口会長は、「明治維新は20代の人々によってなされた」「広宣流布は青年のリーダーシップによらなくてはならない」と激励した[151]。

3月の出版クラブ座談会（学会本部）に出席して牧口は「一人の繁栄が全体の繁栄となり、全体の隆盛が個人の幸福となる。そこにこそ『常寂光土』がおのずと築かれてくる」とあらためて滅私奉公を否定する指導をしている[152]。

149 前出「価値創造」第6号、1942年2月、4頁
150 辻武寿「牧口先生と戸田先生」『大白蓮華』第152号、1964年1月
151 教育学会会報「価値創造」第7号、1942年3月10日付け、4頁。当時の学生部員だった小平芳平から聞き書き（上藤）
152 同上 「価値創造」第7号、1942年3月、4頁

牧口価値論の最終判断基準＝弁証法的価値論の完成

　牧口は会報「価値創造」の論文で毎回、徹底して個人の幸福と社会の繁栄が一致する大善生活の重要性を訴え続けている。

　「創刊の言葉」「目的観の確立」（創刊号）、「大善生活法の提唱」（第2号）、「大善生活法即ち人間の平凡生活に」（第3号）、「大善生活法の実践」（第4号）、「宗教改革造作なし」（第5号）などいずれも、大善生活を訴える内容だった。

　そして第6号の論文「価値判定の標準」でめずらしく牧口は戦争について語り、「我が国を過小に評価した米英諸国が、自分の実力を過大に評価した結果、あの惨敗を喫した」と緒戦の日本軍の勝利を客観的に評価した。

　そのうえで、日本の社会全体もそれと同じで、毎日展開されるあらゆる行動、議論の前提になる評価標準（基準）があいまい不確定であるため、過大評価や過小評価によってその行動も議論も全てまとまらず、結論がでないまま「水掛け論や小田原評定におちいり、その結果が現在の行き詰まりをきたし、前途は依然たる暗澹（あんたん）であり、いつまでも暗中模索の不安を続けなければならぬ」[153] と返す刀で認識・評価があいまいな日本の軍部・政府を暗に強烈に批判した。

　日本の政策、戦争方針の全てを批判するようなこの言論は「価値創造」というミニ会報、“新聞ではない新聞”であるからこそ許されたのであり、通常の媒体ならばたちどころに当局により発禁処分になるものだった。

　そしてここから牧口は価値判定の基準を明らかにする。牧口は価値論を発表した1930年（昭和5年）以降、思索を深め、度々その内容を改訂してきた。

　今回の改訂は牧口の人生では最後の改訂であり、戦時下というぎりぎりの状況において世を観察、認識したうえでの最終・最新の価値判定基準、いわば牧口弁証法的価値論の完成版といえるだろう。

153　前出「価値創造」第6号、1942年2月、1頁

「美醜すなわち好き嫌いにとらわれて利害を忘れるのは愚である。いわんや善悪を忘れるをや」

「利害すなわち目前の小利害に迷って遠大の利害を忘れるものは愚である」

「利害、すなわち損得にとらわれて善悪を無視するのは悪である」

「善悪についていえば、不善は悪であり、不悪は善である。いずれも最小限のところであるがそうなる」

「善と悪には小善、中善、大善があり、また小悪、中悪、大悪がある。その大善と大悪についていえば、小善に安んじて大善に背けば大悪となり、小悪でも大悪に反対すれば大善となる」

「極善と極悪について。同じ小悪でも、地位の上るに従つてそれは次第に大悪となる。地位の高い人の大悪は極悪となり、その報として大罰を受けねばならぬ。善はその反対である」（趣意）と論じる[154]。

価値は、相手により状況により自在に変化、変動するというのである。これは牧口の弁証法的価値論といえるかもしれない[155]。

牧口の価値論において相反する善と悪、利と害、美と醜、そしてそれぞれの大・中・小。それらを相対的に比較分析すれば世界が正確に見える。

これが牧口の価値判定基準であり、牧口の弁証法的価値論であり、それによって当時の会員は理論武装した。

弁証法と言えば、ヘーゲルが先駆をなすが、ものごとの変化や歴史を正・反・合の繰り返しでとらえていくが、牧口の価値論もまたそのように世界を把握したといえる。

牧口研究者の斉藤正二は「牧口がリッケルトの影響下に"価値哲学"の問題と取り組んださいにヘーゲル的要素を全く考慮の外置いたとは考えにくいのである」[156]とヘーゲル歴史哲学の影響が明確にあったと述べている。

154 牧口常三郎「価値判定の標準（上）」「価値創造」第6号、1942年2月10日付け、1頁
155 弁証法といえばヘーゲルのそれが有名だが、牧口研究者の斉藤正二は「人生地理学上」『牧口常三郎全集』第1巻、第三文明社、534頁で「牧口常三郎の全生涯的軌跡にヘーゲル的要素が織り込まれている」と述べている。
156 「人生地理学上」『牧口常三郎全集』第1巻、第三文明社、534頁

　当時の人々にとって、大悪とは何だったか。牧口価値論によれば、悪とは社会全体に不幸をもたらすものだった。いわずとしれた戦争こそが人々に不幸をもたらす最大の悪そのものだった。

　日蓮大聖人はその著「立正安国論」のなかで三災、すなわち人々に不幸をもたらす三大災厄は飢餓（穀貴）、戦争（兵革）、感染症（疫病）としている。

　戦争をすることで社会の全ての人が幸福になった事例は歴史上一切ない。

　勝っても負けても、その戦争に駆り出された庶民は多くが地獄のような戦場で殺し合いをして傷つき死に、その家族や周囲の人々にも大きな嘆きと大きな不幸をもたらしたのは間違いなかった。勝っても負けても決して全ての人には幸福はこなかった。

　戦争こそ大悪であってみれば、牧口の前述の価値判定の基準、牧口弁証法によれば国を戦争に導く「地位の高い人の悪は極悪となる」ことは明白だった。

　すなわち間違いなく、牧口は当時の日本政府と軍部の指導者たちを極悪の存在ととらえていたと思われる。だが、牧口は戦争を大悪とはあえて表現していない。

　言うわけにはいかないことは自明だった。言えば、あの大本教の本部の建物がダイナマイトで爆破され、信徒が一網打尽に逮捕・投獄されたように牧口も、教育学会のメンバーも、価値論も一瞬に地上から消されたであろう。

　だからあくまでも読者の判断にまかせたと言えよう

　しかし「極悪」の指導階級を折伏しなければならないという思いは当然、牧口にあったと思われる。だからこそ、「指導者階級の折伏」と銘打って青年部を中心にこの時期、弘教活動を仕掛けたのではなかろうか。

　対象は前文部次官・石黒英彦、埼玉女子師範学校長・渋谷義夫、貴族院議員・松本学など。1941年（昭和16年）11月から同42年にかけて訪問し、牧口の教えた創価教育学や大善生活、その核心の日蓮仏法などを積極的に訴えたことが報告されている。

　11月初旬、神尾青年部長と辻武寿など3人が前文部次官・石黒英彦を訪問し、

大善生活こそ最高の生き方であり、逆に大善に反する中善、小善の生活に終始するは社会的地位の高い人ほどその罪悪甚大と主張した。

　石黒はかつて郷土会で牧口と共に活動した経緯のある人物であり、だからこそ無名の青年たちとの対話に最後まで応じたと考えられる。

　だが、石黒が数十年にわたり信奉する教派神道への固執を覆すには至らなかった。

　対話は夜11時半を過ぎるまで続いたが、石黒は青年部員を駅まで送ってくれたという[157]。

　また、渋谷義夫との問答は「日蓮もよいがあまり言うと弾圧されるぞ」と警告を受けた。それに対して辻武寿が「弾圧はされた方がかえって私たちは面白いのです」と答えた[158]。怖いもの知らずの青年部の面目躍如であった。

　しかし、超宗教・日蓮仏法をひろめることこそが、大善生活に人々を導き、戦争をこの世からなくす戦いだと牧口が主張し実践したことは間違いないだろう。

---

157 創価教育学会『大善生活実証録〜第4回総会報告』1942年8月、47〜50頁
158 前出「価値創造」第6号、1942年2月、4頁

第4章

地獄の戦場と「価値創造」廃刊命令

英米の反攻始まる～昭和17年4月

　大政翼賛会が結成されてから初めての総選挙が行われたのは1942年（昭和17年）4月だったが、この時、牧口は「価値創造」第8号に掲載した論文「大善生活の根本原理」のなかで次のように戦争を遂行する軍部、政府のトップを批判する。

　「内心に大悪を潜めながら、外に小善を顕わすために、近小の利に迷うて遠大の見えぬ小人たちに、君子として尊敬される者は、地位が高ければ高いほど小善大悪の天魔に過ぎない。今日の険悪世相は、外悪の小鬼よりは外善の大魔の災禍ではないか」[1]と。

　軍部とか、政府とか言わなくともまさに、太平洋戦争の緒戦の勝利で国家に大きな利益をもたらしたと自負する彼ら。戦争という究極の大悪を潜めながら戦争勝利の小善を喜び推奨する彼ら。それを、外善の大魔と批判している。当時の政府、軍部には恐るべき批判である。

　この論文が掲載された1週間後の4月18日、米軍の陸上爆撃機B25の16機編隊が西太平洋上の航空母艦ホーネットなどから発艦して東京をはじめ名古屋、関西など全国を突如空爆、多数の死傷者がでた。

　米軍の大型爆撃機は大きすぎて空母には着艦できない。そのため、日本空爆後は一気に中国大陸まで飛んで蒋介石軍の飛行場に降りた。

　連戦連勝の喜びにひたっていた日本軍部や国民のショックは大きかった。

　政府はその米軍機9機を撃墜したと発表したが実際は1機も落とせなかった[2]。

　そしてこの事件がやがて日本の運命を大きく変えるミッドウエー沖海戦の布

1　「価値創造」第8号、1942年4月10日付け、1頁
2　「朝日新聞」昭和17年4月19日付朝刊、1面、3面。

石になる。

　この東京初空襲（４月18日）に襲われた牧口たち東京の人々の安否を気遣い手紙を寄せた窪田正隆（当時、福井県福井中学校に教員として勤務）に、牧口は礼状（はがき）を送りこう書いている。

　「おかげさまで空襲のルートにありましたが無事でした。こうした場合にも必す安全に守られるという確信、信念が経文と実証とによって立証されるのが私たち同志の姿です。（中略）偶然と思われるかもしれませんが、こうした数々の実証によって私たちの確信、信念は裏付けられるのです」（現代仮名遣いに修正：筆者注）と[3]。

　しかし政府、軍部はそうはいかなかった。太平洋上の制海権、制空権をとるため、ミッドウエー作戦、つまり太平洋の真ん中にあり戦略上重要なミッドウェー島を攻略してアメリカの空母をたたき、西太平洋の制空権、制海権を確保するという作戦がもともと立てられていた事実がある。

　それが、この事件を契機に一挙に具体化され悲劇を迎える。

　翌５月、現在の東京の多摩地域の保谷（現・西東京市）にあった北多摩支部の講演会に牧口は出席している[4]。

　この地域は日本の航空防衛兵器製造の中心地のひとつで、中島飛行機・武蔵野製作所やその傍系会社・朝比奈鉄工所、さらに隣接地域には同じ傍系の立川飛行機製作所があり、全国から多くの青年が勤労動員されていた。

　1939年（昭和14年）に最初の入会者を含め3人が入会、その後1940年には10人が入会、翌41年に13人、そしてこの1942年（昭和17年）には一挙に41人が入会し、合計で67人もの会員が信仰や活動に励んでいた。

　ほとんどが35歳以下の青年で、28歳以下が全体の8割、創価教育学会青年部の主力でもあった[5]。

3　「福井県福井中学校の窪田正隆に宛てた手紙」『牧口常三郎全集』第10巻、第三文明社、1987年４月、264〜265頁
4　当時の中島飛行機関連会員の中心者・片山尊からの聞き書き（1977年、聖教新聞社で上藤取材）
5　創価教育学会「大善生活実証録〜第５回総会報告」1942年12月31日、38〜39頁

　朝比奈鉄工所のそばにあった「そば屋」の2階で開催されたこの講演会[6]。参加したのは約50人と報告されている。ほとんどが中島飛行機関連の職場で働く青年だった。

　ここではおそらく特高警察も監視していたと思われるが、日蓮大聖人の仏法の正しさ、御本尊の功力を主張して一歩も譲らず、神札を拝んではならないことを牧口は訴えた。

　航空兵器の国内一大製造拠点のど真ん中で、その青年社員たちの多くに、日本軍の精神的支柱であった日本神道を否定し、神札を拝むな！という牧口の主張は当然大きな波紋を呼んだことは間違いない。

　日本の兵器生産の心臓部・中島飛行機で講演会を行ったこの5月、教育学会会報「価値創造」に突如廃刊命令が出る。

　それまで、毎号2冊づつ内務省に献本され検閲を受けていた[7]。

　当時の「価値創造」発行責任者の神尾武雄によると「月日は記憶してないが、東京・錦町警察署の巡査が出頭命令のはがきのようなものを学会本部にもってきて直接、手渡された。

　そこで（神尾は）学会本部にいた奥川（奥川和平、日本小学館社員：筆者注）とともに内務省に出頭した。そこで対応に出たのが内務省の属官（一般公務員：筆者注）で、すごく威張っていた。

　取り調べの聴取がなされ、最後に"神棚不敬はけしからん。廃刊とする"と告げられ廃刊が決定した」[8]という。理由はよくわからない。

　だが中島飛行機の前述の講演会が影響した可能性はあると筆者は考えている。よく晴れた日の午後だったという。

　「価値創造」最終号（5月10日刊）に「廃刊の辞」が掲載されているので内務省の廃刊命令は5月10日以前であったことは間違いない。

　内閣情報局から廃刊を指示されたという話もあるが、神尾の証言では内務省

6　片山尊からの聞き書き（1977年、聖教新聞社で上藤取材）
7　神尾武雄からの聞き書き（1977年、聖教新聞社で上藤取材）
8　同上　神尾からの聞き書き（上藤）

158

であった。また、前述したように当時廃刊にされた出版物一覧[9]に『価値創造』
は見当たらないので『価値創造』は当局には新聞、雑誌と認識されてなかった
ことは明らかだった。

「価値創造」第9号「廃刊の辞」によれば「大善生活法を仏教の極意法華経の
肝心の信仰によって実証するのが新体制の画竜点睛で、国策に添う所以（ゆえ
ん）と信ずれど不認識の評価によるか」とこの措置が不当であると表明。さら
に牧口の論文「法罰論」[10]を改めて掲載して権力への不服従、戦う姿勢を示し
た[11]。

その内容は、正法を持つ人々を憎み、あるいは迫害するものに法罰は厳然と
現れると書いてある。

要するに、同信のものであろうがなかろうが、教育学会の進路を阻むものに
は法罰があると宣告したことになる。

読み方次第で「価値創造」を廃刊に追い込んだ国家権力は罰せられる、とは
一切言わないが、いわんとするところは明らかだった。

ここまで国家権力に不服従を貫いてきた牧口と権力側の死闘が始まったのは
この時からだと筆者は考える。

発刊停止が告げられた直後の5月8日、それまで負け知らずだった日本帝国海
軍が珊瑚海海戦で正規空母2隻を大破され、オーストラリアの対岸のニューギ
ニアにあったポートモレスビーの攻略に失敗する[12]。

そしてその1か月後、ミッドウエー海戦で日本連合艦隊は致命的な大敗を喫
し、そこから奈落の底に直行するような敗戦、敗戦の連鎖が始まる。

「価値創造」の最終号が刊行された5月10日、その日、牧口は中野支部の座談
会（ジンノ・クリーニング店）に出席し神尾武雄など40人ほどの出席者に向っ

9 禁止出版物目録『出版警察報』（『禁止単行本目録』第三輯、昭和16年〜17年、湖北社、1977年2月
10 1937年（昭和12年）9月5日発刊の小冊子『創価教育法の科学的宗教的実験証明』の第7章「宗教研究法の革新と家庭国家の宗教革命」第3「法罰観」の文章を「法罰論」としてここで再掲載した
11 創価教育学会会報「価値創造」第9号、1942年5月10日付け、1面
12 歴史学研究会『日本史年表　第5版』岩波書店、2017年10月、292頁

てこう語った。

「仏法流布にあたって障魔の出るのが法則であり当然です。大聖人の時代には仏教界最高峰の天台宗にさえ障魔が出たことはなく、大聖人御一人に障魔が競い起こった。現在は最高の日蓮正宗にさえ障魔はあらわれない。その障魔（「価値創造」廃刊を指すか：筆者注）が創価教育学会にのみ起きている。

その障魔を恐れてはならない、従ってはならない。大聖人の遺志のままに行動しなくてはならない」[13]と。

「価値創造」の廃刊という事実は教育学会の会員には大きな衝撃だったはずである。直後の総会参加者は激減する。しかし、牧口はひるまない、退かない。

「価値創造」廃刊に電光石火で対応し総会を開催

「価値創造」が廃刊されたくらいで黙っている牧口ではなかった。すぐに再刊の請願書を当局に提出した[14]。もちろんそれに応える当局ではなかった。さらに、それに代わる"紙の手裏剣"の準備を始める。

「大善生活実証録」という。それは新聞でも雑誌でもない"記録"という不思議な不定期刊行物で、この年8月と、12月末に刊行された。

内容は教育学会総会の記録だけでなく、婦人部、青年部、生活革新倶楽部など各部の活動報告、座談会の報告、特筆すべき信仰体験などであり、教育学会会報「価値創造」の総集編、総合版ともいえる内容だった。

権力には決して屈しない、まさに不屈の精神、不服従の決意の現れだった。

そして「価値創造」最終号刊行の1週間後の5月17日、創価教育学会の第4回総会が午前10時から午後4時まで延々6時間にわたり東京・神田の教育会館で開催された。廃刊命令による最終号刊行からわずか1週間後、牧口、戸田らしい電光石火の権力への応戦、応答だった。

出席者は約400人と記録されている[15]。第3回総会の700人から激減している。

やはり会報「価値創造」廃刊の影響ではないかと筆者は想像する。

13　「1942年5月10日の中野支部座談会の報告（趣意）」創価教育学会『大善生活実証録〜第4回総会報告』1942年8月、76頁
14　創価教育学会『大善生活実証録〜第4回総会報告』1942年8月、21頁
15　前同　創価教育学会『大善生活実証録〜第4回総会報告』20頁

160

　総会は開会の辞、会務報告のあと、会員の体験発表第一部（午後に第二部）
が始まり、信仰に励む10人の会員の功徳の実証体験、勝利の報告、感動の逆転
劇に会場が沸いたと思われる。そして午前の部を締めくくる戸田理事長の講演
となった[16]。

　戸田理事長は「身体で聴け〜一信、二行、三学が肝腎〜」と題し「会員は師
匠・牧口先生の指導を全身で受け止め、信仰の上でも生活の上でも牧口先生の
指導通り、信・行・学を実践していくことが重要（趣意）」と師弟の関係の重
要性を訴えた[17]。
　教育学会に何があろうとも、師・牧口常三郎を中心に強固な「師弟」の信仰
の砦を作り、牧口を中心に弟子たちが団結して戦う重要性を戸田が心から訴え
た講演ではなかったか。

　仏法の実践のため、教化指導のためあくまでも「師弟の道」が重要であるこ
とをこれまで、戸田は度々、訴えて来ていた。
　例えば、この年3月10日の神田支部の座談会（東京・神田錦町）に出席した
戸田は「牧口会長の教えを聞く場合の態度としては、2種類ある。1つは、単
に、お話として、聞く場合。もう1つは、即、実践に移し、日常生活に実践す
る場合である。
　前者の誤りが大きいことを訴え、信仰面のみならず、生活面でもその教えを
実践する心構えが重要」（趣意）と牧口を師匠として、その指導のまま信仰実
践していく重要性を強調している[18]。

　休憩のあと、午後1時から、牧口会長執筆の「法罰論」がまたも教育学会理
事から朗読された[19]。「価値創造」最終号に掲載され、迫害すれば必ず罰の現証
のあることを訴えたあの「法罰論」である。
　監視にきた特高刑事の前で、あえてこれをしたところに牧口の"反権力""不

16　同上　創価教育学会『大善生活実証録〜第4回総会報告』、20頁
17　同上　創価教育学会『大善生活実証録〜第4回総会報告』、31〜32頁
18　「価値創造」第8号、1942年（昭和17年）4月10日付け
19　前出　創価教育学会『大善生活実証録〜第4回総会報告』、33頁

服従"の真骨頂をみる。

　当時、ほとんど気付く人はいなかったが、この総会の直後から、太平洋全域でのあれほどの日本軍の連戦連勝は終わりを告げる。

　午前に続き、信仰体験発表の第二部が10人の会員から発表された。戦時中の様々な不自由のなか、事業経営の行き詰まり、生活苦、病気の苦悩を信仰根本に乗り越えた希望の信仰体験の数々だった[20]。

　宗教にとって教典、教義、理論も重要だが、なんといってもその信仰の真偽、教義の質の高低、宗教の威力を明らかにするのは信仰者の生きた宗教体験、功徳や実証であろう。

　古来、世界宗教とされるキリスト教、イスラム教、仏教はいずれも、高尚かつヒューマンな教義とともに、信仰による驚くべき奇跡や実証体験を伴って人々に受け入れられ、広がっていった。

　いづれの宗教においても当初、信仰した人々はほとんどが文字が読めない庶民や奴隷たちだった。教義やその哲学性を理解できる人はほんのひとにぎりだった。だから今日の世界宗教は決して、教義の内容や、哲学性の高さだけで広がったわけではない。人々の身の上に起きる実証体験が弘教の大きな力だった。

　牧口は、日蓮仏法の信仰者のその奇跡や実証体験など現場、現実の実証を重んじ、それを「経験科学」として「価値論」をもとに組みたて、多くの人に日蓮仏法を理解させ納得させた。その集大成がこの総会の20人による延々たる「連続・体験発表」だった。

　すなわち"見せる大善生活法"であった。

　そして総会の行われた神田・教育会館の別室では、前回同様、創美華道研究部による生け花の展覧、また教育者倶楽部による児童の創価教育実験成績品の陳列なども行われた[21]。

　戦時下のとげとげしい空気の中、教育と文化の華を決して忘れなかったのが牧口であり教育学会であった。苦難の中に咲く人生の喜びの華、それが信仰体

20　同上　創価教育学会『大善生活実証録～第4回総会報告』22 ～ 31頁、35 ～ 43頁
21　同上　創価教育学会『大善生活実証録～第4回総会報告』、20頁

162

験の発表であり、美の価値をただよわす生け花であり、子供たちの能力を開く教育の華だった。

それらの全てを指して牧口はこの総会を初めて「大善生活の総合展覧会」と呼んだ[22]。

それに関連してこういう話がある。1939年、ナチスドイツのヒットラーとソ連のスターリンは独ソ不可侵条約を結び、秘密協定として、両国によるポーランド分割、そしてバルト三国併合を決めた。以後、バルト三国はソ連の衛星国となった。

しかし、1998年、ソ連のゴルバチョフ大統領がソ連邦全体にペレストロイカ（改革・解放路線）はじめ思想・文化の自由を解放するグラスノスチ政策を進め、これを受けて、バルト三国はそれまで禁止されていた民族音楽を演奏し、合唱する民族音楽の大会、合唱大会を開催して、独立を訴えた。

この民族音楽の大会がやがて、バルト三国の独立を主張する、200万人、600キロに及ぶバルト三国を横断する「人間の鎖」運動に発展。

これによって、ソ連の崩壊を待たずに1998年にバルト三国は独立を達成することになる。

音楽、文化の力がソ連の圧政から三国が独立する大きな原動力となった実例である。（カセカンプ『バルト三国の歴史～エストニア・ラトヴィア・リトアニア 石器時代から現代まで』明石書房、2014年3月、263～270頁）

牧口の推進した「大善生活の総合展覧会」も文化・教育の力で国家権力の戦争政策に不服従で抵抗した先駆の実践と考えられよう。

参加者全員が注目するなか牧口会長の「本総会は大善生活の総合展覧会」と題する講演[23]が始まった。

牧口は一対一の対話、折伏により糾合された会員が、いまこうして日蓮仏法を信仰し、大善生活法を実証した幸福の実像の数々を見せている、その総合展覧会がこの総会であるとまず述べた。

そして、地味ではあるが、この道の推進こそが「今後ともに家庭を救い、社

22　同上　創価教育学会『大善生活実証録～第4回総会報告』、14~19頁
23　同上　創価教育学会『大善生活実証録～第4回総会報告』、14~19頁

会を救い、そうして広宣流布に至るまでの御奉公の一端も出来ると信じます」
と、訴えた。

「広宣流布」という言葉が牧口の口からでたのはこれが最初だと思われる。

牧口は滅私奉公の“滅私”は否定したが、決して“奉公”すなわち社会貢献は否
定していない。それはあくまでも日蓮仏法の広宣流布による幸福社会の実現を
意味していた。

しかしこの話の途中で、次のように悲壮な決意と覚悟を述べる。「我々は国
家を大善に導かねばならない。敵前上陸も同じである」[24]と。

話の途中で突然に入った「国家を大善に導く」というこの文言は何を意味す
るのか。前後に説明はない。

軍部権力が監視の目を集中する中で、人々に日蓮大聖人の仏法を教えて国家
を大善に導こうとすれば、それは待ち構えて集中砲火を浴びせくるであろう国
家権力の敵前に、上陸を敢行するのと同じだ、と覚悟を語ったのであろうか。

最後に、「如何なる時にも、この選ばれた大善人であることを自覚して精進
せんことを誓わねばならぬと信じます」と結んだ。

この「敵前上陸」とはこれから牧口が訴えはじめる「国家諫暁」を意味して
いたのではないかと筆者は考える。だがこれについては後に述べる。

いずれにせよ、特高警察が監視するその前で、「敵前上陸」を叫ぶ覚悟と心
境がいかほどのものだったか、想像に余りある。

30代のころ社会主義者の演説集会に何度も登壇し、直前の講演者が「弁士中
止！」の声で警察に排除されるのを見ながら平然と講演を続けた[25]牧口にとっ
て、創価教育学会の総会壇上でも特高警察を前にして恐怖はなかったと思われ
る。

しかし、多くの証言者が語るように1942年（昭和17年）末以降、各地の座談

24　同上　創価教育学会『大善生活実証録〜第4回総会報告』、19頁
25　1904年（明治37年）ごろ社会主義者が渡米希望者を集めて開いた渡米演説会（実際は社会主義者
　　の会合）で牧口は米国の人生地理について講演。詳しくは本書第1巻「日本の夜明けに躍り出た教
　　育革命の獅子」（七草書房）181頁を参照

会で監視する特高刑事から数限りなく中止命令がされても牧口は話題を変えながら平然と話を続けた[26]。

　総会は各支部長の紹介、戸田理事長を中心とする全員座談会、創美華道について質疑応答、退転防止について稲葉理事と牧口会長から発言があり、そこから閉会の辞と続き、午後4時に閉会した。

　全員座談会とは、文字通り広い教育会館の講堂を1つの座談会会場に見立て、参加者全員が参加する座談会を意味した。

　これには司会・進行責任者の力量が問われる。座長として戸田が担当[27]したのはその力量故だったと思われる。

日本全国に支部が誕生して30支部に

　総会から半月後の6月5日、それまでほぼ連戦連勝だった日本連合艦隊が、ミッドウェー海戦で致命的な大敗を喫した。

　正規空母4隻（当時の日本には正規空母は全部で6隻しかなかった）を一挙に失っただけでなく、多数の航空機とともに戦闘に熟練した貴重で大事なパイロットを数多く失った。

　このミッドウエー敗戦の最大の因の一つは日本の情報戦能力の低さにあった[28]。

　この時までに米軍は日本軍の暗号を全て解読し、ミッドウェー来襲を事前に察知して、準備万全で待ち受けていた[29]。

　ブラウン管型のレーダーも開発され、実は真珠湾攻撃も直前に米軍レーダーで日本の飛行機は発見されていた[30]。

　ミッドウエー周辺海域で米軍機動部隊の発見は遅れに遅れ、日本の艦隊司令官は米軍機動部隊は周辺にいないと軽率にも判断し米空母機動部隊を攻撃する

26　白木静子「心に残る死身弘法の姿」『牧口常三郎』聖教新聞社、1972年11月、467頁。『大白蓮華』
　　第73号、聖教新聞社、1957年6月、33頁
27　同上　創価教育学会『大善生活実証録〜第4回総会報告』、20頁
28　千早正隆『日本海軍の戦略発想』プレジデント社、2008年12月、208〜209頁
29　藤原彰・今井清一編『十五年戦争史3』青木書店、1989年1月、88〜89頁
30　ハワイのレーダー監視所が12月7日（現地時間）早朝に日本軍攻撃機を発見していたが、味方と
　　間違えて通報しなかった

はずの空中魚雷を外し、陸上爆弾に交換する作業を始めた。

　牧口は常に、目標を明確に定めなければ一歩も踏み出せないと強調したが、この瞬間、米国の空母機動部隊をたたくという山本連合艦隊司令長官の命令、最初からの目標を安易に捨てたことになる。この判断が致命傷になった[31]。

　いないと思った米軍機動部隊発見の報がその直後に入り、あわてて、再び空中魚雷を装填しなおすため地上用爆弾を全機から外し付け替えを始めた。
　まさにその作業中に米軍の急降下爆撃機が襲いかかった。飛行甲板上に残された多数の地上用爆弾が次々に誘爆、大爆発、大火災が発生して4隻の航空母艦は次々と海底の藻屑と消えた[32]。
　日本が世界に誇る大航空機動艦隊がこの日消滅し、2度とその栄光を復活させられなかった。
　同時に、この日この時、太平洋戦争の帰趨が決まったといってもよい。

　しかも、このミッドウエー敗戦は日本国民には一切知らされず、「敵の虎の子空母群を誘い出し、差し違え戦法で殲滅、米航空母艦勢力をほとんど零ならしめ、「大勝」というありえない"大嘘"が報道された[33]。
　いわゆる"大本営発表"がこの時から始まり、終戦まで繰り返され、日本国民をだまし続ける。

　このミッドウェー敗戦の衝撃からか、6月25日、政府はさらに国内の引き締めに狂奔。大日本産業報国会などの6団体を新たに大政翼賛会の傘下におき、8月には町内会などの地方末端組織の会長を大政翼賛会の世話役兼任として大政翼賛会体制に組み込んだ[34]。
　これにより町内会組織、農村部の集落組織、隣組など国民を最末端まで組織

31　前出　半藤一利『昭和史1926-1945』401〜402頁
32　前出　千早正隆『日本海軍の戦略発想』209〜210頁
33　保坂正康『大本営発表という権力』講談社、2008年8月、84頁。鶴見俊輔『日本の百年3　果てしなき戦線』筑摩書房、1962年3月、171頁。「刺違え戦法成功」「朝日新聞」1942年6月11日付け、朝刊1面
34　歴史学研究会『日本史年表　第5版』岩波書店、2017年10月、292頁

化した。

　言い換えれば、一人一人を相互監視する体制をつくりあげ、徹底して国家に縛り付け、思想、信仰はじめ個人の「私」の領域までコントロールし軍部政府の意思が浸透するようにした。

　いわゆる天皇制ファシズム体制の完成である。

　それは天皇を頂点にいただき、経済的には国家社会主義体制、政治的には軍部独裁体制で国民をがんじがらめに支配するファシズム体制だった。

三男・洋三の出征と天皇制ファシズム

　日本社会は８月までに22の重要基幹産業部門のそれぞれに統制会を設立。各統制会は生産の割り当て、資金・資材・労働力の配分、価格、利潤の決定さえ全て行うようになる。国家社会主義型統制経済の開始である。

　しかし、20世紀、世界の共産主義経済、国家社会主義経済が軒並み失敗したように、その宿命的な非効率性により、日本の国家社会主義的統制経済はみるみるうちに下降局面入っていった。

　また、それに加えて、戦争は各種貿易をストップさせて工業塩の輸入が困難になると、ソーダ工業が立ちいかずガラス工業、人絹・スフ工業、染料工業が大打撃をこうむった。

　コークスの原料の無煙炭、重油等の石油輸入の減少、電力制限、労働力の不足などの原因も重なり、鉄鋼生産は重大な危機を迎えた[35]。

　日本経済は収縮に次ぐ収縮を繰り返し、市民の耐乏生活が始まることになる。

　しかし、その困難な状況下でも、ミッドウエー敗戦の翌月、7月6日ごろ牧口は福島県郡山出身の青年会員姉弟の両親を折伏するため単身、二度目となる郡山市への弘教活動に向かった。

　そこでは日蓮仏法に共感しながらもなかなか重い腰をあげそうにない両親に、「水泳を覚えるには、水に飛び込む以外にない」「勇気を出して自ら実験証明することです」などと語り、懇切丁寧に対話を続けた。その牧口の熱意に負け両

35　山中恒『アジア・太平洋戦争史』岩波書店、2005年7月、467〜468頁

親は入会した[36]。

　その福島県郡山から牧口は休むことなく同県内の二本松に向った。東京で教員をしていた青年会員の「母親を折伏したい」との要望に応え、彼とともに、その実家（現在の二本松市本町一丁目）に足を伸ばし、母親を入会へ導いた。

　当時は、列車で上野〜郡山間は急行で約4時間（普通列車なら約6時間）もかかった[37]。

　また鉄道そのものは、軍事輸送を優先とし、旅客は乗車を制限されることが多かった。日中、郡山に着く急行は午前10時上野駅発の1本しかなかった。

　さらに、大正以来、据え置きだった運賃も軍事費調達のため、一挙に28％の値上げが行われていた[38]。だが、牧口は動いた。動かざるを得ない事態が迫っていたかのように。

懲罰徴兵の可能性も、三男・洋三の出征

　牧口の三男・洋三に召集令状が届いたのが同じこの7月だった。

　牧口はすでに2人の息子を失っていた。残るたったひとりの息子が洋三だった。教育学会の池袋支部長をつとめるまでになっていた洋三はこの時、35歳。妻子があった。結核の既往症もあり、すでに徴兵適齢期は過ぎていた。

　だが淡々と7月下旬に応召・入営した。

　そして間もない8月上旬、泥沼の中国大陸の戦場に向け出征する[39]。所属は、中支派遣　峯八一〇三部隊だった。

　文豪・松本清張の作品に『遠い接近』（光文社、1972年7月）がある。清澄自身の自伝的小説ともいわれ、そのなかに「ハンドウをまわす」という言葉がでてくる。「懲罰的徴兵」という意味で、権力側が気にいらない人物を徴兵し命を危険にさらす戦地に送ることを意味した。

36　前出『牧口常三郎』聖教新聞社、1972年11月、145頁。猪狩四郎宛て牧口書簡『牧口常三郎全集』第10巻、第三文明社、1987年4月、272頁
37　鉄道省編纂『時刻表』第19巻第3号、1943年3月、160頁
38　同上　鉄道省編纂『時刻表』第19巻第3号、343頁
39　創価教育学会『大善生活実証録〜第5回総会報告』1942年12月31日、18頁

　松本清張も33歳で徴兵され、その時に聞いた「ハンドウを回されたな」との謎の言葉をヒントに、その意味することを調べ上げ、懲罰的徴兵を自身の体験的小説「遠い接近」として発表したのは有名な事実である。

　その「ハンドウ」がこの35歳の徴兵適齢期を過ぎ、結核の既往症があり、2度目の召集で[40]妻子のあるおよそ兵士に不適格な牧口洋三にもあるいは起きたのではないかと筆者は考えている。

　これについては独裁者の東條英機首相が彼を批判する者を次々と召集した懲罰的徴兵（ハンドウ）が有名である。

　すなわち毎日新聞の37歳の記者は「竹槍では飛行機に勝てない」と新聞に書いて東條の戦争政策を批判して東條を激怒させ、その直後に徴兵される。この記者は大正期に徴兵検査を受けた"大正の老兵"だった。

　明らかに懲罰的徴兵（ハンドウ）であり、彼が海軍の記者クラブの主任だった関係で海軍が陸軍に抗議。すると陸軍は同じ"大正の老兵"250人を一気に四国・丸亀連隊に召集し批判をかわした。

　この記者は陸軍の従軍記者としての経歴があり、それと海軍の応援により3か月で召集解除になるが、巻き添えにされた丸亀連隊の老兵250人は一旦は召集解除されたものの再度召集され、最終的に全員があの"地獄の硫黄島"に送られた[41]。

　この「ハンドウ」（懲罰的徴兵）の処置が牧口洋三にも降りかかった可能性を筆者は感じている。

　すなわち、この洋三応召の2か月前の1942年（昭和17年）5月、教育学会の第4回総会が開かれ、そこで、牧口会長執筆の「法罰論」が特高警察の面前で朗読された。教育学会会報「価値創造」廃刊処分に対し、その最終号に掲載し、迫害すれば必ず罰の現証のあることを訴えたあの「法罰論」である。

　また、この総会では前述のとおり牧口は国家全体が宣伝する滅私奉公を批判

40　三男・洋三の妻・貞子の証言。宮田『牧口常三郎　獄中の闘い』第三文明社、2000年11月、182頁
41　毎日新聞社編『決定版昭和史〜破局への道』第11巻、1983年11月、224〜225頁

し、「敵前上陸」などの激しい言葉で火を吐くような主張をしている。

　監視にきた特高刑事の前で、あえてこれをしたところに牧口の"反権力"の真骨頂をみるが、それは東條英機戦争政策への批判そのものだととらえられた可能性もある。松本清張33歳、毎日新聞記者37歳が「ハンドウ（懲罰的徴兵）」なら牧口洋三35歳もそれになりうると筆者は考えるがどうだろうか。

　蛇足ながら、牧口とともに教育革命を一時期戦った長野県教員赤化事件の関係者が、牧口のもとを離れ郷里の長野県に帰ったとたんの1937年（昭和12年）に徴兵されているが、一時期でも赤化思想に染まった危険人物を優先的に懲罰的徴兵した可能性は大きいと筆者はにらんでいる。

　しかし、教育学会の弘教拡大の波が最も高揚を見せたのが、この1942年（昭和17年）から1943年ごろまでだった。その拡大を確かなものにするため、第7回創価教育学会修養会（夏季講習会）が「第7回夏季折伏法研究会」と銘打って開催された。

　弘教拡大のための教学研鑽、訓練がされたと考えられるが、残念ながら詳しい記録は残ってない。その前期が8月6日〜9日、後期が9日〜12日、そして全期（6日〜12日）の三期に分かれて実施されたという。

　会場に使用されたのは大石寺・理境坊の「教育精舎」と命名された建物だった。参加者は教育者を中心に約100名を数えた[42]。

　夏季修養会が始まった同じ8月の上旬、のちに「地獄のガ（餓）島」と呼ばれる飢餓地獄の島・ガダルカナル作戦が始まる。

　日本本土からこれほどのはるかな南太平洋の島を兵站線で結ぶのは当時の国力では到底無理だった。あまりに遠すぎた。中国大陸同様、太平洋でもすでに攻勢限界点に達していた。それを日本軍の軍閥エリート官僚は無視した。見たくない現実に目をつぶり見たい現実しか見ようとしない官僚の特徴である。

　そのガダルカナル前線基地は完成直前に突如米軍の奇襲を受け、守備部隊は

42　前出　創価教育学会「大善生活実証録－第4回総会報告」83頁。日蓮正宗宗務院「大日蓮」第27巻第9号、1942年9月

全滅。日本軍が手作業でつくった急造飛行場などの基地はあっという間に米軍に占領され、大規模に拡張・使用された。

　ここからガ島争奪戦が日米両軍の死闘に発展していく。例によって都合の悪い現実を見ようとしない参謀本部の秀才軍事官僚はこれを米軍の偵察的な上陸だろうと楽観していた[43]。

　だが現実は、米軍は本気でこの島を占領し、日本軍を徹底して圧倒・殲滅し、ついには、この年12月末に天皇の指示で開かれた御前会議で日本軍のガ島撤退を決めざるをえないほどの惨敗を続ける。

　撤退を開始するまで陸軍が逐次投入した兵力実に3万3000余人。そのうち、死者がなんと約2万人。6割の兵士が亡くなるという壊滅的敗北に終わった。

　しかも、その死者のうち戦病死1万1000人。戦病とは名ばかりで、そのほとんどは栄養失調による餓死という悲惨なありさまだった[44]。ガ島は文字通り"餓島"に変わった。

　なぜこうなったか。その第一の理由は日本からの食料・弾薬を運ぶ輸送船がほとんど途中で待ち受けるアメリカの航空機、潜水艦の好餌になって撃沈されたからだった。

　さらに1941年（昭和16年）1月8日、当時、陸軍大臣だった東條英機より全軍に通達され、徹底されていた「戦陣訓」[45]の存在がある。

　そこには明確に「生きて虜囚の辱を受けず、死して罪禍の汚名を残すこと勿れ」とあり捕虜なることは軍人として最大の恥として厳禁されていた。

　だからいかに戦死者が多くとも、どんなに兵が飢えても降伏は許されず、傷病兵さえ立てるものは銃剣をかざして敵陣に突入させ、動けないものは自決することを強制した。

　中国など敵国の捕虜は殺すのが当然ともされた。「『捕虜は殺す、殺される』とは、日本将兵の通念となっていた」[46]とされる。これからあらゆる戦場で、沖縄でもサイパン島でも強制され、兵士どころか一般市民までもが逃亡や降伏す

43　前出　半藤一利『昭和史1926-1945』平凡社、2004年2月、407〜408頁
44　前出　半藤一利『昭和史1926-1945』平凡社、2004年2月、408〜409頁
45　陸軍大臣・東條英機が示達した訓令（陸訓一号）
46　内海愛子『日本軍の捕虜政策』青木書店、2005年4月、134頁

ることを拒否する有力な根拠となり、膨大な屍の山をつくり無駄な死を重ねさ
せた大きな要因になった。

　さらに恐ろしいのは「屍を戦野に曝すは固より軍人の覚悟なり。縦ひ遺骨の
還らざることあるも、敢て意とせざる様予て家人に含め置くべし」ともある。
　要するに、遺骨が帰ることを期待してはならないというおよそ非人道的規定
だった。
　外地で戦死した兵士たちの遺骨はこれによって全くと言っていいほど故郷に
帰ることは望めなくなった。ほとんどの戦没者は異国の地で土に還ったのであ
る[47]。
　だが日本軍は"大本営発表"によりガ島からの撤退したのではなく「転進」し
たと発表した[48]。

　日本軍は全く気づかなかったが、このガ島基地占領こそが、米軍総反攻の第
1歩だった。これ以後、米軍は飛び石作戦で日本軍が占領した太平洋の島々を
次々に奪還していく。
　つまり日本軍はまさにミッドウエーと、ガタルカナルから敗走を始め、敗北
に次ぐ敗北を続けて多数の将兵を失い、ついには日本本土で数えきれない市民
を戦火で失い最後、無条件降伏することになる。
　では、なぜ当初は優勢だった日本軍が壊滅的な損害をだして1945年（昭和20
年）8月に敗北したのか。
　それは牧口の視点からみれば次の3点があげられると思われる。

壊滅的敗北の3つの理由

　第一の理由は、教育の構造的欠陥により、各種学校で育成された学校秀才型
軍閥官僚・エリート指揮官の無能、その油断と驕慢があげられる。

47　第二次大戦後、こうした遺骨の収拾が細々と続けられているが、戦没者約240万人のうち収容済み
　　の遺骨は約128万柱、いまだ圧倒的多数の戦没者の遺骨が未発見、未収容となっている。『「戦没者
　　遺骨収集推進戦略」戦没者の遺骨収集事業の推進に関する関係省庁連絡会議決定』令和元年12月
　　17日より
48　前出　半藤一利『昭和史1926-1945』平凡社、2004年2月、409〜411頁

172

　日本軍閥のエリート官僚には実戦の経験がなく、現場では無能な人材が多かった。なぜなら指揮官の昇進は学校の成績、すなわち席次で決まった。戦場というまさに現場における戦闘能力や指揮能力、そして実績ではなかった。

　だから官僚組織の常態である「怠惰で無能な高級将校がつねに温存される結果となったのである」[49]。

　学校の成績で昇進するから、結果、正解のない複雑な現場では何の対応もできない無能な指揮官が生み出された。

　海軍兵学校、海軍大学校を卒業し、のち連合艦隊参謀になった元海軍中佐の千早正隆は学ぶことを忘れた日本軍について「戦略に携るものに対して求められる最大の要件は、軍事面ばかりでなく政治、経済などの刻々の変化と進歩に対して、敏速かつ機敏に対応しうる柔軟性と適応性である」「海軍大学校では右に述べたような広い意味における戦略は、研究もしなかったし、教育もしなかった」「同校で教育したのは、いかにして海戦に勝つかであり、それ以上でもなければそれ以下でもなかった」[50]とその経験をもとに述べている。

　従軍した歴史小説家の司馬遼太郎はこう書いている。「英国軍情報参謀はインパール作戦を見て『日本軍の中で信じがたいほど愚かなのは、参謀肩章をつった連中だ』『かれらのやり方は結局全部、教科書どおりではないか』『どうしてあんなばかな司令官や参謀のいる軍隊が大崩壊しなかったのか』というのがイギリス軍の疑問になった。

　そしてその理由として『兵隊や下士官が信じがたいほど強かったからでしょうね』と司馬に語ってくれた」（趣意）[51]と述べている。

　指揮官たちの多くは愚かだったが、兵士として下士官として戦地に投入された庶民が信じがたいほど強かった。だから、日本軍は辛うじて隊列を維持できたというのだ。

　飢餓状態下でも兵器が劣勢でも一般兵士が敢然と戦ったからこそ、大損害を出しながら持ちこたえた。牧口が指摘したとおり、明治以来の教育全般の構造

49　藤原彰、今井清一編『十五年戦争史3』青木書店、1989年1月、90～91頁
50　前出　千早正隆『日本海軍の戦略発想』312～313頁
51　司馬遼太郎『「昭和」という国家』日本放送出版協会、1999年3月、144～145頁

的欠陥が、愚かな指揮官をつくり敗戦のレールを敷いた第一の原因だったといえる。

　第2の理由は、インテリジェンス（高度情報戦）能力の絶望的低さがあった。牧口が常に主張したように、相手を認識することが価値判断やそれに続く行動ではまず最初、非常に重要になる。

　相手を正確に認識しなければ価値判断はできない。次の行動を決められない。そのためには認識する力、すなわち情報収集能力、分析能力はまず第一に保持し、さらにそれを育てる訓練、努力が非常に重要になる。

　牧口はその力を小学生の段階から郷土・社会を徹底観察して磨くこと。美・利・善の価値を基本軸に価値判断の重要性を主張した[52]。だがいっさい無視された。日本の官民にも軍部にも相手を正確に認識する力はまったく育たなかったといってよい。

　日本軍参謀本部には情報を扱う第2部、通信を扱う第3部と形だけはあったが日本連合艦隊の指令部には開戦当初、情報参謀さえ配属されず、重要な情報部門は通信参謀が片手間に担当するありさまだった[53]。

　情報戦の研究や教育をする学校、機関も軍全体に存在せず、軍トップを養成する陸・海軍士官学校、陸・海軍大学には情報の専門授業など、インテリジェンス（高度情報戦）教育そのものもなかった[54]。

　だから現場の情報関係者といえば語学が堪能な者か通信関係者であって、軍事部門の現場の経験は皆無の人が情報担当という状況だった。

　海洋都市国家ベネチィアの1000年以上におよぶ繁栄をもたらした大きな力がインテリジェンス（高度情報戦）能力にあった[55]ことはあまりに有名だが、それを受け継ぐ欧米のインテリジェンス能力は日本をはるかに引き離していた。

　日米開戦前に、すでに日本の外交通信の暗号、日本海軍の作戦用暗号（Ｄ暗

52　牧口常三郎『教授の統合中心としての郷土科教育』『牧口常三郎全集』第3巻、第三文明社、1981年11月、98〜100頁
53　藤原彰・今井清一編『十五年戦争史　3』青木書店、1989年1月、89頁
54　前出　千早正隆『日本海軍の戦略発想』249頁
55　塩野七海『海の都の物語〜ヴェネツィア共和国の一千年』中央公論社、1980年10月参照

号）は米軍にほとんど解読されていたことは述べたが、1943年（昭和18年）になると海軍の船舶運航用暗号（Ｓ暗号）も解読され、米国潜水艦による日本商船の撃沈率は飛躍的に増大する[56]。

反対に日本軍は暗号が解読されていたことさえ終戦まで気づかなかった。

第3の理由は兵站補給の根本的軽視と欠如だった。

牧口は常に現場を重視した。もし戦場の現場をみてそこで戦う兵士の力を重視すれば兵站補給は最も重要になる。古代の最強軍団だったローマ帝国は「ローマは兵站で勝つ」といわれるほど、兵站を重視した。

ガタルカナル、ニューギニア、フィリピン、インパール戦などの日本軍の敗北、将兵の大量餓死の原因は直接には兵站・補給の致命的失敗にあった。

ノモンハン戦争ではソ連軍がトラックで兵員や食料・弾薬を運んだのに対し、日本軍の兵士たちは重い軍装を着け、徒歩で酷暑のモンゴル高原を移動し、兵糧・弾薬を運んだのは馬車だった[57]。

ニューギニアに派遣された将兵は終戦まで逐次17万にのぼったが補給が断たれたため生還しえたものわずか１万数千人だった。戦死者のほとんどが餓死だった[58]。

太平洋戦争の兵站・補給面では石油の補給は命綱だった。その石油の確保のため東南アジアを侵略したのが、戦争の発端だった。

開戦前に米国がその石油の対日輸出を止めたのは、それが生命線だとよく理解していたからだった。

だから米軍は、東南アジアから日本に石油を運ぶタンカーを潜水艦や航空機で徹底的に破壊した。420隻あった日本のタンカーはその369隻を喪失。石油は日本にほとんど届かず、大戦当初、861万キロリットルあった日本の石油備蓄は、最終37万キロリットル、当初の4％に減っていた[59]。

56　前出　藤原彰・今井清一編『十五年戦争史　3』89頁
57　津本陽『八月の砲声　ノモンハンと辻政信』講談社、2005年8月、37頁
58　前出　半藤一利『昭和史1926-1945』411頁
59　NHK『映像の世紀』「戦争の血　石油争奪・百年の記録〜燃える水が駆り立てた太平洋戦争・中東戦争」2024年１月22日22時〜22時45分放映

　兵站の確保には海上護衛が不可欠だったが、軍部が海上護衛総司令部を設置したのは、連合軍の潜水艦攻撃で兵站補給路が危うくなった1943年（昭和18年）11月からだった[60]。これを泥縄と呼ぶ。

　結果、大戦を通じてアメリカの商船喪失量は90隻、約52万総トンなのに対し日本のそれは2568隻、843万総トン、船員の戦死なんと6万人に及んだ。数字のうえでは桁が2つ違うほどの差があった。

　さらに輸送船の沈没によって40万人の兵士が戦場に着く前に生命を失った[61]。とても戦争に勝てるわけがなかった。

　この日本軍敗北の3大要因の根底はいずれも牧口が喝破したように明治以来の教育の欠陥、そして人間と現場の軽視にあったことは明白である。

独裁者・東條英機と新体制（大政翼賛会）を批判

　ミッドウエー海戦の惨敗は極秘にされていたが、しだいにうわさとして広まったといわれる[62]。牧口や戸田の耳にも入った可能性がある。

　そうしたなか1942年（昭和17年）8月10日、「価値創造」に代わる小冊子『大善生活実証録—第4回総会報告—』が1000部発行された[63]。

　タイトルにあるとおり、5月の第4回総会の内容が中心だが、ほかに牧口の論文、各地の大善生活実験証明座談会の内容報告、各種の活動報告が収められている。

　なかでも注目されるのが、牧口の寄稿した「大善生活法実験証明の指導要領」「新体制の理想たる大善生活法の意義と可能」の2つの論文である。

　2つの論文には暗い予感がにじんでいる。そこに滅亡に向かう日本を何としても救いたいという牧口の秘められた熱い思いが伝わってくるように思われる。

60　前出　藤原彰・今井清一編『十五年戦争史3』87頁
61　同上　藤原彰・今井清一編『十五年戦争史3』88頁
62　保阪正康『大本営発表という権力』講談社、2008年8月、84頁
63　前出「創価教育学会会長牧口常三郎に対する尋問調書抜萃」『特高月報　昭和18年8月分』内務省警保局保安課1943年9月、138〜139頁

　論文のひとつ「大善生活法実験証明の指導要領」のなかで牧口はこの年7月
11日に首相・東條英機が厚生省東部国民勤労訓練所で演説した「協同一致の精
神」を取り上げて、その目的は何なのかと以下のようにその「協同一致」を痛
烈に批判した。

　「目的なしの行動は妄動であり」「人間には目的が究意（最後まで変わらない
の意：筆者注）であってこそ初めて進路の方向が確定され、それが明瞭であっ
てこそ、初めて進行の順序方法が明確になり、そこで初めて実践の信念が起こ
り、勇気が湧くのである」[64]と。だが東條のいう協同一致は何が目的なのか分
からないというのだ。

　東條がこの時期、協同一致と言えば太平洋戦争勝利のための国民の団結を訴
える意味であることはあまりに明らかなのに、それをわからないと斬ってすて
たのである。

　そして「人生の究意目標（最期まで変わらない目標：筆者注）を明らかにし
且つそれを具体的に実証し給うた仏教の真髄が、我らの生活に対して無上最大
の価値を持つ所以（ゆえん）である」[65]と日蓮仏法の信仰による大善生活こそ、
無常最大の価値であり不変の究極の目標だと断じる。

　これほどの根底的な戦争批判はなかなか戦時下で出来るものではない。

　「無謀で馬鹿げた戦争だ」と常に吐いて捨てるように批判[66]していた太平洋
戦争と、それを狂気のように推進する軍部政府への痛烈な批判である。まさに
牧口が生涯を通じて揺るがなかった権力への非協力・不服従の精神であった。

　もうひとつの論文「新体制の理想たる大善生活法の意義と可能」においては
「東條首相のめざす"新体制"すなわち大政翼賛体制は『画龍点睛を欠く』と思
われる。

　それは指導者階級が利己主義的な小善小悪の生活や、外には大善を装い内実
は私欲をはかる中善大悪の生活をしているからである。

64　創価教育学会『大善生活実証録～第4回総会報告』1942年8月10日、2～3頁
65　同上『大善生活実証録～第4回総会報告』3頁
66　牧口の時代を生きた学会員数人からの聞き書き（上藤）

　だから、今の指導者階級は中善であるように見えて、実は大悪である」（趣意）[67]と、これまた本質をズバリ突いた。

　この指導者階級とは何か。東條を中心にする軍部・政府のトップを指していることは、東條首相のめざす“新体制”を論じている以上は当然であろう。本文はまわりくどい言い方になっているのは当然で、すこし言い方を間違えれば憲兵隊が動くことにもなる危険な発言だった。

　牧口にとって、また価値論からみれば、大悪とは多くの人々の命を奪い、多くの人に限りない不幸をもたらす戦争以外には考えられない。
　しかし、それは決して公言できないことでもあった。

　だがそれでも、牧口は敵前に身をさらしながら大善生活（戦争という大悪に反対するものはだれであっても大善）を訴える「敵前上陸」をあえて敢行しようとしたのではなかったか。
　2つの論文はともに牧口のまさにいわゆる「敵前上陸」の実践論であった。

内外から競い起こる障害、難関にもひるまず

　牧口が小冊子『大善生活実証録—第四回総会報告—』で、独裁者・東條を中心とするファシズム体制を痛撃したのに対して、敵は内外から競い起こった。
　「実証録」刊行の直後、あの小笠原慈聞が、8月12日付け『中外日報』3面に「神本仏迹か仏本神迹かの　教義信条問題を公開せん　日蓮正宗の維新断行に　護国憂宗の士ら遂に起つ」の大きな見出しで「神本仏迹論」を説く軍部政府の宗教政策をバックに日蓮正宗を揺さぶろうとしていることを紹介する記事が掲載された。

　それによると小笠原が持論の「神本仏迹論」をもって総本山を文書で攻撃し、日蓮正宗・鈴木管長とやり取りを重ねた結果、その手紙の交信内容を公開する

ぞと脅迫し、さらに信徒の決起を促す檄を発したことが報道されている。信徒をして、総本山への反乱に導こうとする動きだった。

そのうえで9月2日,小笠原慈聞は怪文書を日蓮正宗の宗門内外に配布し、日蓮正宗とその法主・鈴木日恭は歴史的に天照大神を家来として軽視し、天皇と国体に背く"不敬罪"の罪状があると攻撃した。

これには法主・鈴木日恭が小笠原の神本仏迹説の誤りを正した6通の手紙がそのまま公開されていた[68]。

こうした小笠原慈聞の攻撃に対して日蓮正宗の宗務当局は1942年(昭和17年)9月14日、小笠原を擯斥(ひんせき)処分にすると発表した。これに対抗して小笠原は同月25日に異議申立を宗務当局に文書で提出したが、10月22日に宗務当局はこれを却下。

それに逆上した小笠原は直ちに次の非常手段に訴える。すなわち時の文部大臣・橋田邦彦に11月5日付で上申書を提出し、直訴した[69]。

ついに問題は宗門内では収まらず、一気に国家権力の中枢部に上げられた。

これらのいきさつを当時の特高は完全に掌握。事実の推移は克明に「特高月報」に記録され、全国の特高警察に読まれるに至った[70]。ここから特高警察の内偵がはじまったことが「特高月報」にも記されている。

なお、この記事に大石寺がその信徒の貴族院議員を動かして政治的に解決をしようと奔走中とも記されている。

退転防止委員会を設置して弱気な会員を激励

こうした背景もあり、教育学会に入会しても退転(信仰をやめる)する動きが顕著になってきたようである。やはり入会にあたり神札などを棄却するなど、日本の宗教政策、国策の神道に真っ向から刃向かうには相当の勇気と覚悟が必

68　内務省警保局保安課『特高月報　昭和18年2月分』1943年3月、83頁
69　同上『特高月報　昭和18年2月分』1943年3月、84～85頁
70　「日蓮正宗の教学刷新をめぐる内紛状況　3」『特高月報　昭和18年2月分』内務省警保局保安課、1943年3月、83～87頁

要だった。

　例えば7月に福島県郡山に牧口が単身赴いての折伏で入会した会員に対し8月
30日に送った手紙でも「殊に神様問題は以前の強烈なる反感に対して快き共
鳴が拝見致され候事、世の為め、貴家のため御同慶の至り」[71]と記されている。
やはり神札の問題は入会以前から強烈な反感を呼んでいたことが伺える。

　また、5月の教育学会総会における参加者の激減は、「価値創造」廃刊の影響
はもちろんだが、退転者の増加を物語っている。そこで、9月1日の教育学会
の幹部会（学会本部で開催）で退転防止委員会の設置が発表された[72]。

　退転を申し出た、あるいは迷っている会員を粘り強く激励して信仰に奮い立
たせ、信仰の道に復帰させるのが目的だった。

　戸田が退転防止委員会の委員長に就任した。

　9月25日には「退転防止委員制の実施に就いて」の通達を発表。退転を申し
出た会員への対応について退転防止委員制度を活用するように各支部長へ徹底
を図ってもいる[73]。

　さらに10月には会員の激増、国家権力との攻防戦が激しくなるなかで新しい
組織と役員体制が発表された[74]。（以下は創価教育学会規約第10条により牧口会
長が指名した役員と組織になる）

　まず本部役員として会長・牧口常三郎、理事長・戸田城外、そして理事13人
がいた。理事の名前と担当を紹介すれば稲葉伊之助（総務）、岩崎洋三（総務）、
西川喜右衛門（東京支部監察指導）、矢島周平（教義研究・学説樹立・文化部指導）、
松島烈雄（文化部指導）、本間直四郎（婦人部指導）、中垣豊四郎（教育部指導）、
神尾武雄（教義研究・学説樹立・記録）、野島辰次（企画）、吉田春蔵（庶務・
連絡）、廣田義夫（会計）、橘篤郎（調査）、吉原省三（組織）の面々である。

　しかし、寺坂洋三、有村勝次、木下鹿次、片山尊が理事を解任され新しく廣
田義夫、橘篤郎、本間直四郎などが理事になっている。

71　猪狩四郎宛ての牧口の手紙『牧口常三郎全集』第10巻、第三文明社、1987年4月、271〜272頁
72　『退転防止委員会組織一覧』1942年9月1日（亀田進六氏所持、井上頼武氏提供）
73　創価教育学会『大善生活実証録〜第5回総会報告』1972年12月31日、18頁
74　「創価教育学会の組織役員表」（1942年10月現在）亀田進六氏所有、井上頼武氏提供

180

　さらに従来、本部にあった10部門が再編され6部体制になる。企画部、生活革新同盟倶楽部、教育研究部、創美華道研究部、文化部、婦人部の6部だった。

　支部の体制も強化された。東京では、神田支部、蒲田支部、芝支部、中野（杉並）支部、京橋支部、新橋支部、池袋支部、大森（大井）支部、日本橋支部、荏原支部、小石川支部、四谷支部、本所支部、北多摩支部、そして支部扱いとなった創部華道研究部の合計16支部であった。

　加えて地方支部は、神奈川（鶴見）支部、市川支部、平塚支部、沼津支部、神戸支部、下関市支部、福岡支部、久留米支部、福岡県福島町支部、青森支部、樺太支部、満州国支部、の12支部となった[75]。東京と地方を合わせて合計28支部の陣容である。1年前の16支部[76]と比べると激増である。
　戦争前夜の困難な社会情勢にあってもそれを乗り越え弘教の教線は着実に拡大していたことをうかがわせる。

　しかしこの時、指導部の人事が大幅に変更された。前述したように有村、寺坂、片山が理事から降格された。その原因は寺坂陽三の事業の失敗にあったとされる[77]。寺坂の事業が失敗した時、その出資者に数人の学会員がいたために当然、学会幹部の会社だと信用していた学会員出資者から批判がでて問題になり、牧口は戸田に善後策を講じるよう依頼し、戸田がこの騒ぎを収拾した[78]。

　このため寺坂は理事から降格するのだが、その事業に関与した有村、片山も理事から降格された。片山尊はあわせて青年部長をやめる。代わって神尾武雄が青年部長になった[79]。
　これについて寺坂は相当不満だったようで月日は定かではないが、1942年（昭和17年）末になって突然、九州・八女を訪れ「重大な話がある。皆を集めてく

75　前出「創価教育学会の組織役員一覧表」1942年、10月現在
76　会報「価値創造」創刊号、1941年7月、4面
77　片山尊からの聞き書き（1977年、聖教新聞社で上藤取材）
78　「和泉美代」日記をもとに和泉美代からの聞き書き（1978年に和泉宅で上藤取材）
79　片山尊からの聞き書き（1977年、聖教新聞社で上藤が取材）

れ」と言いだしたので田中国之が呼びかけ田中宅に八女のメンバーが集まった。

　そこで寺坂は「牧口先生から先生の代役として行くように言われてきた。寺坂の言うことを聞かなかったら離縁してもいいと言われてきた。そこで皆に聞くが、戸田理事長につくか私につくかはっきりさせてもらいたい」といきなり言い出したという。言葉の端々から戸田への憎しみを感じたという。

　だが、そこで八女の人々と寺坂は大喧嘩になった。田中たちが「牧口先生がそんなことを言うはずがない」と寺坂の言い分を突っ返した。すると寺坂は田中国之宅から去り、別の会員の家へ行ったという。

　ところが、翌年の1943年（昭和18年）になって寺坂がまた九州にやってきて「去年のことはすまなかった。なかったことにしてくれ」と謝ったという[80]。

　後年、戸田は「（寺坂は）学会内に勢力を得ることのみ腐心し、ついには学会を二分しようとする機運にまでたちいたらしめたのであった。しかも彼は法罰をうけ、故牧口会長を窮地におとしいれんとするの事件を起こしたのであった」[81]と書いている。この「事件を起こした」と書かれているのがこの問題だったと思われる。

　このころ、中国に出征していた牧口の三男・洋三から自宅に手紙も届いた。おそらくそれによって牧口が知ったと思われるが、洋三が従軍する部隊（中支派遣峯8103部隊）の直属上長の中尉が郷里の長野県赤穂（現・駒ヶ根市赤穂）に帰郷したようである。

　それを知った牧口は10月25日に単身・長野県の赤穂（現・駒ヶ根市赤穂）に赴き、直接この中尉に会って日蓮仏法のすばらしさを語り、折伏した。

　中尉が入信・入会決意をするやいなやこの日、牧口は中尉を近くの日蓮正宗寺院（伊那の信盛寺）ではなく、いきなり日蓮正宗総本山・大石寺に案内した。

　700年の歴史ある杉木立に囲まれた古刹を歩きながら日蓮仏法の甚深の法門を語り、大石寺・理境坊でご本尊を授与を受けた[82]。この行動力には驚嘆するばかりである。短期滞在のこの中尉に日蓮仏法の素晴らしさを何としても教え

80　田中国之からの聞き書き（1979年に九州・八女市の田中家で、上藤取材）
81　戸田城聖「創価学会の歴史と確信」『戸田城聖全集第3巻』聖教新聞社、1983年2月、116頁
82　前出　創価教育学会『大善生活実証録〜第5回総会報告』18頁

182

たいとの熱意が伝わってくる。

　また、牧口洋三の手紙では「当地（中国の内陸部と想定される：筆者注）で
は日中はまだ暖かいですが、朝晩は相当寒いです。でも信仰のお陰で病気一つ
致しません。真に有難い事と朝夕念じております」と戦地は秋が深まる様子が
伝えられ、それでも朝晩の勤行を欠かさず元気な日々を送っていると伝えた。
　別の便りでは「自分らの戦友も早や幾人かこの世から去りました」と戦場の
厳しい戦闘の現実を報告している。手紙はともに1942年（昭和17年）の秋から
暮れにかけての便りではないかと思われる[83]。

弟子・戸田城外が牧口の著書を各地に残す

　10月20日、『日本の美と教養』（高瀬重雄著）という本が発刊され、そのなか
で牧口の『人生地理学』について「牧口氏のこの書こそ、厳格な意味において
体系づけられた人文地理学概説書の出現であると言って過言ではなかろうと思
う」「わが国における人文地理学の先駆」と評価[84]している。発刊後40年を過
ぎようとする牧口畢生の大著『人生地理学』は専門家にとって未だ驚異の書だ
った。

　さらに、牧口とおなじく、「大学の哲学の先生方は西洋哲学に対してどこま
でも隷属的な態度をとっていたのではないか」と日本の哲学界を批判したイン
ド仏教学の最高権威とされる中村元は「それに対して反撃をくらわしたのは牧
口常三郎だけなのである」と牧口価値論の試みを高く評価した[85]。
　中村元が東京帝国大学に入学したころ、その牧口の『創価教育学体系』が発
刊されている。

　その「創価教育学体系」の第1巻から第3巻の初版本をこの年12月1日、理事
長・戸田城外が有名な札幌の時計台の建物にあった当時の札幌教育会附属札幌

83　創価教育学会『大善生活実証録〜第5回総会報告』1972年12月31日、69頁
84　高瀬重雄『日本人の自然観〜日本の美と教養』河原書店、1942年10月、209〜212頁
85　中村元『比較思想の軌跡』東京書籍、1993年6月、500頁

図書館に寄贈している。（この書物は戦後、新設された札幌市立中央図書館に
札幌教育会から寄贈され現存する）[86]

　また、翌年1月には北海道道立図書館にも『創価教育学体系』（1〜3巻）な
どの図書が寄贈されている。併せて戸田の『推理式指導算術』、日本小学館出
版の『世紀の科学者達』『日本の科学者達』、大道書房出版の『海援隊始末記』『佐
幕派史談』など計10冊。これらを戸田自ら寄贈している[87]。
　どうしてこの時の寄贈なのか。おそらく、師・牧口の功績を永遠に顕彰して
残すには、いつまでも蔵書として保管される可能性が高い図書館に寄贈するこ
とも重要と考えた弟子・戸田城外の心情からでた行為ではないかと筆者は考え
る。

　これに関連すると思われる話がある。島村喬著『日蓮とその弟子たち』（波
書房刊）には、このころの戸田と『創価教育学体系』にまつわる興味深いエピ
ソードが紹介されている。
　それはこうである。戸田が所用で訪れ宿泊した新潟の旅館で、台風のため足
止めされた新潟港発大陸行きの船を待っていた関東軍の軍人（関東軍第1課所
属で大本営との連絡を任務とする）近藤大尉と偶然知り合い、夜明け近くまで
議論したという。
　この議論のなかで日本軍の「聖戦」の呼称について、「日本の中国侵略が聖
戦と言うのなら、中国の対日作戦も聖戦である。4億の民の生活を破壊する聖
戦などと言うものはない。聖戦は、四海（＝全世界）絶対平等と平和、生命の
尊厳を犯すものに対して敢然と立ち上がる場合にだけ使われる言葉である」（趣
意）と戸田は語ったと書いてある[88]。

　戸田の話に衝撃を受けたその軍人は、別れ際、大変有益な話を聞けたことを
心から感謝しつつ、もし他の将校だったら憲兵隊に逮捕されたはずなので充分
注意するよう戸田に忠告する。

86　札幌中央図書館に戸田贈呈からの贈呈蔵書として現存
87　北海道道立図書館に戸田寄贈の書として現存
88　島村喬『日蓮とその弟子たち』波書房、1970年、234〜236頁

戸田が道立図書館に
『創価教育学体系』を贈呈した記録

戸田は笑いながら、牧口常三郎著の『創価教育学体系』第1巻、同第2巻を近藤大尉に贈ったという。1941年（昭和16年）〜1942年（昭和17年）ごろの話という。

この本の著者・島村は新聞記者で、第二次大戦後シベリアに抑留されていたが、偶然この関東軍の元軍人・近藤と出会い、一夜話し合った。その時聞いた話だという。

この話が事実なら、なぜこの時に『創価教育学体系』第1巻、同第2巻を贈呈できる本として戸田は持っていたのだろうか。非常に不思議である。

10数年前に発刊された教育専門書であり、売れなかったし常に持ち歩くような種類の本ではないからである。

もし、戸田が愛読書として持っていたならば、初対面の人物にそれを渡す失礼は考えられない。また通常、この本を2冊（第1巻と第2巻）持ち歩くことは仕事上でもあまり考えられない。

だがもし戸田が各地の図書館に贈呈をするためなら、それを複数所持していても不思議ではない。

前述したように1942年（昭和17年）の秋から同18年の年初にかけて、戸田は北海道・札幌の時計台にあった図書館、北海道立図書館に同書を贈呈している。新潟県立図書館[89]ほかの図書館にも同時期に戸田からとは記録されていないが贈呈されている。牧口初代会長の業績を永遠に宣揚するためではなかったかと筆者は想像する。

その贈呈の旅の途中に新潟に宿泊していたことは十分考えられる。

筆者の想定が当たっていれば戸田とその軍人との出会いは1942年（昭和17年）の秋（北海道教育会附属札幌図書館訪問時期、台風シーズンから推定）ということになる。

89　新潟県立図書館に『創価教育学体系』初版本があることは確認できたが、戸田贈呈によるものかどうかは未確認

宗門に国家諫暁への行動を訴える～ 1942年（昭和17年）

　教育学会の第5回総会の直前、11月16日、日蓮正宗の堀米泰栄が学会本部に来訪した。そこで教育学会幹部との間に数回の押し問答の末、こう断言したという。

　「過去10年来の結果において創価教育学会の信仰指導には何等の弊害はなかった。但し、将来は弊害がありそうである」[90]と。

　この押し問答とはどういったものなのかは書かれていない。

　だが当時を描いた戸田の小説、妙悟空著「人間革命」（精文館）に次のように記されていることからある程度想像できる。

　牧口は牧田と、堀米は堀江と書かれている。

　牧田は（堀江に向かって）「この日本の危局（非常事態：筆者注）を救うために、国家諫暁は絶対になすべきだと信じます」「当然、（日蓮正宗の）法主・管長がなさるべきであって、尊師（日蓮正宗の僧侶）方から進言されるべきではないのですか」と迫った[91]。

　堀江は「それはできない。今は時期でない」「宗内が乱れて一致しない。宗内が乱れて一致しない時にどうして国家諫暁ができますか」と反論した。

　だが、牧田はさらに「（日蓮）大聖人の御意思をそのまま実行しようというのに、なんの障りがありましょう！万一、日蓮正宗が潰れたとしても、仏法の力によって国家が立ち上がれば、大聖人はお喜びになりましょう！仏法は観念の遊戯ではない！国を救い、人を救うものです！救うべき時が来ているのに救わぬとすれば仏意に背くものではありませんか」と主張した[92]。そう書かれている。

　さらに聖教新聞連載の妙悟空著『人間革命』には、これに続いて堀江が「む

90　創価教育学会『大善生活実証録～第5回総会報告』1942年12月31日、58頁
91　妙悟空（戸田城聖）『人間革命』精文館、1957年7月、356頁
92　妙悟空『人間革命』第89回、聖教新聞連載、1953年7月20日付1面

しろあんた方の行動が御本山の存立に害にならぬよう様にしてもらう事が勢一杯だ」と切り返し、対して牧田が「当学会は十年以来御本山に害を及ぼした覚えはありません」と反論したと書かれている。

この牧田、すなわち牧口の「学会は十年以来御本山に害を及ぼした覚えはありません」という発言が、「過去10年来の結果において創価教育学会の信仰指導には何等の弊害はなかった。但し、将来は弊害がありそうである」と重なることがわかる。

あくまで小説であり、直接資料ではない。だが、その場にいた矢島周平は、それについてのちに「堀米猊下（堀米泰栄：筆者注）が日本小手（戸田の会社：筆者注）の奥の間（日本小手の建物2階にあった教育学会本部：筆者注）に来て、牧口会長と激しいやりとりがあった。『お山を守るべきだ』（おそらくは堀米の発言：筆者注）、『いや国をどうするかが問題だ』（おそらくは牧口の発言：筆者注）といったやりとりがあったと証言している[93]。

すると、この時に「国家諫暁」をめぐって牧口と堀米の間で激しいやりとりがあったとみてほぼ間違いないだろう。そして堀米が「過去10年来の結果において創価教育学会の信仰指導には何等の弊害はなかった。但し、将来は弊害がありそうである」と結論し、それが記録された[94]のではないだろうか。

教育学会第5回総会——会員が4000人に

堀米の来訪から6日後の1942年（昭和17年）11月22日の午前11時から創価教育学会第5回総会が開かれた。会場は前回同様、東京・神田の帝国教育会館で約600人が参加した。出席者が前回の総会より約200人増加し、講堂の2階席まで使わざるをえなかった[95]。

『価値創造』廃刊などの不利な状況にありながら弘教拡大が大きく進んだことを物語っている。毎回ながら"大善生活の総合展覧会"として創美華道研究部

---

93 矢島秀覚（周平）からの聞き書き（1978年、埼玉・大宮の正因寺で上藤取材）
94 前出『大善生活実証録〜第5回総会報告』の46頁に神尾武雄の「堀米師の場合は言質を取った」の発言がある。当時の教育学会にとっては非常に重い発言だったことがわかる
95 創価教育学会「大善生活実証録−第5回総会報告」1942年12月31日、15頁

の生け花華道展の展示、実業家の営業成績の報告、教育研究部の研究成果展示も別室で大々的に行われ盛況だった。

　総会は前回同様一日がかりで、午前の部は教育学会の綱領が朗読され、「開会の辞」、「会務報告」、"見せる法華経"として「体験発表」、「各部報告」があり、正午から休憩をはさんで午後は役員紹介、そして「体験発表」が続いた。意気軒高な歓喜の信仰体験に会場が沸いたに違いない。

　このうち、「開会の辞」では会員数が4千人に達したとされた[96]。前年の2000人の倍だが、この数字はあくまでも延べ入会者数ではないかと思われる。
　すでに死亡した人や退転した人の数も含まれていたのではないかと考えられる。それにしても会員が急増していることは間違いなかった。

　投獄後、牧口自らが特高警察の取り調べで会員数を1500人くらいと証言している[97]ので、実質では2000人程度ではなかったか。
　次に「会務報告」では支部を統廃合して28支部に、すなわち鶴見支部が神奈川支部に併合され、新たに市川（千葉県）、平塚（神奈川県）、樺太に新支部が誕生。東京が16支部、地方が12支部となり全国に拡大する勢いにあることが報告された[98]。

　午後の部の会員体験発表後、理事長・戸田城外が「大法を観る」と題し講演した。
　ここで戸田は「信仰の目的はお互いが幸福になること」であり、そのために自他ともに幸福になる道〜大善生活をすべきである。
　信仰する−旺盛な生活力が湧き出る−大善生活をする−己を犠牲にするのではなく楽しみつつ快く菩薩行を営まなくては幸福になれない。
　そして会員が日々自他ともに功徳などを実感して『大法を観たり』と喜びあえる心境でありたい」（趣意）と述べる[99]。この時すでにそれまでの罰論から幸

96　前出「大善生活実証録−第5回総会報告」17頁。戦後の『価値創造』の西川喜右衛門の発言でも、会員数は4000人とあるので当時の幹部は4000人と考えていた可能性はある
97　前出　内務省警保局保安課『特高月報』昭和18年8月分、160頁
98　前出「大善生活実証録−第5回総会報告」18頁
99　同前「大善生活実証録−第5回総会報告」10〜14頁

福論に変わりつつあることが注目された。

その後、会長・牧口常三郎が「法華経の信者と行者と学者及び其研究法」と題し講演した。

そこで、牧口は「日蓮正宗信者といっても信者と行者と学者の3つの区別があるとし、自分だけが幸せであればいいという利己主義の信者でなく、理論だけで実践しない学者でもなく、あくまでも人々を幸せにする菩薩行（弘教拡大の実践・折伏）をする実践者"行者"にならなければならない」と強く訴えた。

さらに菩薩行の実践者には「必ず魔が競い起こる」すなわち身命に及ぶような苦難、迫害も含め反対勢力がたちふさがるが、日蓮正宗の僧俗は菩薩行（弘教拡大の実践・折伏：筆者注）をしないゆえに魔（すなわち反対勢力と動き：筆者注）も起こらない。

それどころか、日蓮正宗の僧俗の中には『創価教育学会は罰論などを言ってひどい』と、初信の学会員を退転させたりしていると厳しく諫めている。

そのうえで、「本人たちは良いことをしているようでありながら、実は偽善を行い、独善を自称し、空虚な実体のない空善に甘んじている人々の正体は何か。

その姿は仮に『中善』であっても実際は『大悪の仲間』であると断定した。

この時、牧口は当時の日蓮正宗の僧俗を「大悪の仲間」とその本質を鋭く見抜いていたといえよう。

これらは表向き日蓮正宗の僧俗への批判だが、それに加えて「滅私奉公」という空善、中善を国民に強要する政府・軍部も牧口価値論では当然、「大悪」であると批判したことになる。

だからこそ最後に「我々は敵前上陸をなし敢然と大悪を敵として戦っているようなものであれば、三障四魔が紛然として起るのが当然であり、また起るが故に行者といわれるのである」と主張した。

この予見は間もなく始まる創価教育学会弾圧で実証されることになる。

牧口は教育学会員こそが真の行者、真の日蓮仏法実践者であるとして、国家、社会の敵対者に対し、敢然と一層の折伏をしていこうと訴えたのである（趣

意）[100]。

　この「敵前上陸」の言葉は半年前の第4回総会の会長講演[101]でも発せられた。すなわち、敵前に姿をさらしながら訴える「国家諫暁」を指すのではないかと筆者は想像する。

　総会の最後になって、前回同様、戸田が座長になり、「全員座談会」を開催、「退転防止の現状ならびに対策」「国家観念の問題」などをテーマに質疑応答を行った。

　ここでも日蓮正宗僧侶の創価教育学会に対する誤評が問題になり、「依法不依人（法に依って人によらざれと読む＝経文と僧侶のいうことに違いがあったら経文に従うべきという意味：筆者注）」で法のうえで正しいことについては、僧侶にも堂々と言うべきことは言うべきだという意見が相次いだ[102]。

　総会は全員座談会のあと、「生活革新倶楽部」（実業家グループ）の全員が登壇して倶楽部の歌を斉唱する[103]などして終わった。

　総会から20日後の12月12日、池袋支部と北多摩支部合同の会合が午後6時〜9時にかけて、池袋・常在寺で開催されている。その参加者70人。北多摩にあった軍需工場の中島飛行機（株）とその関連企業の従業員が中心だった[104]。

　実は第5回創価教育学会総会においても北多摩支部の中心者が立ち、過去3年で約70人に入会者が激増したとの体験発表があった。牧口会長が何回も現地に通い、弘教の第一線に立った成果だった。その入会者の8割は28歳以下で青年部の中核になった[105]。

　「中島飛行機」とその子会社（株）朝比奈鉄工所を合わせると最盛期では100人近い会員数になっていたという[106]。

　企業だけでなく地域のつながりからも教線はひろがった。東京・蒲田の矢口

100 同前「大善生活実証録−第5回総会報告」1〜10頁
101 創価教育学会『大善生活実証録〜第4回総会報告』、19頁
102 前出「大善生活実証録−第5回総会報告」44〜48頁
103 前出「大善生活実証録−第5回総会報告」48頁
104 矢島秀覚（周平）から聞き書き（埼玉・大宮の正因寺で1978年ごろ、上藤取材）
105 前出「大善生活実証録−第5回総会報告」38頁
106 片山尊から聞き書き（1977年、聖教新聞社で上藤取材）

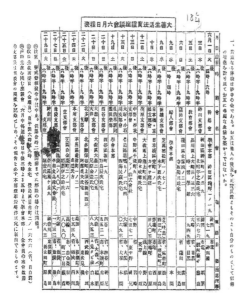

弾圧直前の昭和18年6月の座談会日程表。
担当理事が複数となっている

周辺は白木勲次の一家、中垣豊四郎、細山一家、折原一家、井上シマ一家、三宅久良子一家、原島一家など多数の学会員がいて、一帯は"妙法村"と呼ばれた。牧口の命名ともいわれる[107]。

一方で1942年（昭和17年）の暮れあたりから各地の座談会場に特高警察が監視に現れ始めた。

総会は当然、大集会でもあり特高刑事が監視していたがついに座談会にも現れるようになった[108]。

座談会が届け出制になったので3日前までに届け出をするとその予定に従って初めは巡査が、ついで刑事が来るようになったという。会員は当然、動揺し退転者が続出するようになる[109]。

それに怖気（おじけ）ることなく、牧口、戸田の第一線に立っての弘教の実践、激励に前進、また前進の毎日だったと考えられる。

運命の1943年（昭和18年）、広布の息吹ますます高く

牧口、戸田師弟と教育学会にとって運命の1943年（昭和18年）が明けた。その元朝、午前1時前、牧口とその家族や会員は元朝勤行（元旦午前1時からの勤行：筆者注）のため池袋の日蓮正宗寺院・常在寺に赴いた。

だが、その門は固く閉ざされたままだった。灯火管制下、市電（都電）も全く動いてなかったため、寺は参詣者なしと決めて、門を閉じたのだった。

107 小泉隆からの聞き書き（1978年ごろ聖教新聞社で上藤取材）
108 小泉隆の証言『大百蓮華』聖教新聞社、第73号、33頁。益子克子から聞き書き（1978年ごろ聖教新聞社で、上藤取材）
109 白木勲次「身辺雑記」「聖教新聞」1959年8月14日付、8面。「座談会をめぐって～戦争当時の座談会」「聖教新聞」1956年8月26日付、3面

　だが牧口一行は、寒風のなか、寺の門前で全員が元朝勤行と唱題をした。

　記録にはないがおそらく全員、門前に正座して勤行・唱題をした可能性がある。

　さらに驚くことに、元旦の朝8時にあらためて再度、同寺の新年勤行会に参加した。

　当時、常在寺の住職だった細井精道（のちの第66代日蓮正宗管長）はその後、元朝勤行の度ごとにその光景を思い出してひたすら恐縮するしかなかったと述べている[110]。

　牧口はじめ当時の会員が日蓮正宗僧俗に比べていかに真剣だったかが伝わるエピソードである。

　続いて正月2日、牧口会長以下の教育学会会員は団体で大石寺に登山した。いわゆる正月初登山である。

　この時、初めて正月初登山に参加した牛田澄子（旧姓・益子）によれば「東京を朝早く出発、列車で東海道線の富士駅に向かい、そこで身延線に乗り換え、富士宮駅で下車。そこから徒歩で富士大石寺に向かった。

　約2里（8キロ：筆者注）のみちのり。行きも帰りも歩いたが、遠足のようで楽しかった。昼過ぎ、（大石寺に）到着後ただちに大御本尊が安置された御宝蔵に赴き御開扉を受け、牧口会長を中心に勤行・唱題。その後、本山周辺を見学した。人数は20人くらいだった」[111]と振り返っている。

　この正月、ついに召集令状が和泉覚に届いた。彼は、妻・美代とともに牧口宅を訪問しそれを報告した。1月5日だった。この時、和泉美代の実姉・岸浅子も同行してきたので、牧口は喜んで歓迎し3人を激励する。翌日から和泉夫妻は必死の決意で弘教活動を続けた。

　11日には和泉夫妻は知人を招いて自宅で大善生活法実証座談会を開催し、それに出席した牧口はその知人を入信・入会に導き、座談会参加者と懇談し激励している[112]。

110「聖教新聞」1952年（昭和27年）12月1日付2面
111　牛田澄子から聞き書き（1977年3月、上藤の同僚記者による）
112「和泉美代日記」をもとに和泉美代から聞き書き（1977年、和泉宅で上藤取材）

　こうした出征前の真剣な弘教拡大活動を経て、1月29日に和泉は入営、その2日後の31日には早くも東京を発ち、南方に送られるため大本営があった広島県の宇品港へ向かった[113]。

　彼が送られたのは南方のアンボイナ島。それからニューギニア、ソロン島、セラム島と点々とした。しかし不思議に乗った船が潜水艦、飛行機に襲われることなく、大空襲の時は事前に必ず別の任地に赴任し襲撃を免れたという。

　最後の任地では次の日まで赴任していれば敵兵処刑の責任者としてA級戦犯になるはずが不思議にも任地から離れたため危機一髪それを免れ、出征全期間一発の銃弾も受けず、敵兵と交戦することもなく復員した[114]。

　1月下旬から牧口夫妻は神奈川県湯河原温泉で静養していた[115]。「おかげにてゆっくり静養元気になり申し候　1月24日朝」[116]と自宅宛ての手紙に書いているので疲れがでて静養していた様子がうかがえる。

　この前後、日時は定かではないが、牧口が前年の秋に長野県に赴いて折伏した三男・洋三の直属上官の早藤中尉が遭難する。日本国内から再び、任地の中国へ帰途の途上、乗船した船が爆撃されたのだった。

　その一報が牧口貞子から湯河原温泉の相模館で静養中の牧口に速達便で入った。

　それにすぐに対応して「早藤中尉よりの第一信拝見遭難の様子案じ候」と書き、翌日、湯河原を発って帰京している。

　その早藤中尉からの手紙によれば、（爆撃は受けたが）幸い命に別状はなかったものの、牧口貞子がこの中尉に託した夫・洋三への品は失われた。

　そして（爆撃により）帰隊予定は遅れたものの無事、任地に帰り、従前の任務に就いていること。上京して牧口家を訪ねた時に出会った洋三の子・洋子の噂話を洋三にしていること、洋三も元気に任務に就いているなどと書かれてあ

---

113 同上「和泉美代日記」をもとに和泉美代から聞き書き（1977年、和泉宅で上藤取材）
114 和泉覚「手記　戦時の思い出」『聖教新聞』1959年8月14日付け8面
115 1月24日付け牧口貞子宛の牧口の手紙の内容から
116 牧口貞子あて牧口の手紙『牧口常三郎全集　第10巻』第三文明社、1987年4月、272頁

った[117]。

　一方、ソ連のスターリングラードを攻撃包囲していたドイツ軍は逆に追い込まれていた。ソ連軍は女性も兵士となって戦い、逃亡兵は射殺するという非情極まりない戦術のもと、飢餓に苦しみながらナチスドイツと戦い続けた。
　スターリングラード市民のその英雄的な反撃によりドイツ包囲軍を逆にソ連軍が包囲して2月2日、ついにドイツ軍は降伏する。

　すでに1月14日にモロッコのカサブランカで英米首脳が会談し、講和や休戦はせず、無条件降伏しか決着はありえないことを宣言する[118]。日本軍部が夢想した「戦況が有利なうちに講和する」という目論見など夢のまた夢になった。

　このころから牧口は大学生を中心とする青年部員を集めて、学会本部で、日蓮の有名な国家諫暁の書「立正安国論」の講義を始めた。国難を救うために立ち上がるのは今をおいてないと、激烈な口調で説いたという。
　そして、創価教育学会は「発迹顕本」しなければならないとも主張した[119]。
　「発迹顕本」とは迹、すなわち仮の姿を打ち破って、本来の姿を顕すという意味で、創価教育学会がそれまでの仮の姿を打ち破り、本来の、真実の姿を顕そうということだったと考えられる。

　日蓮は鎌倉時代に国家権力によって弾圧され続けたが、竜の口の法難（死罪）と佐渡流罪（遠島）を奇跡的に生き延び、その事実、現証をもってそれまでの末法の法華経の行者（法華経に説かれた民衆救済のリーダーとしての上行菩薩の再誕）という仮の姿を破って、世界全民衆を救う末法の本仏の姿を現じた、と言われる。
　発迹顕本の発とは「開く」義がある。（章安大師の釈にいわく「秘密の奥蔵を開くこれを称して妙となす」妙楽大師この文をうけていわく「発とは開なり」等云々）御書全集「法華経題目抄」298頁）

117　牧口貞子あて早藤の手紙『牧口常三郎全集　第10巻』第三文明社、1987年4月、401頁
118　半藤一利『昭和史1926〜1945』平凡社、2004年2月、412〜413頁
119　小平芳平から聞き書き（1978年、聖教新聞社で上藤取材）

194

いったい、それまでの創価教育学会を迹の姿として、それを開いていかなる本当の姿を表そうとしたのか。牧口はなにも語らず、書いてもいない。

当時、青年部だった柏原ヤスは「（牧口会長が）発迹顕本しなくちゃいけないということを、口癖のように、耳にこびりつくほどおっしゃっていましたね」[120]と述べ、同じく青年部だった辻武寿も「国家諫暁しなくちゃいけない、とおっしゃっていた」[121]と述べている。

この真意については理事長の戸田も当時はよくわからなかったようである。戸田はその論文「創価学会の歴史と確信」のなかで「顧みれば昭和18年（1943年）春ごろから、故会長（牧口のこと：筆者注）が、学会は『発迹顕本しなくてはならぬ』と口グセにおおせになっておられた。
われわれは、学会が『発迹顕本』するということは、どんなことかと迷ったのであった」[122]と。

そして、その答えが出されたのがまさに戸田が創価学会第2代会長に就任した1951年（昭和26年）だったという。
池田大作（のち第3代会長）など青年部代表による会長推戴の運動によって1951年（昭和26年）5月3日に会長に就任し「私は学会の総意を大聖人のご命令と確信し、矢島理事長の辞任とともに、会の組織をあらため、折伏の大行進の命を発したのである。
ここにおいて学会は発迹顕本したのである」[123]と述べている。
そしてさらに「教相面、すなわち外用のすがたにおいては、我々は地涌の菩薩であるが、その信心においては、日蓮大聖人の眷属であり、末弟子である。三世十方の仏菩薩の前であろうと、地獄の底に暮らそうと、声高らかに大御本尊に七文字の法華経を読誦し奉り、胸にかけたる大御本尊を唯一の誇りとする。

120 柏原ヤス「牧口先生の思い出②」『牧口常三郎全集』第6巻、第三文明社、『月報』6、1983年3月、7頁
121 辻武寿「牧口先生の思い出②」『牧口常三郎全集』第6巻、第三文明社、『月報』6、1983年3月、8頁
122 戸田城聖「創価学会の歴史と確信」『戸田城聖全集　第3巻』聖教新聞社、1983年2月、119頁
123 同前　戸田城聖「創価学会の歴史と確信」『戸田城聖全集　第3巻』、119頁

しこうして（中略）かならずや東洋への広宣流布の使徒として、私どもは故会
長（牧口のこと：筆者注）の意志をついで、大御本尊の御前において死なんの
みであります」

「この確信が学会の中心思想で、いまや学会に瀰漫（びまん）しつつある。
これこそ発迹顕本であるまいか」[124]と。

　この日本はおろか、全世界にまで地涌の菩薩、日蓮大聖人の末弟として日蓮
仏法を広宣流布すること、それが発迹顕本の姿だと述べている。牧口は、まさ
しく世界広布をめざしていたことがわかる。

忍び寄る弾圧の影にも意気軒高で

　牧口の覚悟と決意のもと、弘教拡大へ座談会はさらに活発に開かれていた。
矢島周平が記憶するだけでも戦前の最盛期には東京とその周辺だけでも100か
所近くで行われていたという。

　小泉隆の記憶によるとこの2月頃から「創価教育学会がいよいよ検挙される
かもしれない」との噂がどこからともなく伝わってきたという。

　おそらくそれは神札を断固として拒絶する創価教育学会、なかんずく牧口の
言動に対する無言の警告や圧力ではなかったか。

　それを聞いた牧口はこう言ったと伝えられる。「羊が1000匹でも一頭の獅子
にはかなわない。獅子が来れば羊はすぐに逃げてしまう。臆病な小善人が1000
人いるよりも、勇気のある大善人が一人いれば、大事を成就することができる。
人材は数ではない」と[125]。

　2月16日、教育学会の幹部会が学会本部で開かれ、渡辺力の証言によると牧
口や戸田は弁護士とも協議し、治安当局の不穏な動きに対する対応策を練るこ
とになったという[126]。それが具体的に何を意味するものかは伝わってない。

124　同前　戸田城聖「創価学会の歴史と確信」『戸田城聖全集　第3巻』、120頁
125　小泉隆からの聞き書き（1977年、聖教新聞社で上藤取材）。『聖教新聞』1978年6月9日付け、4面
126　渡辺力からの聞き書き（1977年、聖教新聞社で上藤取材）

　3月1日の午後、教育学会の幹部会（学会本部）が開催され、牧口を中心に5月に開催予定の創価教育学会の第6回総会について打ち合わせをしている[127]。2か月も前から準備に入るほど牧口は力を入れ、この総会に勝負をかけようとしていたことがわかる。

　3月25日、牧口は妻・クマと婦人部の和泉美代、岸浅子、増田松江とともに、東海汽船の連絡船で東京港から伊豆・下田に向った[128]。
　夜の午後7時に東京港を発ち、伊豆大島に早朝5時着、それから2時間半かけて太平洋の黒潮の荒波を横切り、午前7時半に下田港に入港した[129]はずである。
　和泉、岸の郷里、伊豆の人々への弘教旅だった。

　12時間もの夜行の船旅は、70歳をすぎた牧口夫妻には相当厳しかったかと思われる。
　だが、26日午前、一行は蓮台寺（静岡県賀茂郡稲生沢村蓮台寺、現・下田市蓮台寺）の温泉旅館に到着。午後からその蓮台寺の旅館で開かれた大善生活法実証座談会に出席、実に夜の10時過ぎまで弘教の対話や会員との懇談を続けた。
　次の日、牧口夫妻は和泉美代の案内で石廊崎や大浦海岸、下田公園を訪れた[130]。この時の伊豆行きも一面、妻・クマへの慰労の旅だったのではないかと思われる。

　次の日28日午前から、牧口夫妻は和泉美代、岸浅子とともに下田にある和泉覚の実家を訪ね、そこで和泉覚の兄を折伏、兄は牧口の話に共鳴し入会したという[131]。義兄の入会は、和泉美代には相当うれしかったに違いない。

　明けて29日、そして30日と岸浅子の父親・田中福蔵（元・村長）を折伏するため、賀茂郡浜崎村須崎（現・下田市須崎）の田中宅での大善生活法実証座談

127「和泉美代日記」をもとに和泉美代から聞き書き（1977年、和泉宅で上藤取材）
128 同上「和泉美代日記」をもとに和泉美代から聞き書き
129 鉄道省編纂『時刻表』第19巻第3号、1943年3月、244頁
130「和泉美代日記」をもとに和泉美代から聞き書き（1977年、和泉宅で上藤取材）
131 同上「和泉美代日記」をもとに和泉美代から聞き書き

会に牧口夫妻と和泉美代、岸浅子などが参加し、弘教の対話をくりひろげた。
だが、和泉の義兄と違い田中福蔵はなかなか納得しなかった[132]。

　3月31日、帰京するにあたり、牧口夫妻、増田夫妻、和泉美代は下田から天
城越えのルートで修善寺（現・静岡県伊豆市修善寺町）温泉に向かった[133]。バ
スで約3時間の行程[134]だった。
　だが、天城山を越える途中で雪が降り始めたという。あまりの寒さに牧口は
「お酒を一杯のもう。体が暖まるから」といって珍しく酒を飲んだと伝わる[135]。

　4月1日、牧口一行は修善寺をたち、帰京。
　その日、午後4時から学会本部で開かれた教育学会幹部会に牧口は出席して
いる。おそらく東京駅から直行したと思われる。
　そこで5月の総会の打ち合わせが行われた[136]。強行軍だった。

第5回総会へ〜弘教の上げ潮は最高潮に

　戦争の激化に合わせるように教育学会の座談会参加者は増え、入会者も激増
した。座談会に50人以上が参集することも珍しくなくなり「この勢いなら広宣
流布は近い」とさえ幹部が小平芳平に言うほどだったという[137]。
　また、牧口はこの小平芳平など大学生の会員を学会本部に集めて「立正安国
論」を講義していた。そのなかで絶えず「創価大学、総合大学を将来、建設す
る」と力説していたという[138]。
　牧口にとっては順調な弘教拡大がやがては大学建設にまでつながると大きな
希望を抱いていたことを想像させる。

　4月18日、日本連合艦隊の山本五十六司令長官がラバウル方面で前線を激励

132　同上「和泉美代日記」をもとに和泉美代から聞き書き
133　同上「和泉美代日記」をもとに和泉美代から聞き書き
134　前出　鉄道省編纂『時刻表』第19巻第3号、40頁
135　「和泉美代日記」をもとに和泉美代から聞き書き（1977年、和泉宅で上藤取材）
136　同上「和泉美代日記」をもとに和泉美代から聞き書き
137　小平芳平からの聞き書き（1978年、聖教新聞社で上藤取材）
138　同上　小平芳平から聞き書き

中、その飛行機がアメリカ軍機によって撃墜され死去する。

前述した通り日本軍の最高機密暗号電報もアメリカ軍に全て解読され、山本長官の行動予定まで分秒単位で解析されていた。ピンポイントの待ち伏せ攻撃による遭難だった[139]。

だが、見たくないものをみようとはしない官僚特有の傾向を持つ日本軍首脳は、暗号が解読されているなどとはまったく気づくどころか考えてもいなかった。

この悲報は1か月の間、日本国民には一切極秘にされた。

牧口は３月末の静岡県・伊豆に続いて4月末にも、和泉美代など５人とともに静岡、沼津、富士宮に弘教と会員激励に赴いた[140]。

24日、静岡の磯貝宅で行われた座談会で牧口が強調したのは滅私奉公への批判であり、御本尊を信ずることの力であった。

軍部・政府の強制する「滅私奉公」の"滅私"とは小乗教の修行に過ぎない。自らを犠牲にし、滅し去って奉公などできるものではない。法華経は私を立て、自己を確立して社会に奉仕するのだ、と力強く指導した[141]。

教育学会弾圧の気配と対応策の協議

4月29日の昼間、本所支部の座談会（当初は27日の予定だったが、何かの理由で29日に変更。会場は３月と５月の本所支部座談会が本所の高橋宅で開催されているので、おそらくは高橋宅か）が開催されたが、そのあと、牧口は戸田はじめ教育学会の全理事を招集して、緊急の婦人部会（東京・大森の尾原宅）を開きそこに出席した。

その主な目的は、学会の活動に批判的な小原金造（牧口の娘婿）を指導するための婦人部会と和泉美代は聞いたという[142]。

だが、それなら牧口と戸田で十分であって、このために全理事が緊急に会合するのは不自然極まりない。何かが起きたと想像できる。

139 半藤一利『昭和史1926〜1945』平凡社、2004年２月、414頁
140 「和泉美代日記」をもとに和泉美代から聞き書き（1977年、和泉宅で上藤取材）
141 聖教新聞社静岡支局編『静岡広布史』より
142 「和泉美代日記」より和泉美代から聞き書き（1977年、和泉宅で上藤取材）

　可能性があるのは、この4月中、日時は特定できないものの、戸田の経営する平和食品株式会社の本間直四郎専務（創価教育学会理事）、北村宇之松常務が統制経済違反容疑（砂糖の闇取引容疑）で逮捕されている。正確な日時の記録がないので推定になるが、当初の27日の座談会が29日に変更されているので、おそらく27日前後に逮捕されたと想定もできる。

　この一報を受けての善後策を協議する緊急理事会を開くにあたり、先ず日程を29日に変更した本所支部の座談会に牧口、戸田が出席し、そこから全理事が集合した小原宅の婦人部会に移動したのではなかったかと想像する。特高警察の尾行や捜査に対応するためではなかったかと思われる。

　この2人の逮捕は、ちょうど2か月後の6月29日から始まる創価教育学会幹部21人の大量逮捕に向けての別件逮捕と考えられる。それを裏付けるように、容疑は単純な経済事犯にもかかわらず、取り調べは長期化した。
　その別件逮捕で、当局は彼らから教育学会の幹部名簿や活動の内情を詳しく聞き出し、捜査の網の広げ方や方向性を探ろうとしたとも考えられる。

　5月ごろ、理事の神尾は教学確立委員に任命された。そして柏原ヤス、原島宏治、辻、小泉隆の4人とともに教学の勉強会を始めていた[143]。
　また前述したように春から牧口は神田の教育学会本部で、大学生の会員たちに「立正安国論」の講義を始めていた[144]。
　彼らの記憶では大本営発表の連戦連勝の報道が続く中にもかかわらず、牧口は「このままでは日本は負ける」とよく言ったという。
　「神風が吹いて日本は必ず勝つ」と政府は神社参拝を国民に強制していた時代であり、当然ながらみんな驚いていたという。
　それに対して牧口は「神社や神宮に善神はなく悪鬼の住み家になっているのだ」と平気で言った[145]。

143　神尾武雄からの聞き書き（1977年、聖教新聞社で上藤取材）
144　小平芳平「牧口常三郎先生と私」『牧口常三郎全集』月報2，1981年12月、4頁
145　和泉覚「牧口先生の思い出」『牧口常三郎全集』月報3，1982年1月、1〜2頁

　5月1日に総会準備のため教育学会幹部会が学会本部で開かれ[146]続いて同2
日には創価教育学会の第6回総会が東京・神田の教育会館で午前9時半から700
人が出席し、開催された。一時、400人まで総会の参加者は減ったが、再び700
人が参集[147]、会場が超満員になった。

　当時の創価教育学会の実質会員は約1500人程度と考えられるので約半数が集
ったことになる。

　詳しい総会の内容は記録がないため不明だが、式次第が残っている。

　それによれば、流れはほぼ第5回総会と同様で、午前の第1部は体験発表が6
人で戸田理事長が「創価教育学説」のタイトルで講演、午後の第2部は体験発
表が8人、牧口会長は「宗教の研究法」と題し講演した[148]。

　この講演をしているさなかに3歳くらいの幼女が「おじいちゃん」と牧口に
駆け寄った。牧口は笑いながら抱き上げてその頭をなでて、抱いたまま講演を
続けた。牧口の孫・洋子だった。

　その家族愛に満ちた光景に会場からは割れんばかりの、万雷の拍手が牧口と
孫・洋子に寄せられた[149]。

　ほぼ一日がかりの総会だった。

　特筆すべきは、この総会の会場、壇上向って右に垂れ幕が下げられ、そこに「学
会の10年間の指導に間違いはなかった──堀米泰栄」と大書されていたことだ
った[150]。

　「創価教育学会の連中は罰を言ったりしてひどい」と非難して信仰の弱い婦
人などを退転させるものがあるという牧口の第5回の総会講演に関連して、学
会の姿勢に間違いないことを、宗門として認めた証拠を「堀米泰栄」の名前で
総会の壇上に掲げ、参加者を勇気づけたのではなかろうか。

146 「和泉美代日記」をもとに和泉美代から聞き書き（1977年、和泉宅で上藤取材）
147 「創価教育学会々長牧口常三郎に対する尋問調書抜粋」補注『牧口常三郎全集　第10巻』第三文明
　　社、1987年4月、227頁
148 同前「創価教育学会々長牧口常三郎に対する尋問調書抜粋」補注『牧口常三郎全集　第10巻』第
　　三文明社、227頁
149 亀田進六の証言「聖教新聞」1983年6月5日付け7面。金子貞子「義父・牧口常三郎の思い出」『創価教育』
　　第3号、創価教育研究所、2010年3月、141頁
150 小泉隆からの聞き書き（1977年、聖教新聞社で上藤取材）

　この垂れ幕の内容は前年11月16日に学会本部を訪ねたときの堀米泰栄の発言
だった[151]。

　しかし、金子貞子の証言によればこの総会から間もない5月中に、突如、牧
口は逮捕され東京・中野警察署に約一週間留置され、神札問題で取り調べを受
けたという[152]。貞子は食事の差し入れをしている。
　しかし、ここは急を聞いた牧口の長女・ユリの夫で元渋谷区議会副議長の小
栗誉次のとりなしで、1週間の留置で釈放になる。
　釈放に苦労した小栗は「今後は気を付けるように」と牧口の行動に注意を促
し、2度とこうしたことのないよう念を押したという。
　だが、逮捕は覚悟の上だったであろう牧口はにっこり笑って挨拶すると、ま
たいつもと同じように活動を再開したという[153]。

　この逮捕と釈放はいつのことだったか。日時を特定できる資料はない。しか
し、牧口の行動記録を注意深くみると、牧口が公式、非公式の会合・行事に姿
を見せなくなるのは、総会後の5月6日から20日までの2週間。したがってこの
間の1週間、中野警察署に留置されたと考えられる。

庶民の幸せ求める弘教拡大と玉砕報道

　5月29日、東太平洋からも反攻を始めたアメリカ軍の猛攻撃を受け、アリュ
ーシャン列島のアッツ島守備隊が"玉砕"。将兵は猛烈な銃弾の嵐の中、銃剣を
かざして突撃し全滅した[154]。傷病者など戦えないものは事前に自決させられた。
　究極の悲劇を"玉砕"という美辞麗句でごまかした大本営発表であり、日本軍
が初めて公式に敗北を認めた瞬間だった。

　中央紙も地方紙も、そしてラジオも大々的にこの悲壮な守備隊の最期を喧伝

151 前出『大善生活実証録〜第5回総会報告』46頁で「堀米師の場合は言質を取った」とある
152 金子貞子「牧口先生の思い出②」『月報6』『牧口常三郎全集』第6巻、第三文明社、1983年3月、8頁
153 「創価教育の源流」編纂委員会編『評伝　牧口常三郎』第三文明社、2017年6月、414頁
154 橋川文三他『日本の百年8〜果てしなき戦線』筑摩書房、2008年5月、375頁

した。この悲劇を報道した朝日新聞は「一兵も増援を求めず　烈々　戦陣訓を実践」「銘せよ、この気迫　銃後一丸、英霊に応えよ」[155]との見出しで讃えたうえで銃後の市民を督励した。

　以後、日本軍の全滅のたびにこの"玉砕"という表現が用いられ大規模なキャンペーンが張られてゆく。

　それはまた、「戦陣訓」のイデオロギー「生きて虜囚の辱めを受けず」の具体化ととらえられ、全将兵のみならず国民全ての生き方の模範とされ宣揚された。

　「アッツ島玉砕」報道直前の5月21日には連合艦隊の山本五十六長官の戦死が初めて国民に知らされた。その直後のアッツ島玉砕の報に、全国民が二重のショックを受けた。

　南方ではソロモン諸島、ニューギニアから、また東方からアリューシャン列島から物量と高度な科学技術力に支えられた米軍による総反攻、猛攻撃が日本に迫っていた。

　6月6日、蒲田支部の座談会が寺坂陽三宅で開催された。灯火管制下でもあり、遠くへ行くのも危なくなってきたと感じた白木静子は蒲田支部の座談会に限って出席することにしたという。

　その蒲田支部の座談会に牧口は必ずといっていいほど出席していたが、同時にまた、必ず特高警察の刑事が来たという。

　牧口が「天照大神の神札は魔物のすみか。神札なんか祀ってはいけない」「神札など拝ませるから日本の国は戦争に負ける」と言うと特高警察からすかさず「弁士中止」の声がかかった。

　そうすると牧口はすぐに顔を反対の方向に向けて、別の話を始めた。「教育勅語は最低限の道徳に過ぎない」などとも話した。特高警察がいるその目の前で言い切った[156]。

155「朝日新聞」1943年5月31日付け、朝刊1面
156　白木静子からの聞き書き（上藤）、原島精子「死身弘法の尊いお姿」『大白蓮華』第302号、1976年
　　6月、26頁

　まさに牧口のいう「捨て身の敵前上陸」だった。再び逮捕されることは覚悟
の上での烈迫の気合だった。

総本山大石寺からの呼び出しと神札問題

　6月27日、日蓮正宗宗務院から緊急の呼び出しを受け、牧口は戸田ら6人の
幹部とともに大石寺に登山した。

　大石寺客殿の対面所で、管長・鈴木日恭、元管長の堀日亨ら立ち会いの下、
当時の内事部長・渡辺慈海から「神札を配って来たならば受け取って置くよう
に。すでに神札をかざっているのは無理に取らせぬ事、日蓮正宗各寺院でも一
応受けとっているから学会でもそのように指導するようにせよ」と指示があっ
た。

　これに対して牧口は渡辺に向って姿勢を正し、毅然とした態度で神札問題に
ついて滔々と所信をのべた後、「未だかつて学会はご本山に御迷惑を及ぼして
おらぬではありませんか」と言い切った。

　それに対して内事部長・渡辺は「小笠原慈聞師一派が不敬罪で大石寺を警視
庁に訴えている。これは学会の活動が根本の原因をなしている」と主張し現実
に学会が総本山へ迷惑を及ぼしていると非難した[157]。

　しかし牧口は「時の貫首為りと雖も仏法に相違して己義を構えば之を用う可
からざる事」（「日興遺誡置文」）の精神に照らし、"承服いたしかねます。神札
は絶対に受けません"と断固として拒否し、退席した[158]。

　その後、牧口が帰京するため境内を歩いている時に、転んで怪我をした。傷
口はザクロのようになり、血がしたたり落ちるほどだった。偶然、この時に登
山していて、それを目撃した和泉美代に向かって牧口会長は「言うべきことを
言わなかった罰だ」と言って手を押さえながら近くの水が出るところまで歩い
て、そこで手を洗った[159]。

157　戸田先生談話「聖教新聞」1952年6月10日付け1面
158　戸田城聖「創価学会の歴史と確信」『戸田城聖全集第3巻』聖教新聞社、1983年2月、106～107頁、
159　「和泉美代日記」をもとに和泉美代から聞き書き（1977年、和泉宅で上藤取材）

そして、下山する戸田に向って「一宗が滅びることではない、一国が滅びることを、嘆くのである。宗祖聖人のお悲しみを、恐れるのである。いまこそ、国家諫暁の時ではないか。なにを恐れているのか知らん」[160]と述べたという。

「言うべきこと」とは、「国家諫暁」のことだったと筆者は考える。日本の全国民の命を守るため、一国が滅びることを憂え、今こそ、宗門があげて日蓮の「立正安国論」のごとく、国家を諫め正すことを敢行しようとしたのだと思われる。それは、ここまで牧口が人生を賭け、命を賭けて訴え続けてきたことだった。

再度、大石寺管長に面会、国家諫暁を訴える

事実、牧口はこの日、突如下山の予定を変更し、一人大石寺に残り再度管長の鈴木日恭に面会を求め、大石寺内（おそらくは理境坊）に泊ることを求めた。

このため戸田以下６人の理事は下山しようとしたが、この緊迫した事態の下で、師の牧口を一人のままで残すことはできないという戸田の判断からか、理事の神尾一人が残り、牧口に付き添った[161]。

そして翌日、つきそった神尾の話によれば牧口は大石寺管長の面会室「謁見の間」で、その簾（すだれ）越しに、管長・鈴木日恭に、価値論に基づいて「国家諫暁をすべし」と迫ったという。

だが、管長の日恭は日蓮正宗が弾圧されるのを避けるためであろうか、その理由を明らかにせず牧口の訴えを退けた[162]。

牧口はその宗教者の信念にかけても国と国民を救えと叫んだ。
しかしここで牧口が言う"国家"とは決して当時の軍国主義者や国粋主義者たちの信奉する偏狭な天皇制国家とは全く異なるものであった。
牧口の国家観は彼の青春をかけた『人生地理学』の第3篇「地球を舞台とし

---

160 前出　戸田城聖「創価学会の歴史と確信」『戸田城聖全集第3巻』106〜107頁、
161 神尾武雄から聞き書き（1977年、聖教新聞社で上藤取材）
162 同上　神尾武雄から聞き書き

ての人類生活現象」第25章「国家地論」においてその原形を述べている。

　特に国家と国民の関係について「一（ひとつ）は国民相互の間に生ずる妨害に対して、個人の権利を認め、その自由を保護するものにして、他は国家それ自身の発動機関たる政府の侵害に対して、個人の権利を認め、その自由をして神聖侵すべからざるものたらしむるのみならず、個人に対して、政治的権利（参政権）を保証し、かつ両者ともにその権利を行用し、まだ強行するの方法を与えることこれなり」。

　また、「良心の自由、思想の自由、言論の自由、宗教の自由、及び政治、宗教、教育等の目的のためにする個人結社の認許等は、その主なるものなり」[163]と述べている。

　つまり個人の権利と尊厳をあくまで徹底して守ることが国家の存在理由でありその目的であるとしてさらに「国家の終局の目的が人生最終の目的と一致する人道にあるべき」[164]ともとらえていた。

　その国家観の故に、戦争に反対し、軍国主義との対決に生命を賭さざるを得なかったともいえる。

　大石寺管長との面会を終え、東京までの帰りの列車の車中、牧口は窓ガラスに顔を寄せながら、ずっと小さな声で題目を唱えていたという[165]。この時の牧口の胸中をだれも知らない。

163 牧口常三郎「人生地理学　下」『牧口常三郎全集　第2巻』第三文明社、1996年、339頁
164 前出　牧口常三郎「人生地理学　下」『牧口常三郎全集　第2巻』342～343頁
165 神尾武雄から聞き書き（1977年、聖教新聞社で上藤取材）

第5章

不服従を貫く獄中の日々と壮烈な殉教

教育学会弾圧が始まる

　牧口が帰京した翌日の6月29日、早くも次の弾圧の波が襲う。創価教育学会理事の有村勝次と、中野支部長・陣野忠夫が不敬罪と治安維持法違反の容疑で東京・淀橋署に連行され逮捕された[1]。

　すぐに陣野の妻・久代はその様子を学会本部に電話で報告した。

　電話を受けた戸田は「すぐに学会本部に来て詳しく説明をお願いします」と言った。久代は小さな次男坊を背負って神田の学会本部を訪ね、牧口と戸田にその事情を報告した。

　戸田は「ともかく詳しい事情を調べてきてください。なんとか手を打つことを考えようではありませんか。

　毎日状況を知らせるのだよ」と親身になって心配し、彼女を励ました[2]。

　それを聞いていた牧口は労わるような顔つきではあったが一瞬厳しい表情になって一言つぶやいた。「ついに来るべき事態が来た」と。

　それ以上は口を固く結んで何も言わなかったという[3]。

　牧口にとってはもう、この日がくるのは覚悟の上であり次は自分だと直感したのかもしれない。

　逮捕されたふたりは折伏・弘教のさなかに語った「法罰論」の内容について、相手から警察に訴えられ、それは言論による脅迫ととられて逮捕されたものだった。

　牧口は急を聞いて本部に集まった幹部10数人に対して、「言葉遣いに気をつ

1　堀日亨『富士宗学要集』第9巻「法難編」、富士宗学要集刊行会、1957年10月、431頁
2　陣野久代「私と牧口先生」『牧口常三郎全集第7巻』第三文明社、『月報』4、1982年7月、7〜8頁
3　美坂房洋編『牧口常三郎』聖教新聞社、1972年11月、150頁

けよう。つまらないことで逮捕されては仕方がない。それは利口なやりかたではない」と指導した[4]。

　この緊迫した空気のなか7月1日、会員の友人に連れられ牧口宅を来訪した東京商科大学（現・一橋大学）の学生を牧口は折伏し、入信入会させている[5]。この学生は牧口の話に心から納得し、当日、池袋の日蓮正宗常在寺で入会した。
　いつ逮捕・投獄されるかもしれないという状況下でも相手の幸せを心から願い日蓮仏法を広めようとする牧口の姿をそこに見る。
　その夜は学会本部で開催された幹部会に出席し指導した。何を語ったかの記録はない[6]。

　何があっても先駆を切るのは常に会長・牧口だった。明くる7月2日に伊豆・下田へ弘教に赴いた。前回と同じく和泉美代、岸浅子姉妹が一緒だった。
　早朝に自宅を出発し、おそらくは東京発6時40分の列車で熱海へ[7]、そこで伊東線の列車に乗り換えて伊豆伊東まで行き、そこからバスで下田の蓮台寺に向った[8]。バスだけでも約4時間、列車を含めて6時間半の旅程だった[9]。当時のバスは未舗装道路を走るため振動が激しく、高齢の牧口には相当こたえたかもしれない。
　しかし蓮台寺・中田旅館に落ち着くとさっそく座談会に出席し、懇談・指導した[10]。

　そして、7月5日、牧口は同行した岸浅子の父親・田中福蔵（元・村長）を再度折伏するため、静岡県賀茂郡浜崎村須崎（現・下田市須崎）へ赴く。
　田中は、この年3月の牧口の訪問、対話でもなかなか信仰に入ることに同意しなかった。

4　小泉隆から聞き書き（1977年、聖教新聞社で上藤取材）
5　学生の名前は山崎覚。山崎覚著、山崎クニ子編『亡き山崎覚の形見の日記〜戦後の銃後を峻烈な輝きを放って駆け抜けた一青年の記録』文芸社、2013年3月、68頁
6　「和泉美代日記」をもとに和泉美代から聞き書き（1977年、和泉宅で上藤取材）
7　美坂房洋編『牧口常三郎』聖教新聞社、1972年11月、151頁
8　「和泉美代日記」をもとに和泉美代から聞き書き（1977年、和泉宅で上藤取材）
9　鉄道省編纂『時刻表』第19巻第3号、1943年3月、39〜40頁
10　「和泉美代日記」をもとに和泉美代から聞き書き（上藤）

　今回も結局田中は入会・入信に至らなかった。深夜まで語り明かし、そのまま牧口は田中宅に泊った[11]。

　この同じ7月5日、理事長・戸田が、矢島など主だった幹部を緊急招集した。集合場所は戸田が購入した旧料亭で貸席業を営んでいた「梅の家」（東京・麻布の第1回総会の開かれた「菊水亭」のすぐ近くにあった）だった[12]。
　そこに駆けつけた矢島はその時、ただならぬ空気が漂っていたと証言している。おそらく、戸田の幅広い人脈を通じて、教育学会弾圧が迫ったことに関する情報が入ったものと考えられる。どうした内容だったかは戸田の書いた小説『人間革命』（妙悟空著、精文館）に詳しい。

　だが、事態は戸田の予想を超えて進んだ。翌7月6日の早朝から教育学会弾圧が始まった。
　この日の早朝、突然2人の特高刑事が下田・蓮台寺温泉の中田旅館に現れ牧口の行き先を尋ねた。
　刑事たちは牧口の行き先が下田・須崎と聞いてただちに現地へ向かった。この2人の刑事が須崎の田中宅を訪れた時、牧口はちょうど朝食を終えたところであった。
　二人は下田警察署の刑事と名乗って牧口に逮捕状を見せた。
　牧口は直ちに出発の準備を整え、約4.7キロの細い山道が続く須崎街道を1時間余り歩いて下田警察署へ向かった[13]。

　この日、岸浅子も参考人として下田署に呼ばれた。牧口より遅れて署に入った時、その岸の耳に牧口の声が聞こえた。「天皇と雖も普通の人間だ。いずれ天皇も凡夫だと言われる時代が来る」と。居合わせた警官は慌てて「今はそんなことを言うもんじゃない」と困惑した表情で注意したという[14]。
　どんなところでも、どんな場合でも一切権力に妥協せず、おもねることをせず、その信念を貫き通した牧口の姿が躍如とするような光景であったという。

11　同前　『和泉美代日記』をもとに和泉美代から聞き書き（上藤）
12　矢島秀覚（周平）から聞き書き（1978年、埼玉・大宮の正因寺で上藤取材）
13　前出『牧口常三郎』聖教新聞社、152頁
14　和泉美代の証言（この時、和泉は警察署にいなかったので、おそらく岸浅子からの伝聞と思われる）

そこで取り調べが行われ、牧口は治安維持法違反ならびに神宮に対する不敬罪の容疑で逮捕[15]された。この日は岸浅子とともに下田署に留置された[16]。

一方、この日、東京・目白の牧口の自宅でも、刑事による家宅捜査が行われ、数々の書類が押収された。

『特高月報』昭和18年7月分所収「創価教育学会本部関係者の治安維持法違反事件検挙」に記載されたところによれば「予てより警視庁、福岡県特高課に於て内偵中の処、牧口会長は信者等に対し『天皇も凡夫だ』『克く忠になどとは天皇自ら言はるべきものではない。教育勅語から削除すべきだ』『法華経、日蓮を誹謗すれば必ず罰が当る』『伊勢神宮など拝む要はない』等不逞教説を流布（中略）不敬容疑濃厚となりたる為」というものであった。

やはり、特高警察は牧口をはじめとする創価教育学会の活動を相当前から内偵し、尾行や張り込みなどをしていたことがわかる。そして、1941年（昭和16年）11月の"九州総会"以降、福岡県警も内偵に入っていることも注目される。

同じ7月6日早朝、東京・白金台の自宅で理事長・戸田も、特高刑事に治安維持法違反ならびに神宮に対する不敬罪の容疑で逮捕され、高輪警察署に留置され20日に警視庁に移送された[17]。

牧口、戸田に続き幹部も続々と逮捕へ

稲葉伊之助理事、矢島周平理事も東京の自宅で7月6日の同日早朝に、同じく逮捕された。

矢島はかつて長野県教員赤化事件で逮捕・投獄された経験もあり、逮捕状を示されたものの、そこで特高警察を待たせたうえ、朝の勤行を済ませ、食事も済ませて連行された。

学会関連の種々のものが風呂敷包みに包まれて持っていかれた。大塚警察署

15 「創価教育学会本部関係者の治安維持法違反事件検挙」『特高月報』内務省警保局保安課、昭和18年7月分所収、127〜128頁
16 堀日享『富士宗学要集』第9巻「法難編」、富士宗学要集刊行会、1957年10月、432頁
17 西野辰吉『伝記 戸田城聖』第三文明社、1985年2月、174頁

に一晩留置された後、錦町警察署に移されて取り調べを受け、そこで3か月留置されたのち巣鴨拘置所に移されたという[18]。

特高警察は教育学会の中心幹部として、まず牧口、戸田、矢島、稲葉の4人をマークしていたことがわかる。

翌7月7日、牧口は下田署から警視庁へ移された。岸浅子も前日から拘置されていたが、この朝釈放された。牧口と別れる際、「戸田君によろしく」と弟子・戸田城外への万感の思いを込めて告げられた[19]。

当初は伊豆弘教に同行していた和泉美代は数日間、牧口とは別行動を取っていて、6日に下田・蓮台寺の中田旅館を訪ね、そこで初めて牧口会長が逮捕され下田警察署に連行されたことを聞き、翌7日午前に牧口に面会するため下田警察署を訪ねた。だが、そこで「牧口はもう出発した」と聞き茫然自失となる[20]。

同日、三男・洋三の嫁・牧口貞子は目白警察署から牧口が逮捕されたこと、警視庁に護送されることを聞き、面会に駆けつけた。

警視庁の外付けらせん階段の3階で待つように指示され、待っていると牧口は数人の男（特高刑事と思われる：筆者注）に連れられ階段を上がってきたという。羽織・袴姿だった。

逮捕した刑事より逮捕された牧口のほうが堂々としていて、対面した彼女に向かって大声で「決して心配することはない。信心だけは怠るな」と諭したという[21]。

これ以降、思想犯の故か警視庁での面会は不可能となり、外部との交流は差し入れのみとなる。

18　矢島秀覚（周平）から聞き書き（1978年、埼玉・大宮の正因寺で上藤取材）
19　「聖教新聞」1954年（昭和29年）11月28日付け2面、和泉美代の証言「法難にあわれて下田警察に行かれるときの最後の言葉は『戸田君によろしく』という弟子への一言でした」とある。だが、和泉美代はこの時、現場にいなかったので岸浅子からの伝聞と思われる
20　「和泉美代日記」をもとに和泉美代から聞き書き（1978年、和泉宅で上藤取材）
21　金子貞子「義父・牧口常三郎の思い出」『創価教育』第3号、創価教育研究所、2010年3月、138頁。宮田幸一監修、第三文明社編『牧口常三郎　獄中の闘い』第三文明社、2000年11月、175頁

　3日後の7月10日、米英両軍がイタリアのシチリア島に上陸した。そのわずか2週間後の25日には日独伊3国同盟の一角をなしたイタリア・ファシスタ党の首魁で首相のムッソリーニが失脚する[22]。

　九州でも、牧口が逮捕された直後に、九州の福岡市に教育学会副理事長の野島辰次が訪ねてきて座談会や会食会が開かれ、東京で起きた弾圧の事態の説明がされる[23]。
　そうした学会員の動きを当然、特攻警察は監視していたはずで、その野島辰次は九州から帰って間もない7月20日に、九州出身の木下鹿治、寺坂洋三、片山尊そして理事・神尾武雄とともに逮捕された[24]。
　以後の福岡での弘教活動はピタリと止まったが、福岡県・八女では田中宅での座談会は続いた[25]。

　この第2次検挙と同じ20日、創価教育学会本部および時習学館も家宅捜索され、そこにあった牧口の著書など多数が押収された[26]。

警視庁の取り調べを逆に国家諫暁の場に

　警視庁では、牧口、戸田の二人は特高二課の厳しい尋問を受けた。
　その内容はいままでも紹介した牧口の尋問調書にある通りで、精読すれば取り調べに対して牧口は何の言い訳もごまかしもせず、罪を逃れようともせず、創価教育学会の主義主張を真正面から取調官に陳述している。
　それはまるで取調官を折伏するがごとき堂々たるものであったことが『特高月報』の記録[27]から読み取れる。

　追って逮捕され警視庁に留置された片山尊によれば、警視庁ではその日の取

22　山中恒『アジア・太平洋戦争史』岩波書店、2005年7月、594頁
23　安川末之からの聞き書き（1979年、福岡で、上藤）
24　内務省警保局保安課『特高月報』昭和18年7月分、1943年8月、129頁、前出　堀日亨『富士宗学要集』432〜433頁
25　田中淳之からの聞き書き（2009年、八女の田中宅で上藤取材）
26　片山尊からの聞き書き（1977年、聖教新聞社で上藤取材）
27　前出『特高月報』昭和18年8月分、137頁

り調べが終わると、半地下式の留置場へ戻され、南京虫に苦しめられ、看守に監視されながら1日を過ごすのであった。

　この警視庁の留置場はドーム型で馬蹄形をした2階作りで中央が吹き抜けになっていて、回り廊下に沿って監房が作られていた。

　用便を足すのは同房の留置された人々の眼前で便器を使うという屈辱に耐えねばならなかった。

　朝の洗面すら競争で、監房からわれさきに水道の蛇口に殺到、1～2回顔を濡らすとすぐタオルに水を含ませる。次の瞬間「上がれ！」の看守の声でそのタオルで顔をゴシゴシ拭いながら引き上げるという有様だった。

　牧口たちの取り調べがあったのはちょうど暑い夏の盛りであったが暑さをしのぐのは毎日午後3時過ぎに一杯ずつ配られる水だけであった[28]。

　食事の内容の悪さと連日の暑さの中で片山はたちまちやせ細り消耗していったという。

　牧口も同じだったと考えられる。だが片山尊は自分の監房から4つか5つ先の対面する監房の檻の中から正座して外をじっと見ていた牧口を偶然発見して驚き、思わず目礼を送った。

　それににっこりと笑って目礼を返した牧口は厳然と監房の中で正座をしていたという。

　だが片山が驚いたのは、牧口の顔が桜色に輝いていた[29]こと。それまで見たことのないその荘厳な姿はいつまでも決して忘れられないと言う[30]。

　牧口の陳述内容は当時の内務省特高課の『特高月報』に詳しく記載され特高の関係者はもちろん、内務省などの国家権力の中枢部の人間にも読まれたはずである。それは国家の権力中枢に対するある意味での国家諫暁であったと筆者は考える。

28　片山尊からの聞き書き（1977年、聖教新聞社で上藤取材）
29　片山尊「先生と私」『価値創造』（戦後編）第6号、創価学会、1946年11月、10頁
30　前出　片山尊から聞き書き（1977年、聖教新聞社で上藤）

　先ず創価教育学会がどんな団体なのかについては、それは真の日蓮仏法の究極が具現された御本尊に帰依することによってのみ人間生活の安定が得られ、最高の価値として幸福生活を現実に実証できるのであり、それを、国民に感得させることを目的とした団体である（趣意）と述べた[31]。

　次に、その特性としてあくまでも在家（出家して僧になるのではなく、職業・生活は改めず：筆者注）の形で日蓮仏法の信仰と価値論とを結び付けているところに、創価教育学会の特異性もある[32]と主張した。

　そして仏教の歴史、法華経の内容と優れた点、法華経と日蓮大聖人の関係性、三大秘法（本尊、題目、戒壇）、宗教の五綱などを滔々と述べて日蓮仏法の広宣流布によって理想社会が実現されると述べた[33]。

　ここから牧口の真骨頂が発揮される。当時の軍部・政府が主張することに真っ向から斬りこんだ。
　まず日中戦争や太平洋戦争が起きたのは日本が謗法（宇宙根源の法則である南無妙法蓮華経を否定し、それを誹謗すること：筆者注）の国であるところから起きたと述べ、国民をあげて聖戦を主張する日本国家に対する真逆の主張をした[34]。

　次に当時、"現人神（あらひとがみ）"と国民から尊崇された絶対的存在の天皇を、あろうことか凡夫（我々と同じ普通の人間：筆者注）であり、間違いもあり得るが、仏法に帰依することによって誤りのない政治ができるようになると喝破した[35]。

　しかし、会ったこともない天皇をどうして牧口はこうもはっきり「天皇も凡夫」と断言できたのか。

31　「創価教育学会々長牧口常三郎に対する訊問調書」『特高月報』昭和18年8月分、137頁
32　同前「創価教育学会々長牧口常三郎に対する訊問調書」『特高月報』昭和18年8月分、140頁
33　同前「創価教育学会々長牧口常三郎に対する訊問調書」『特高月報』昭和18年8月分、141〜151頁
34　同前「創価教育学会々長牧口常三郎に対する訊問調書」『特高月報』昭和18年8月分、151頁
35　同前「創価教育学会々長牧口常三郎に対する訊問調書」『特高月報』昭和18年8月分　152頁

実は牧口は明治天皇に会ったことがあると考えられる。本書第1巻『日本の夜明けに躍り出た教育革命の獅子』で書いたように荒浜小学校に入学したと想定される1878年（明治11年）、明治天皇が北陸・東海巡幸の途中、荒浜村を通過。荒浜小学校の児童たちはほかの地域と同様、旗を振って明治天皇を歓迎した。

そのとき明治天皇は26歳。7歳の牧口少年は子供の眼ではっきりと明治天皇を観察したはずである。その時に、子供の目で天皇が神ではなく、普通の人間、つまり凡夫であることを見抜いたのではないだろうか[36]。

さらに牧口の驚愕の証言が続く。

当時の国民教育の根本指針だった「教育勅語」の中に「克く忠に（よく天皇に忠義をつくせ：筆者注）」とあるが、天皇自ら国民に忠義を尽くせと言うのは、かえって天皇の徳を傷付けるのではないか。天皇が神のような本当に素晴らしい存在なら、忠義を尽くせと言わなくとも自然に国民から尊敬されるはず。

だからそれを強制するのは、かえって天皇に徳性がないことを物語るのではないかという痛烈な批判だった[37]。

敗戦後、天皇がいわゆる"人間宣言"したのが、これからわずか2年足らずの1946年（昭和21年）1月1日だった。

「いずれ天皇も凡夫だと言われる時代が来る」と言い続けた[38]牧口の予見はわずか2年で的中した。

さらに牧口は未来を予見した。仏法は宇宙根本の法則であるから不変であるが、大日本帝国憲法は天皇が決めた法律だから将来、政体の変化によって改正・廃止される可能性もあると述べた[39]。

これも恐るべきことで、当時の政体とは、日本軍人ならだれもが命をかけて守ろうとした"国体"すなわち天皇制国家そのものだった。

これは永久不変の絶対の"国体"とされていたが、それが政体の変化もあれば、

36　『新　牧口常三郎伝1〜日本の夜明けに躍り出た教育革命の獅子』七草書房2021年2月、21頁
37　前出　「創価教育学会々長牧口常三郎に対する訊問調書」『特高月報』昭和18年8月分　153頁
38　本書207頁参照。伊豆・下田で逮捕されたときに特高刑事に「今に天皇も凡夫と言われるときがくる」と言い切っている
39　同前「創価教育学会々長牧口常三郎に対する訊問調書」『特高月報』昭和18年8月分、153〜154頁

大日本帝国憲法すら改正・廃止される可能性があると述べたのだった。

　刑事には驚天動地の見解だったろう。しかしこの予見もこれからわずか２年後に的中する。日本は連合国に無条件降伏し、日本の国体も象徴天皇制となり大日本帝国憲法もこの世から消える。

　それは、牧口以外のだれも予見することはできなかった驚くべき予言の的中だった。石原莞爾、山本五十六も日本の敗戦を予測していた[40]が、国体そのものが無くなるとはついぞ考えた形跡はない。

　さらに牧口は言う。吾々の信仰対象はあくまで日蓮仏法の本尊であるため、天皇は尊敬するが、神社参拝は不必要であり、謗法（宇宙根源の法則である南無妙法蓮華経を否定し、それを誹謗すること：筆者注）にあたる神札や神棚など、日蓮仏法の本尊以外の信仰の対象一切を取り払うよう会員に指導し実践させている[41]、と教育学会指導方針を堂々とのべている。

　これら全てを、一切、天皇制国家の絶対権力にこびず、その根本方針に迎合も言い逃れもすることなく、罪を免れようとする言動を一切見せずに堂々と主張し言い切った[42]のだ。

　要するに、国家の方針には真っ向から反論して不服従の姿勢を明らかにし、国家神道をもとに国民があげて協力する戦争にも決して協力する姿勢を見せなかった。
　まさにこれこそ牧口の叫んできた国家諫暁ではなかったか。

　同じ８月中に警視庁の留置所で戸田が取り調べを受けるのを待っている時、その戸田の耳に「突然、ほかの留置場から牧口の『さあ、問答をしようか』といって、だれかを折伏をされている元気な声を聞いて勇気100倍をした」と戸

40　前出　橋川文三ほか『日本の百年8 ～果てしなき戦線』筑摩書房、2008年5月、53 ～ 54頁。山本は「ソ連の参戦、山本の戦死、東京空襲で首都壊滅」の敗戦を予見、石原莞爾は終始、敗戦必至を述べた

41　同前　「創価教育学会々長牧口常三郎に対する訊問調書」『特高月報』昭和18年8月分、158 ～ 160頁

42　同前　「創価教育学会々長牧口常三郎に対する訊問調書」『特高月報』昭和18年8月分、137 ～ 161頁

田が語っていたと小泉隆は証言している[43]。

どこまでも牧口は不服従だった。

そして留置場から取調室に行けば、国家権力の一角・特高警察を相手に日蓮仏法の正義を語りつくそうとしていた。それは牧口が望んだ国家諫暁そのものではなかったか。

だからこそ、まさに国家諫暁をしているという心からの歓喜で、片山尊が証言したように牧口の顔は留置場のなかでもピンク色に輝いていたのではなかろうか。

拷問や横暴な取り調べにも屈せず

だが、それを簡単に許すような官憲ではなかった。当時の取り調べでは、拷問、暴力は日常茶飯で当たり前だった。牧口、戸田を始め、逮捕された学会の幹部も例外ではありえなかった。

戸田はのちに「（牧口に対し）家から差し入れられた品物のなかにカミソリがあり、懐かしそうに手に取って見ていると、特高刑事から、大声で『牧口、おまえは何をもっているのか。ここをどこと思う。刃物をいじるとはなにごとだ』とどなりつけられ、無念そうに、その刃物を置く」姿を見ている[44]。

怒鳴りつけただけでなく牧口の顔面を殴打したという話もある[45]。

この時、牧口を怒鳴りつけ殴ったといわれる刑事のその後について、刑事の家族に起きたある非常に不幸な事件について戸田は語っている[46]。非常に悲惨な事件なので詳細はあえて書かない。

また別のいじめた刑事は有楽町駅で電車を待っていた時、走ってきた電車に頭が当たり眼、鼻、口から血を吐き、正常な姿に戻らなかったと後に戸田は語っている。あくまでも別の刑事から聞いた話として。

その話を伝えた刑事は「厳罰があるのか」と不安そうに戸田に聞いたとも書

43　小泉隆からの聞き書き（1977年4月、聖教新聞社で上藤取材）
44　「牧口初代会長七回忌法要（1950年11月12日　東京・神田の教育会館）での戸田のあいさつ」『戸田城聖全集』第3巻、聖教新聞社編、418～419頁
45　西野辰吉『伝記　戸田城聖』第三文明社、1985年2月、176頁
46　戸田城聖「牧口先生七回忌に」『戸田城聖全集』第3巻、聖教新聞社編、419頁

いている[47]。

7月20日に逮捕された理事の神尾武雄は三田警察署で取り調べを受けたが何を聞かれても黙秘し完全黙秘を貫いた。そのため拷問された。5～6人がかりで前後から竹刀で殴られ、気絶すると水をかけられて息をふきかえすとまた殴られるという毎日だった。

手の指と指の間に鉛筆を挟まれ、その上から思いっきり手を握りしめられ激痛で悲鳴をあげ続けたこともあった。拷問のため気を失い、そのまま留置所に放り込まれる日もあったという[48]。

同じく理事の稲葉伊之助は警視庁で特高刑事から激しく拷問され、あまりの苦しさに自殺を決意し、取り調べのスキをついて警視庁建物二階から飛び降りたが、死にきれず足腰を痛めて歩行もできなくなる重傷を負った[49]。

片山尊も警視庁特高2課の取調室で知らぬ存ぜずとシラを切っていると、いきなり平手打ちが飛んできたという。人権を全く無視した取り調べだったと述べている[50]。

さらに学校教員だったので逮捕は免れた辻武寿も警視庁に呼び出され、取り調べを受けた。7月中だった[51]。

3日にわたって日帰りで取り調べを受けたが、その時、警視庁の5階の取り調べ室で牧口が何かを書いている後ろ向きの姿を見かけたという。

辻はあまりのなつかしさに涙が込み上げたという。

『特高月報』に残る「取り調べ調書」は警察官が書いたにしてはあまりに正確な仏教用語や仏教史、教義を筆記しているので筆者はもしかするとこれは牧口が自ら代筆したのではと推定しているが、この辻が見た「牧口が何かを書い

47　西野辰吉『伝記　戸田城聖』第三文明社、1985年2月、175頁。戸田城聖「誹謗すれば法罰厳然」『戸田城聖全集』第4巻、聖教新聞社編、1984年、451～452頁
48　神尾武雄からの聞き書き（1977年～78年、聖教新聞社、上藤取材）
49　戸田城聖「創価学会の歴史と確信」『戸田城聖全集』第3巻、聖教新聞社、1983年2月、110頁
50　片山尊からの聞き書き（1978年、聖教新聞社で上藤取材）
51　辻武寿『私の個人指導』聖教新聞社、1979年10月、251～252頁。取り調べは牧口逮捕から半月ほどたったころ、と記憶しているので7月中と考えられる

ている後ろ向きの姿」とはそれなのではないかと想像する。

　さらに、別の部屋で戸田が2人の刑事と向かい合って何かを話している姿を見かけたともいう。服装は浴衣のようなものを着て帯をしめない姿だったという。留置所では帯類、ひも、バンドなどは所持禁止なので当然のことだったろう。

　その辻の取調室に教育学会の元青年部長で元理事だった片山尊が連れてこられたという。7月20日に逮捕されていたが顔中ひげぼうぼうの状態で、見るからにやつれていたという。
　言うことをきかなかったらお前もこうなるという辻に対する無言の脅迫ではなかったかと辻は述べている[52]。

　辻と同じく学校教員だった原島宏治の自宅には特高刑事が訪ねてきた。8月中だったという。逮捕かと思ったらそうではなく、牧口会長、戸田理事長についての周辺捜査のようだった。
　その刑事は牧口、戸田を尊敬しているような印象を受けたともいう。原島夫妻に「神札は何を焼却したのか」と聞いてきたのを覚えている。
　そこから、恐いもの知らずで、なぜ神札を祀ってはいけないかなど、牧口から学んだ日蓮仏法の教学をもとに大胆にも特高刑事に対する折伏を始めたともいう。
　そして捜査を終え引きあげるときに刑事は「牧口さんは立派な方だ。取り調べの係官は牧口さんを一日調べ終わると疲れ切ってノイローゼみたいになるとこぼしている。いつも牧口さんは題目をあげている。元気でやっているようだ。今回は学校教員は逮捕しないことにした。教員が不足しているから」と教員を逮捕しない理由を漏らして引きあげて行ったという[53]。

　同じく学校教員だった益子克子はその勤務する小学校の校長を通して警察に任意出頭を命じられた。「いつ入信したか」「座談会ではどんなことを話したのか」と聞かれ、「まともに答えなければ拘置所に泊まってもらう」と脅迫され

52　辻武寿「牧口先生と戸田先生」『大白蓮華』第152号、1964年1月、24頁
53　原島精子から聞き書き（1977年〜78年、聖教新聞社、上藤取材）

たが最後まで答えず帰宅したという[54]。

逮捕された教育学会幹部の家族のなかには、仏壇ごと押し入れの中にしまいこんで御本尊を隠し、さらには神棚を作り神札を祀って、表面だけは教育学会をやめたようにみせかけた人もいたという[55]。

牧口の畢生の訴えが国家中枢に届くか

逮捕からほぼ2か月後の8月27日、戸田は警察での取り調べを終えて検事局に送局され、牧口も9月3日に送局された[56]。

この9月、太平洋全域で、日本軍は守勢に入っていた。それを受けて9月に断続的に開かれた天皇の御前会議で「今後採ルヘキ戦争指導ノ大綱」が決定された。それによると、南太平洋まで広がりすぎた戦線の整理・縮小のため「絶対国防圏」が画定された。

すなわち、東は千島列島、南は小笠原から内南洋（サイパン、グアムなどのマリアナ諸島）、東は西部ニューギニア、スンダ島、そして西はビルマで囲まれる東南アジア地域を「絶対確保スヘキ要域」すなわち「絶対国防圏」としたのだった[57]。

こうした戦線の縮小は言い換えれば、攻勢終末点に達した日本軍の後退、敗退が間違いなく始まったことを意味していた。天皇自身が日本軍の敗色を認めた瞬間でもあった。

牧口は思想検事から本格的な取り調べを受けるため、9月25日に警視庁から巣鴨の東京拘置所に移送される[58]。その移動の時、警視庁の二階で偶然、戸田と出会った。戸田は「先生、お丈夫で」と声を掛け、それに対して牧口は無言

54　益子克子から聞き書き（1978年、聖教新聞社で上藤取材）
55　小泉綾（小泉隆夫人）から聞き書き（1978年、聖教新聞社で上藤取材）
56　「創価教育学会の治安維持法違反事件処理状況」『特高月報　昭和18年10月分』内務省警保局保安課、1943年、11月20日、204頁
57　山中恒『アジア・太平洋戦争史』岩波書店、2005年7月、595頁
58　内務省警保局『治安報告控』（昭和18年〜19年）

でうなずく。

この時のことを、のちに戸田は牧口の3回忌法要に出席した時「思い出しますれば、昭和18年9月、あなた（牧口：筆者注）が警視庁から拘置所へ行かれるときが、最後のお別れでございました。

『先生、お丈夫で』と申しあげるのが、わたくしのせいいっぱいでございました。

あなたはご返事もなくうなずかれた、あのお姿、あのお目には、無限の慈愛と勇気を感じました」[59]と回想している。

さらに「牢から出て聞いたことだが、牧口先生が警視庁から自動車に乗るとき、『戸田君は、戸田君は』といわれたので、送っていった稲葉さん（伊之助、教育学会理事で当時、投獄されていた：筆者注）の奥さんが、『戸田さんは後から行くんですよ』といったら、『ああそうか』といわれて、自動車に乗られたそうである」[60]という。牧口が弟子の戸田のことを常に考えていたことを裏付けるエピソードではある。

ちょうど同じこの9月25日、獄外では創美華道研究会（須賀一精が中心）が開かれ、和泉美代などわずかな会員が参加した[61]。

10月3日には柏原ヤス、和泉美代など会員10人で総本山大石寺に登山（早朝から驟雨だった）している[62]。また、九州の八女では毎月一度、支部長の田中宅に会員が集まり、座談会を継続。一部の会員により、こうした活動が細々と続いていた。学会の組織は壊滅状態だったが全滅したわけではなかった。

さらに、のちに「蒲田の三羽烏」と呼ばれた小泉、辻、原島の3人は相談の結果、御書「開目抄」を読みあい、眼前の弾圧を乗り越えようと決めたという[63]。

「毎週木曜に集まって、『開目抄』を輪番に読むことしませんか」と原島が呼びかけ「大聖人が『一切衆生よ！目を開け！』と訴えた開目抄が一番大事な御

59 戸田城聖「牧口先生三回忌に」『戸田城聖全集』第3巻、聖教新聞社編、1983年2月、385頁
60 戸田城聖「牧口初代会長十一回忌法要（1954年11月18日、東京・常在寺）におけるあいさつ」『戸田城聖全集』第4巻、聖教新聞社、1984年2月、230頁
61 「和泉美代日記」をもとに和泉美代から聞き書き（1978年、和泉宅で上藤取材）
62 同前 「和泉美代日記」をもとに和泉美代から聞き書き
63 前出 辻武寿『私の個人指導』聖教新聞社、1979年10月、253〜255頁

書だと思う」と発言したのが始まりだった。

　3人は牧口がよく「開目抄」を開いていたことを覚えていた。この信仰は難があることを牧口からよく聞いていた。だから、「開目抄」の御文にある通り弾圧があっても信仰を疑わなかったという。

　「（大聖人と同じく）牧口先生も強気だった。おそらく官憲に謝って牢から出てくるようなことはまったくないでしょう」と激励しあったという。

　9月から毎週木曜日は、ともに「開目抄」を読み合う日と決め、東京・蒲田の矢口にあった原島宅、あるいは小泉宅などで御書の輪読、読み合わせを開始した[64]。

　参加していたのは、辻、小泉夫妻、原島夫妻、白木夫妻、三宅夫人、酒井ウメなどであった。（翌年秋には原島一家が原島宏冶の実家のあった東京・氷川に疎開し[65]、ほかの教員も学童疎開で地方に疎開したため実質的には翌1944年（昭和19年）秋まで約1年間続いたと想定される）

牧口の獄中からの手紙、そして学徒出陣

　9月25日に東京・巣鴨の拘置所へ移動した後、牧口は同月30日初めて封緘はがきを書いて獄中から送った。妻・牧口クマと三男・洋三の嫁・貞子が宛先だった。封緘はがきとは一枚の郵便で書き終わると折りたたんで封をし、表に相手の住所・氏名、裏に自分の住所・氏名を書くことができる封筒式はがきといえばよいものだった。

　「去25日から当所へ参りました。先（警視庁の留置場：筆者注）より楽で、身体も健全」と無事を伝えたうえで持病だった"膝が冷える症状"が8月22日から不思議によくなったと書いている。不自由で無理な獄中の生活も、信仰の力で元気になったと意気軒高だった。

　その上で妻・クマと貞子に「就ては朝夕のお経は成るべくそろうて怠つてはいけません。必ず『毒が変じて薬り（薬：筆者注）となる』御法門を信じて安

64　同前　辻武寿『私の個人指導』聖教新聞社、1979年10月、255頁。辻武寿の証言『大白蓮華』第82号、1958年4月、41頁
65　原島精子からの聞き書き（1977年〜78年、聖教新聞社で上藤取材）

牧口がいた東京拘置所の全景写真。鉄筋コンクリートで昭和12年に落成した。（東京拘置所落成記念図集）

心してくらし居ます」と伝え、霊艮閣版『日蓮聖人御遺文』二冊の差し入れを依頼している[66]。拘置所で手紙を書く時間はわずか5分。手紙に誤字や誤用があっても直せなかった。あえて原文のままとする。

　すでに72歳になった牧口が決して権力にも獄中の不自由な生活にも負けてないことを伝えている。

　10月4日、牧口は三男・洋三の嫁・牧口貞子に封緘はがきを送った[67]。

　その中で、中国の戦地にいる洋三あてに、封緘はがきにしたためた激励の以下の一文を切り取って送るよう依頼する。

　「洋三よ昔の病弱の身体ヲ以テ、1年半も大陸内部の寒暑に無病息災で御奉公が勤まろうとは、今昔の感ではないか（中略）身体を遠大の目的を以て大切にする事。

　私も不相変（あいかわらず）、東奔西走、此頃（このごろ）は私の言行録にと、

66　『牧口常三郎全集 第10巻』第三文明社、1987年4月、273頁
67　前出『牧口常三郎全集 第10巻』第三文明社、1987年4月、274 〜 275頁

三千円寄付した方があり、10名の委員まで出来た。ありがたい事です。(中略)当分代筆を貞子にさせる。安心して御奉公して下さい。身体頑健、家内安全。

　10月4日　父より

　洋三殿」と書いている[68]。

　しかし、貞子は、切り取って送ると、それではかえって洋三が異常に感づいて心配するだろうと熟慮して送るのをやめたという[69]。だが、洋三が肺疾患の既往症があったのに、自然環境が厳しい中国の奥地で元気に生活していることを牧口が称賛しているのが注目される。

　この手紙では、ほかに獄内の教誨師(受刑者の徳性の育成をする担当者:筆者注)や、教務課長にも会ったところ彼らから「『人生地理学』を読んだことがある」とか、「身体を大事にするように」と言われたことも書いてあった。

　10月11日付で妻・クマ、嫁・貞子に封緘はがきを送った[70]。

　「夜が寒くて困りました」と毛布などの差し入れを依頼している。10月の中旬になると秋の気配が強く、より夜間の冷えが高齢の牧口の体を苦しめ始めたことが伝わる。東京の当時10月の最低気温は13度[71]、2023年現在は14・7度なので現在より平均1・7度も低い。

　これについては理事だった神尾武雄の夫人・神尾よ志によれば牧口は生前、「いつも羽織を脱いだり着たりなさるのです。今察すれば先生の体力が衰えており、体温の調整がままならなかったのではないか」と述べているが、やはり高齢による体力の衰えは隠しようがなかった[72]。

　四面がコンクリートの三畳間の独房である。夜間、冷えないわけがない。

　牧口が収監されていたのは4舎2階の独居房であり、縦約2・7m、横約1・8mの広さに畳が2枚敷かれ、奥には机と椅子があった。その椅子はトイレの便座兼用だった。

68　前出『牧口常三郎全集 第10巻』第三文明社、1987年4月、274〜275頁
69　金子貞子の証言。宮田幸一監修『牧口常三郎　獄中の闘い』第三文明社、2000年11月、182頁
70　前出『牧口常三郎全集 第10巻』第三文明社、1987年4月、275頁
71　気象庁が公表している観測開始以来の最低気温の月平均値による
72　神尾よ志「牧口先生の思い出」『牧口常三郎全集』月報3、第三文明社、1982年1月、6頁

独房での生活は、午前7時起床。どんぶり鉢で熱い茶が配給。掃除。囚人の在否確認の点検。午前8時頃食事が配給。食事は、麦六分、米四分の握り飯と一杯のみそ汁（戦争が苛烈になるにつれ、麦は大豆に、大豆が高粱に変わる：筆者注）。

その独房から出ることができるのは裁判所への出頭、午後3時頃の15分程度の運動、10日に1回程度の手紙を書くとき、そして床屋や入浴時に限られた[73]。

牧口が入れられた独居房。非常に狭く、冷たかった
（東京拘置所落成記念図集より）

同じ10月11日付けの手紙の中で「一個人から見れば、災難でありますが、国家から見れば、必ず『毒薬変じて薬となる』といふ経文通りと信じて、信仰一心にして居ます。二人心を協はせて（あわせて：筆者注）朝夕のお経を怠らず、留守をたのみます」と激励した。

また、「取調べの山口検事様も、仲々打ち解けて価値論（私の分）を理解してくれます。そのため1週間もかかりました」[74]と書いている。拘置所で牧口の取り調べを担当し起訴状（予審請求）を書いた山口弘三検事に対して価値論から説き起こして1週間をかけて折伏していたように考えられる。

本書第2巻で書いたように、この起訴状に牧口が「創価教育学」を提唱したのは1929年（昭和4年）と書かれている。

しかしこの手紙にある「検事も価値論を理解した」という部分が検閲にひっかかったことが次の手紙（10月23日付け）[75]に書いてある。

だが結局ことなきをえたようだった。それにしても相手が思想犯であるので、

73　美坂房洋編『牧口常三郎』聖教新聞社、1972年11月、155頁。

74　『牧口常三郎全集 第10巻』第三文明社、1987年4月、276頁

75　同前『牧口常三郎全集 第10巻』277頁

その動向に拘置所が非常に神経を使っていることがよくわかる。

その23日付けの手紙で「お互いに信仰が第一です。災難と云ふても（いうて
も：筆者注）大聖人様の九牛の一毛です」と現在の状況をともに乗り越えよう
と訴え、「必ず『毒変じて薬となる』ことは今までの経験からも後で解（わか）
ります」と家族を激励した[76]。

いつでもどこでも牧口は前向きだった。そして相手を気遣い激励した。

10月11日、理事長の戸田も警視庁の留置所から東京拘置所（巣鴨）に移され
た[77]。

ところがそれから10日くらい後に突然、戸田は拘置所の看守長に呼びだされ
たという。

何事かと聞くと「自分は作家の子母澤寛さんとは弓の友達である。よってそ
の友情で独房では1番日当たりのいい31号室に移してあげよう。法規内ででき
ることはなんでもしてあげよう。遠慮なく申し出てほしい」と言われたという。

そのとおり、獄舎で一番日当たりのいい拘置所二舎二階にある31号室に戸田
は移された。日当たりがよい独房は持病が多かった戸田には救いだった。

さらに戸田の要望に従って、独居房内には通常最大8冊しか置けない書物を
12冊に増やすこと、文字を書くための石盤と石筆を使用することが許可された。

読書家の戸田にとってはありがたいことで、まさに異例の厚遇だった。

子母澤寛とは北海道・厚田の同郷で戸田の兄が彼と親しかったことから友誼
が芽生え、その作品を連続出版していた。作家・子母澤寛との友情が獄舎で戸
田を救ったともいえる[78]。

戸田は早速、子母澤寛に和歌を添えて感謝の手紙を送っている。

「煩悩も　真如の月に　宿らせて

　　独房のふしど　夢の円らか」

この手紙のなかで戸田は子母沢寛の小説「勝安房守」第5巻の出版について

76　同前『牧口常三郎全集 第10巻』278頁
77　前出　内務省警保局『治安報告控』（昭和18年〜19年）
78　西野辰吉『伝記　戸田城聖』第三文明社、1985年2月、185〜186頁。妙悟空（戸田城聖）『人間革命』
　　精文館、1957年7月、435〜436頁

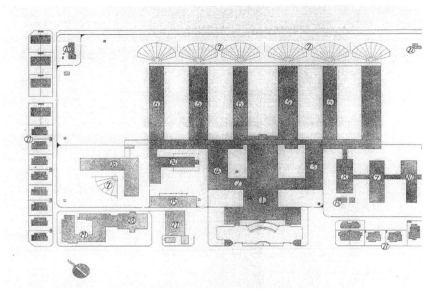

東京拘置所の建物配置図。⑤が雑居房で⑥が牧口や戸田がいた独居房となる
（「東京拘置所落成記念図集」より）

心配していることを書いている[79]。その本は無事11月中に発刊される。まだ大
道書房は生きていた。

　一緒に拘置所にいた教育学会理事の神尾武雄によれば「一番日当たりのいい
部屋とは巣鴨拘置所では２舎２階の31号室で、棟の端っこにあたり、間違いな
く日当たりの一番いい場所だった」とこの話を裏付けている[80]。

　戸田の独房から数えて6番目が神尾の独房、その神尾の向かい側に矢島が、
そして神尾の真下、つまり一階に片山尊がいた。
　そしてその同じ２舎に共産党の神山茂夫、また宮本顕治もいた。神山は看守
と口論をよくしていたこと、宮本顕治は非常に元気で、中国語の辞典を作って
いたことなどをよく覚えていると神尾はいう[81]。

79　戸田城聖『信仰への覚悟～人間革命の原形』菁娥書房、2021年７月、109頁
80　神尾武雄から聞き書き（1977年〜78年、聖教新聞社、上藤取材）
81　同上　神尾武雄から聞き書き（1977年〜78年、聖教新聞社、上藤取材）

この東京拘置所2舎は思想犯が集められていたことがわかる。

「獄舎は灰色ばかりで、たまに絵葉書などをもらうとその鮮やかさが目に飛び込む。その鮮烈な色は今でも（取材当時も：筆者注）頭に焼き付いて離れない。獄中で手紙を書くためにその場所に移動したうえ、与えられる時間はわずか5分。立って書かなければならない。だからこの時間は非常に貴重だった。
戸田先生は極度の近視だったため、この手紙を書くことは相当苦労をしていた」と神尾はいう[82]。

戸田が東京拘置所に移送された次の日、1943年（昭和18年）10月12日から米軍など連合軍は日本海軍の南洋の中心根拠地・ラバウルにそのとどめをさす大規模な攻撃を開始した[83]。
工業力と生産力で日本を圧倒する米国はその力の大部分を軍備に注ぎ、空母を次々に進水させ、艦船だけでなく、優秀な戦闘機、爆撃機を新規に開発し、大量生産していた。空母機動艦隊を太平洋狭しと遊弋させていた。
さらに日本軍が想像もできないレーダー照射射撃、近接信管（命中しなくてもセンサーで爆発）などの新兵器を次々に開発して全ての戦線で日本を圧倒し始めていた。

山本五十六戦死、アッツ島玉砕など太平洋全域での劣勢の挽回のため、軍部は根こそぎ動員を開始した。それまで徴兵が猶予されていた大学生、専門学校生などの学徒出陣を始めたのは10月だった[84]。
10月21日明治神宮外苑で「出陣学徒壮行会」が行われ、冷雨のなか2万5千の学徒が行進、全国でも10万人もの学徒が出陣した。
この日、雨のなか、東條英機総理が壮行の辞を述べた。「（青年学徒の魂、肉体、血潮）このいっさいを大君の御為に捧げ奉るは、皇国に生を受けたる諸君の進むべきただ1つの途である」[85]と。"大君"すなわち天皇の名前を利用して、貴重

82　同上　神尾武雄からの聞き書き（1977年〜78年、聖教新聞社、上藤取材）
83　山中恒『アジア・太平洋戦争史』岩波書店、2005年7月、601頁
84　10月2日、在学徴集延期臨時特例を公布し、文科系学生・生徒の徴兵猶予を停止した。歴史学研究会『日本史年表　第5版』岩波書店、2017年10月、294頁
85　半藤一利『昭和史1926〜1945』平凡社、2004年2月、416〜417頁

な若者の命を進んで捨てさせようとする詭弁だった。

　前途有為な日本の未来の力となるはずの学徒が次々に戦地に赴いて散っていった。

　さらに東條首相は劣勢の色濃くなった戦争の立て直しのため、国内の東條批判勢力を根絶やしにしようとした。

　教育学会弾圧はその一環であり、さらに有力政治家も例外ではなかった。

　ここまで何度も公然と東條を痛烈に批判していた元朝日新聞の記者で、創価教育学支援会のメンバーだったこともある中野正剛が割腹自殺を遂げたのが10月27日だった。学徒出陣壮行会の1週間後だった。

　中野は中国に辛亥革命が起きた時、清朝に抑圧された漢民族、民衆の夜明けを告げる革命としてそれを高く評価。朝日新聞の特派員となってのちに創価教育学会賛助員になる犬養毅、古島一雄等とともに中国に渡りそれを取材して報告した。

　当時、辛亥革命に反対する日本の政府を批判して朝日新聞紙上に「何を苦しんでか対岸の火事を杞憂し、これが影響を警戒するを要せん」と書いてこの革命を支持した。

　また第一次大戦ではロンドン特派員となって欧州を取材、白色人種に差別される植民地アジアを擁護する記事を書いた。

　そして1942年（昭和17年）11月10日には、早稲田大学大隈講堂で満員の学生を相手に東條首相を弾劾する大演説を行い、1943年（昭和18年）の正月には朝日新聞に「戦時宰相論」を書いて東條をこれまた命がけで批判した。

　激怒した東條が憲兵隊を使って逮捕・投獄するなど中野を攻撃。ついには出征していたその子息が戦場でどうなるかわからないと脅迫される。結果、最後に中野は憲兵隊による軟禁状態下で壮絶な割腹自殺を遂げた[86]。

86　橋川文三・今井清一編『日本の百年8〜果てしなき戦線』筑摩書房、2008年5月、447〜448頁

闘志あふれる戸田の手紙に分かれる反応

このころ、最高幹部の逮捕・投獄という非常事態に対しその善後策を練るため、投獄されなかった中堅幹部が学会本部や時習学館に集まって何回か協議したという[87]。

それに参加した小泉によると、協議の場で実業家の住吉巨年がこう言った。「とにかく戸田先生が（獄から）出てくれなくてはどうにもならない」と。

さらに「手紙は来てはいるのだが……」と渋い顔をした。「どんな手紙だ。みせてほしい」と小泉、辻、原島たちが聞くと、なかなか見せようとしない。

強いて「見せてください」と言って、無理やりに開いて見てみると戸田は手紙の冒頭で「牢屋に入って信心のありがたさが本当にわかった。出獄したら巌窟王のように戦うぞ」と書いてあったという。

辻はそれを見て「よし！俺達も頑張るぞ」と言った。

だが、住吉巨年を始め、戸田の会社や事業関係の人は「これでは戸田先生の出獄は当分はない」と言ってがっかりし、あきらめと失望の表情を浮かべたという[88]。

さらに戸田は自社社員への手紙で「私がこんなになって、いろいろと不自由でしょうが、辛抱ください。平和の時のグーダラ船長たる私より、狂瀾怒濤の時の私の船長ぶりは、あなたが承知だ。……」[89]と嵐に厳然と立ち向かう心意気を手紙に記している。

また、別の手紙では、社の幹部に「幹部として終生立てるだけの修養を怠りなさるな。私のあらゆるものは『上数に倍す』ですからね」[90]と激励している。

つまり常に倍以上の結果をだしたことを誇る闘志があふれる手紙だった。

戸田の事業拡大の最初の起点となり創価教育学会の最初の本部が置かれた時習学館は中心教師だった神尾武雄が逮捕され、その後も小平芳平や渋谷邦彦な

87　小泉隆からの聞き書き（1977年、聖教新聞社で上藤取材）
88　小泉隆からの聞き書き（1977年、聖教新聞社で上藤取材）
89　戸田城聖『信仰への覚悟〜人間革命の原形』青娥書房、2021年7月、108頁
90　前出　戸田城聖『信仰への覚悟〜人間革命の原形』青娥書房、112頁

ど3人の学生アルバイトががんばり、細々と授業が続けられていた。

　だがついに学徒出陣が決まり、1943年（昭和18年）11月中には小平たち学生アルバイトの講師が徴兵検査を受け、12月1日に学徒出陣していった。このため、教師陣がいなくなった時習学館は事実上、11月末をもって授業を終え閉鎖となった[91]。

　そして結局、日本商手、大道書房、秀英社、カギサ商店、奥川書房などが1943年（昭和18年）12月中に、戸田の指示で自主廃業した[92]。
　それ以外の会社も1944年（昭和19年）の4月ごろまでにほとんど自主廃業か整理されるにいたり莫大な負債がのこる。

　11月16日、牧口は妻・クマ、嫁の貞子宛に封緘はがきを書いた。そのなかで「おそかれ早かれ、弁護士を頼まねばならぬ」と弁護士依頼を指示した。
　さらに、入獄前に、かつての創価教育学会顧問・秋月左都夫から彼が40度を超す高熱の肺炎にかかりながら、牧口に激励され信仰の力で全快したことを感謝し、その御礼として金員が贈られたことを書いて、その返却を指示している[93]。金銭の扱いについても非常に厳格だった[94]。

　牧口は11月26日投函の手紙で、前日（25日に）予審請求が、予審判事の所へ行ったとの通知があった旨を伝え、弁護士依頼について確認している[95]。
　しかし、牧口家から弁護士を依頼しようにも、実は戸田をはじめとする頼みの有力幹部が逮捕されていたため、頼る人脈もなく難航したようで、牧口は再三手紙で催促している。

91　小平芳平から聞き書き（1978年、聖教新聞社、上藤取材）
92　戸田の獄中書簡（1943年12月9日付け）戸田城聖『信仰への覚悟〜人間革命の原形』青娥書房、2021年7月、115頁
93　前出『牧口常三郎全集 第10巻』第三文明社、1987年4月、278頁
94　同前『牧口常三郎全集 第10巻』第三文明社、1987年4月、271頁の牧口から猪狩四郎宛て手紙。それによれば1942年（昭和17年）8月に弘教に行った郡山の猪狩四郎から帰途につく牧口に土産とともに交通費の意味か過分の金員が贈られたことに対し、それを返却している
95　前出『牧口常三郎全集第10巻』第三文明社、1987年4月、280頁

　牧口がこの弁護士依頼の手紙を書いた前日の25日、南太平洋ギルバート諸島の日本軍が守備するマキン、タワラ両島の日本軍守備隊が米軍の猛攻を受け、徹底抗戦するも全滅する。またも玉砕と報道された[96]。

　すでに制海権、制空権を失い、補給も断たれた太平洋の各島の守備隊には降伏以外になすすべはなくなっていた。しかし「戦陣訓」の存在はそれを決して許さない。結局、残された選択は玉砕しかなかった。そしてこの悲劇は日本の無条件降伏、敗戦の日までサイパン、沖縄など太平洋全域で続く。

　その翌日の11月27日、エジプトのカイロでルーズベルト米国大統領、チャーチル・イギリス首相、中国・国民党の蔣介石が会談し、日本敗北後の方針を決め、カイロ宣言を発表した[97]。

　それによれば、日本の委任統治領だった太平洋諸島の剥奪、中国東北部（満州）・台湾・澎湖島の中国への返還、朝鮮独立などの方針が決定されていて、これまで日本が戦争や事変で手に入れた版図を全て奪うと宣言し、これが日本の降伏を決めるポツダム宣言の基礎になった[98]。

　牧口常三郎が大日本帝国によって、無実の罪で起訴されたまさにその時、大日本帝国の敗北が決定づけられたといっても過言ではない。

　12月31日、戸田もまた、東京刑事地方裁判所に起訴（予審請求）された[99]。

極寒の獄中闘争に耐えて

　この半年間に、日時は定かではないが獄外ではさまざまな動きもあった。

　牧口、戸田の一門は大石寺に登山を禁じられた[100]。一方で和泉美代など婦人部を中心に大石寺の登山に参加したり、都内の日蓮正宗の寺院で毎月行われる御講や、御書講義に参加する者もいた。この12月も日蓮正宗・常在寺の御書講

96　歴史学研究会『日本史年表　第5版』岩波書店、2017年10月、294頁
97　山中恒『アジア太平洋戦争史』岩波書店、2005年7月、601頁
98　同前　山中恒『アジア・太平洋戦争史』602頁
99　前出　西野辰吉『伝記　戸田城聖』第三文明社、1985年2月、187頁
100　戸田城聖『戸田城聖全集 第3巻』聖教新聞社、1983年2月、107頁

義、東京・砂町教会での御講に和泉美代など会員が参加していた[101]。女性会員の信仰心は男性に負けてなかった。

　1944年（昭和19年）の１月１日から戸田は、一日1万遍の唱題と白文の法華経の精読を始めたという。このいきさつは妙悟空（戸田城聖）著『人間革命』に詳しいが参考までに紹介すると、前年の1943年（昭和18年）暮れに、獄中で読む本として拘置所の配本係から配られ、断っても断っても入ってくる「日蓮宗聖典」を前にして、ついに元旦から、これを読むことを決意する。

　また、一日１万遍の「南無妙法蓮華経」の唱題のために数珠をつくる。差し入れの牛乳瓶の紙のふたを糸でつないで数珠にしたものだった[102]。

　それまでは小説や教養書を毎日読む生活だったが、この正月以降は唱題と法華経精読のため生活は一変し超多忙となる。

　こうしたなか戸田は看守を折伏している。戸田から折伏された看守は自ら、東京拘置所に近い池袋・常在寺に赴き「戸田さんからご授戒を受けなさいといわれたので来ました」[103]といって住職の細井を驚かせて、ご本尊を受け取って帰ったという。

　１月７日には牧口は嫁の貞子に封緘はがきを書いて、74歳（数え年齢：実年齢は73歳になる）の新年を無事に迎えることができたと述べ、「大聖人様の佐渡の御苦しみをしのぶと何でもあ里（あり：筆者注）ません。過去の業が出て来たのが経文や御書の通りです。

　御本尊様を一生けんめいに信じて居れば、次々に色々の故障がでて来るが皆直ります」と伝える。

　しかし「今が寒さのぜつちやう（絶頂：筆者注）です。ゆたんぽの（を：筆者注）かして下さるのでたすかります」[104]とも書いている。

　やはり暖房器具が一切ない、コンクリートの獄舎では冬の寒さは73歳の身に相当にこたえたはずである。

　当時の東京の気温はどうだったか。気象庁が公表している観測開始以来の最

101 『和泉美代日記』をもとに和泉美代から聞き書き（1978年、和泉宅で上藤取材）
102 前出　妙悟空（戸田城聖）『人間革命』443 ～ 445頁
103 「細井宗務総監に聞く『宗門夜話』」聖教新聞、1959年2月13日付け8面
104 前出『牧口常三郎全集第10巻』第三文明社、1987年4月、283頁

234

低気温月平均値データーでは1944年（昭和19年）の１月、２月ともに最低気温
は零下1・5度となっている。

　老齢の体に暖房器具のない冬の氷点下の寒さがどれほどこたえるかは想像に
余りある。

　「コンクリート独房内の寒気は肌を突きさし、顔を動かすだけで痛くなった。
寒さでガタガタと震える体に温かい番茶の入った湯呑コップを抱きかかえ寒さ
をしのぐ日もあった」と神尾武雄も述べている[105]。

　さらに同じ手紙で栄養剤のエビオスを医者が許可しているから差し入れして
くれと牧口は依頼している。元気だとは言いながら、日常の究極粗末な食事で
は体力が衰えるのは当然だったであろう。

　また、医師が診断したのちに栄養剤の差し入れをアドバイスした雰囲気がこ
の手紙の文面にはある。栄養失調、もしくはそれにともなう身体の不調がどこ
かに起きたからこその医師の診断を受けたとも考えられる。だが身体の不調を
終始一貫決して書かなかったのが牧口の生き方だった。

　ほぼ1か月後の２月８日に獄中の戸田がその妻・幾子に出した手紙でも、差

牧口が手紙を書いた書信室。
この中でわずか5分間で書かなければならなかった
（「東京拘置所落成記念図集」より）

し入れへの感謝とともに「滋養
剤は皆私ノ血トナリ肉トナリ再
起ノ元気ニナルノデス」[106]と書き、
それからは毎回のように栄養剤
の差し入れを要請している。こ
れは牧口とほぼ同じ時期にあた
る。獄舎内の栄養状態が極端に
悪化し２人に同時に栄養剤補給
の要望を発信させたことを物語
っている。

　事実、あまりの飢餓感に獄中に

105 神尾武雄からの聞き書き（1977年～78年、聖教新聞社、上藤取材）
106 前出　戸田城聖『信仰への覚悟～人間革命の原形』119頁

いた当時の幹部は茶殻まで食べたという。茶の葉の芯はさすがに食べられなかったが、葉をおかず代わりにしてご飯を食べたのだという。

　固形の肝油が入れられると、その周りに付いた砂糖をせっせとしゃぶるものもいた。月に一度うずら豆の甘いチョコレート色をした煮物が出るのが楽しみで、それが出るのを本当に待ち遠しかったという幹部もいる。

　あるいはふりかけの中にマッチ棒の頭ほどの灰白色に光る凝固した塩を見つけて珠玉を発見したように眺め続けたともいう[107]。

　この飢餓状態は牧口の体を相当さいなんだはずだった。もともと、牧口ほどの高齢で投獄されれば命はもたないともいわれていた。だが、家族に心配をかけまいとの思いからか、牧口は決して身体の不調を訴えていない。

　それは逝去の時まで変わらなかった。

　一方、元日から唱題しつつ、難解な法華経を読み始めていた戸田が最初に突き当たった難問があった。それは法華経の序分とされる「無量義経」にある「仏」の説明部分だった。

　小説の内容を参考までに紹介すると、戸田は仏の実体を読みとろうとして、唱題、思索にふけること１か月。２月に入って間もなく唱題に次ぐ唱題の思索中、ついに「仏とは生命の別名で、生命の一部の表現なのだ」という驚くべき獄中の悟達を得る[108]。

　「非常な『霊感』に打たれ、それから非常に丈夫になり、体重が増え、身体全身が暖かくなる」と後日（２月８日）戸田夫人あての手紙に書いている[109]。この手紙の時期が小説とほぼ重なっているのでこれがその悟達のことを言っているのではないかと考えられる。

　１月17日に牧口が家族に出した封緘はがきでは「信仰を一心にするのが、この頃の仕事です。これさへ（え：筆者注）して居れば、何の不安もない。心一つのおき所（置き所：筆者注）で、□□（検閲により削除、原文は「地獄」）

107 神尾武雄からの聞き書き（1977年〜78年、聖教新聞社、上藤取材）
108 妙悟空（戸田城聖）『人間革命』精文館、1957年7月、448〜449頁
109 前出　戸田城聖『信仰への覚悟〜人間革命の原形』青娥書房、120頁

236

に居ても安全です」と述べ、また御守り御本尊の差し入れを強く依頼している[110]。

　当時は獄外と獄中の通信は全て検閲され、不適当な部分は削除されるのが当たり前だった。拘置所を"地獄"と書いたので検閲で削除された。

　また携帯して必要時に壁か机の上に掲揚できる小さな"お守り御本尊"を要望したのであろうが、それも検閲によって削除されている[111]。

　また、手紙の内容から判断して依然として牧口の弁護士は決まらなかったようである。

　おそらく、治安維持法違反、不敬罪という容疑に腰が引けたのだろう。

地方の会員にも弾圧が広がる

　教育学会への弾圧は年が明けても続いた。

　1944年（昭和19年）1月に新たに創価教育学会理事の中垣豊四郎、同・西川喜右衛門、同・岩崎洋三が逮捕された[112]。

　それだけで弾圧の嵐は収まらず、続いて2月6日、九州・福岡支部の支部長・金川末之、同支部幹事・安川鉄次郎が逮捕された。

　さらにそれに続いて同22日には横浜の神奈川支部支部長の堀宏、支部幹事の美藤トサ、同・森田孝、同・小林利重が逮捕された[113]。

　この美藤から直接聞いた話によれば2月22日の朝午前8時過ぎに3人の特高刑事が来て令状を示し家宅捜索。御本尊、過去帳、学会関係の本など全て押収した。だが逮捕後1か月間、全く取り調べはなかったので壁に向っての勤行・唱題を欠かさなかったという。

　その間、獄中で知り合った同房の女囚を折伏し、題目を唱えることを教えた。1か月ほどたってやっと特高刑事の取り調べが始まった。最初の質問は「法華

110　前出『牧口常三郎全集第10巻』第三文明社、1987年4月、285頁
111　同上『牧口常三郎全集第10巻』第三文明社、1987年4月、284頁
112　前出　内務省警保局保安課『特高月報　昭和19年1月分』90頁
113　内務省警保局保安課『特高月報　昭和19年2月分』103〜104頁

経の本門と迹門の違いは？」だった。1か月かけて刑事が勉強したなと思ったという。

「天照大神をどう考えるか」「神札を焼くのは不敬と思わないか」と重ねて聞いてきた。

　さらに「世界中で一番偉い人はだれか」と聞いてきたので「日蓮大聖人」と答えた。刑事は当然「天皇」という答えを待っていたのだろう。「牧口をどう思うか」と聞いてきたので「慈父のような人です」と答えた。

　そしてついに「天皇をどう思うか」と聞いてきたので「陛下は病気もするし普通の人です」と答えた。現人神とされた絶対の存在、天皇を"普通の人"と言い切ったのだから、刑事も驚いたはずだった。逮捕された教育学会幹部のなかでは女性は彼女だけだったが、その覚悟の気持ちが伝わってくる。

　だが、特高刑事は前年9月に出た「特高月報」（昭和18年8月分）で牧口の主張については勉強しているはずなので、この答えは予想していたかもしれない。このような取り調べが3月から7月まで続いたという。

　刑事は「やったことを謝ればすぐに家に帰してやる」と彼女が信仰を捨て退転をすることをすすめた。だが謝らなかった。

　早く夫を亡くし家には残された8人の子供たちが待っていた。その子供たちが美藤に差し入れをしてくれた。

　その差し入れに極秘メモが入っていて「初志を貫け！」と書いてあった[114]。その激励はうれしかったという。

　美藤の住居のすぐ近くに、神奈川県警の特高刑事が住んでいて、子供たちだけが残された美藤家に同情し、県警に釈放を働きかけてくれた。

　これが影響したらしく、投獄から半年後の8月24日に未決囚として未決房に送られ、9月12日に不起訴のまま釈放されたという[115]。

　家に帰ったのは半年ぶりだった。

114「この人に聞く30分　神奈川県豊岡支部　美藤トサ」「聖教新聞」1979年6月9日付け3面
115 美藤トサから聞き書き（1978年、聖教新聞社で上藤取材）

238

釈放されても美藤は退転しなかった。いまこそ一人立つ時だと思ったという。

逮捕された神奈川支部の支部幹部の自宅を訪ねて家族を激励したりもした。だが、池袋の常在寺に行って細井精道（のちの日蓮正宗66代管長）に会うと、「方便でもいいから退転して牢獄から出てくればいいのです」と言われた。

まさかと驚いたという[116]。

これは、牧口の留守宅に日蓮正宗の僧が訪ねて来て牧口たちに退転を勧めた[117]のと軌を一にする。

形だけの退転をしてなんとかうまく乗り切ればいいという総本山の方針だったのだろう。

1944年（昭和19年）２月17日から18日にかけて、日本軍の南洋群島の中心拠点トラック島が米軍からの集中的な猛爆撃、猛攻撃を受け航空機270機、艦船10隻、輸送船31隻、そのほかの燃料・糧秣のほとんどを一挙に失うという、壊滅的損害を受け、その基地機能をほぼ停止した。

この時も日本軍は例によって、哨戒偵察飛行を含む情報活動を軽視、米軍機動部隊の接近をまったく察知できなかった。そのため、ほぼ不意打ちの猛攻撃の前に反撃もできず、なすすべなく全滅した[118]。

教育学会の神奈川支部の幹部が逮捕された次の日の2月23日に戸田は妻に対して手紙を送り、御書（霊艮閣版『日蓮聖人御遺文』）、数珠、法華経の講義書、「石版」と「石版拭き」などの差し入れを強く要望している[119]。

獄中では、万年筆や紙などは一切支給されず、書くことが出来なかったので、法華経を読み、思索するため、また唱題の数を記入するためにどうしても必要だったと考えられる。

116 同前美藤トサからの聞き書き（1978年、聖教新聞社、上藤取材）
117 前出　金子貞子の証言『評伝　牧口常三郎』第三文明社、445頁
118 山中恒『アジア・太平洋戦争史』岩波書店、2005年７月、603頁。千早正隆『日本海軍の戦略発想』プレジデント社、2008年12月、186頁
119 戸田城聖『信仰への覚悟〜人間革命の原形』青娥書房、2021年7月、123〜124頁

　さらに戸田は、日の出・日の入りの時間と温度を手紙で報告してもらいたいと依頼している[120]。独房に時計はなかった。戸田はその天文・物理の知識をもとに時計がなくとも太陽の動きで時間を知ろうとしたのではなかろうか。

　事実、小説『人間革命』（妙悟空著）[121]にはそうした部分がある。

　そしてまた、病後のため差し入れの滋養剤がありがたい、との謝意を伝える。
　さらに拘置所を出所したらそれまでの戸田城外の名前を改名したいと述べ、「馨雅、城聖」など5つの候補をあげて家族でも相談してほしいとも伝えている。実際、出獄と同時に「城聖」と改名する[122]。

　その4日後の2月27日に、牧口は家族へのはがきで、獄中の粗末な食生活について「当所の食事は米と麦ととうもろし（とうもろこし：筆者注）だが三度三度暖い汁（シル）があり、仲々旨いので、弁当ハ却つて（かえって：筆者注）腹に悪いと入れないのです」[123]と述べている。

　当時はひどい食事の内容だったのに不満は一切書いてない。再三述べるが食事のまずさなどは一切書かないのが牧口の生き方[124]だったようである。
　はがきの内容を精査すれば、すでに麦がとうもろこしに変わりつつあったことがわかる。この内容ではとても栄養失調、すなわち餓死の危機は免れない。

　入所当時から元々粗末だった食事も戦局の悪化につれますます内容が悪くなっていた。最初のうちはご飯に味噌汁に沢庵という内容だった。しかしご飯の上に魚粉がさらっとかけられるだけの時もあった。そのご飯も何年も倉庫に置いてあったような古米で実にまずい味だったという。
　しかしその米すら次第にトウモロコシやコーリャンが入ったものになり、最後は塩水同然のかゆなどに変わってしまった[125]。

120 同上　戸田城聖『信仰への覚悟〜人間革命の原形』123頁
121 妙悟空（戸田城聖）『人間革命』精文館、1957年7月、449頁
122 前出　戸田城聖『信仰への覚悟〜人間革命の原形』青娥書房、122〜124頁
123 前出　『牧口常三郎全集第10巻』第三文明社、1987年4月、286頁
124 大正年間の「郷土会」農山村共同調査でも宿舎の精進料理の連続に参加者から不満がでたが、牧口だけは一切文句を言わなかった（本書第2巻の24頁参照）
125 神尾武雄からの聞き書き（1977〜1978年、聖教新聞社で上藤取材）

240

しかも朝食が午前11時ごろに出たと思うとすぐ昼食が午後0時ごろに、そしてまたすぐ夕食が午後1時に出ると言ったありさまでそれ以外の時間は空腹に攻められるという日々もあった[126]。

キリキリと胃の臓腑が噛まれるような飢餓感が迫ったという[127]。

当時、連合軍の潜水艦攻撃で日本の兵站補給路はズタズタになり、食料などの輸送船が撃沈され続け、食糧事情が極端に悪化し続けていた。

『伝記　戸田城聖』の著者・西野辰吉が同じ1944年（昭和19年）2月に召集解除になって樺太から東京に戻り、外食券食堂で食べた食事がコメに高粱（こうりゃん）、肥料の豆粕が混じったご飯に塩汁でしかない汁だけで副食物はほとんどなかったと述べている[128]。

インパール作戦

絶対国防圏を設定し太平洋全域で後退を始めた日本軍だが、1944年（昭和19年）3月8日からこの上なく愚かな作戦を始めた。ビルマの防衛に当たるビルマ方面軍が防衛どころかインド侵攻を開始したのだ。いわゆるインパール作戦である。

功名心に燃えた方面軍トップが、インドに侵攻して中国への補給路を断ち、功一級の金鵄勲章の受章が狙いだったとされる[129]。

ビルマ方面軍トップは詳しい偵察はおろか補給も後方支援もほとんど考えず、兵士の食糧用と武器弾薬の運搬手段になんと生きた牛を約1万頭連れて部隊を出発させた。その牛もビルマ住民から略奪した。

だが、峩々たる山脈が連なるビルマ・インド国境地帯では牛は川で溺れるか、崖から転落死して、まるで食糧にも運搬手段にもならず、あっという間に部隊

---

126 美坂房洋編『牧口常三郎』聖教新聞社、1972年11月、155頁
127 神尾武雄からの聞き書き（1977～1978年、聖教新聞社で上藤取材）
128 前出　西野辰吉『伝記　戸田城聖』第三文明社、1985年2月、191頁
129 前出　半藤一利『昭和史　1926～1945』平凡社、2004年2月、418頁

は食糧の補給、兵站を失った[130]。

　それでも大軍を送り込み、4月6日にはインパール北方のコヒマを占領したものの食糧、弾薬補給は途絶え、明治時代同様の日本軍の戦術は相手に読まれて逆襲を受けて包囲される。

　インパール防衛の英国・インド軍はヘリコプターなどで食糧、装備を補給し、戦車で攻撃した。雨期の土砂降りの雨のなかたまらず日本軍兵士は敗走を始める。

　3月に始まったインパール作戦は4月末にはなんと兵力が40%にまで低下し、さらに雨期に入って作戦遂行は不可能になり、5月には参謀本部が作戦中止を求めるまで悪化した[131]。

　飢えて死ぬか、マラリアで死ぬか。インパール街道を敗走する日本兵がその途中で飢えと病気でバタバタ倒れていった。退却する将兵の生命を守るため、運搬していた戦車、重火器を放棄したいと許可を求めてもビルマ方面軍"勲章乞食"の軍閥官僚はそれを許さなかった[132]。

　さらに6月に入っても作戦中止をためらい7月になってようやく大本営自らが作戦失敗を認めて、作戦中止命令を出すに及んで中止された[133]。

　この見るも無残な惨敗により、20万近い兵士が無駄死にした。にもかかわらず愚かなうえに愚かな作戦を強行し、これほどの敗北に至ったビルマ方面軍学校秀才軍閥トップは何の責任も取らされなかった。

　日本軍トップの救いがたい官僚主義体質、独特のかばいあい体質、無責任体質のあらわれだった。

　絶対的権力は絶対的に腐敗すると言われるが、学閥秀才エリート型官僚組織も絶対的に腐敗すると筆者は断言したい。

　1944年1月から無条件降伏する翌1945年8月までビルマ方面（現ミャンマー）に派遣された地上部隊兵力は約30万3千、生還したのは約11万8千。約19万人

---

130 潮田三代治『私の戦争体験』渓声出版、2014年3月、40〜43頁
131 前出　半藤一利『昭和史　1926〜1945』平凡社、2004年2月、420頁
132 橋川文三他『日本の百年8　果てしなき戦線』筑摩書房、2008年5月、391〜392頁
133 前出　半藤一利『昭和史1926〜1945』平凡社、2004年2月、418〜420頁

以上がビルマの土になった[134]。その多くが餓死かマラリアなどの戦病死である。池田大作少年の長兄・喜一はこのビルマで戦死したと伝えられる[135]。

九州・八女への弾圧が始まる

インパール作戦が始まったこの３月には教育学会の地方支部、福岡県八女で、最後の弾圧が始まる。福岡県・福島町支部長の田中国之が逮捕された。

九州・八女の田中宅には、特高警察12〜3人が早朝にやってきて田中1人が連行された。家にあった学会関連の資料全てを風呂敷6つに分けて特高刑事が持って行った。

福島町の福島警察署に連行され、2日間拘留されたが黙秘を貫き、3日目に家に帰されたという。あとで刑事に聞くと「しばらく入れておくつもりだった」という[136]。

他の逮捕された幹部が長く拘留されたのに取り調べもなしに2日間で帰されたのはなぜか。

実は田中の妻・シマ代の実兄が中央紙の記者をしていて、取材の関係で警察幹部と懇意な立場にあった。その関係性をもとに義兄が警察に「義弟をなんとかできないか」と働きかけ、早期に釈放されたという背景があった。

ただし、日蓮仏法の信仰をやめることがその条件だったという。

田中はもちろん信仰はやめなかった。それどころか、釈放された後も、田中宅で八女支部座談会が毎月、続けられた。

毎月第三日曜日、田中宅の２階に20人前後の八女の会員が集まった。そしてこの座談会は昭和26年まで、そしてそれ以降も地区座談会として続いたという[137]。

ほとんどの地方支部で組織はほぼ消滅したが八女では結局、一人も退転しなかったという。

134 橋川文三他『日本の百年　8　果てしなき戦線』筑摩書房、395頁
135 池田大作「私の履歴書」『池田大作全集』第22巻、聖教新聞社、1994年5月、231頁
136 田中国之からの聞き書き（1979年、九州・八女市で、上藤取材）
137 田中淳之から聞き書き（2008年、九州・八女市で、上藤取材）

　ただ惜しむらくは、この座談会は特高警察の出席のもと続けられたので、さすがに新来者を呼んでの弘教・折伏はできず、座談会の内容は、田中宅に集まっては、飲んだり食べたりというホームパーティーに変わった。

　戦後になって、田中を逮捕・連行した特高刑事は占領軍ＧＨＱにパージされて職を失い、食べることに困るまでになった。結果、田中の会社で雇ってくれないかと頭を下げて泣きついて来たという。黙って2年間雇ったという[138]。

　ほかには群馬県・桐生にあった教育学会の地方支部の一つ桐生支部でも戦時下も滞ることなく座談会が続けられ、数人のメンバーが細々と信仰をつないでいた[139]。

東京から疎開が始まる、日本滅亡への足音

　同じころ牧口は3月8日付けのはがき[140]で、牧口の弁護人が大井弁護士に決定したことを記した家族からの手紙を受け取ったと伝え、判事を通して弁護人本人にも面会できるように依頼している。いよいよ予審判事による取り調べが始まるかに見えたが、実際はなかなか始まらなかった。

　封緘はがきが品切れで1月26日付けからはがきに変わった。文章は短くなった。牧口は獄中からその封緘はがきの差し入れを望んだが、おそらく物資の欠乏からか手に入らなくなっていたようでその後の手紙は全てはがきになる。

　牧口は3月16日付けはがきで、弁護士のこと、家族の疎開先を群馬県古河にするなど細かく指示しながら「三度とも暖いごはんに汁たくさん。青年時代からあこがれて居た本が読めるので、却つて幸ひ（いたって幸い：筆者注）である」[141]と書いて、悠然と獄中生活を続けた。

　まずいに決まっている食事にも不満は一切ない。牧口は常に楽観的で前向き

138 同上　田中淳之から聞き書き（2008年、九州・八女市で、上藤取材）
139 上藤和之・大野靖之編『革命の大河』聖教新聞社、1975年11月、65頁。「価値創造」（戦後編）創価学会、
　　第1号、1946年6月、9頁「地方便り」より
140 前出『牧口常三郎全集第10巻』第三文明社、1987年4月、287頁
141 同前『牧口常三郎全集第10巻』第三文明社、1987年4月、287〜288頁

だった。

　しかし、3か月待っても判事の取り調べはなかった。

　牧口は、3月27日に「前年11月に予審判事が起訴状を受けとったとの通知があって以来、取り調べがなく困っている」と伝え、「弁護士に判事と面会するよう」[142]伝言を依頼し、4月に入ってもまた同じ伝言を依頼したほどだった[143]。これが何を意味しているのか。

　推定になるが、戸田はこの数馬伊三郎判事（牧口・戸田の裁判を担当）が「重大な神経衰弱におちいり、12月18日（1943年：筆者注）から3月8日（1944年：筆者注）まで一行の調書（戸田についての：筆者注）もできず」[144]と述べている。これが事実ならしばらくの間は牧口の取り調べどころではなかったことになる。

　だがようやく4月12日から数馬伊三郎予審判事による取り調べが始まった。そのことが4月18日に書いたはがきで家族に伝えられる[145]。結局、半年近くも待ったことになる。

　以来、牧口は判事のもとに毎日取り調べに通い、供述をした。牧口は「判事と和やかに話し合っている」[146]と書いている。文面からは、どうも牧口が判事を折伏していた雰囲気にも見える。

　加えて「疎開（先）が古河に決まって安心です。私も丈夫で寒中を越したから心配せずに、留守をたのむ」とそれまで何度も心配していた疎開先が決まったことを同じ手紙で喜んでいる。

　予審判事の取り調べが始まってほぼ1か月になる5月8日に牧口が家族に書いたはがき[147]で「必ず『変毒為薬』（毒を変じて薬となす：筆者注）は経文通り、今までの通りと、信して居れは（信じていれば：筆者注）こそ、此冬を元気で、くらせたのです」と、厳寒の辛い冬を信仰の力で元気にのりこえることができ

142　同上『牧口常三郎全集第10巻』第三文明社、1987年4月、289頁
143　同上『牧口常三郎全集第10巻』第三文明社、1987年4月、289頁
144　戸田城聖『戸田城聖全集 第3巻』聖教新聞社、1983年2月、109〜110頁
145　前出『牧口常三郎全集第10巻』第三文明社、1987年4月、290頁
146　同上『牧口常三郎全集第10巻』第三文明社、1987年4月、290頁
147　同上『牧口常三郎全集第10巻』第三文明社、1987年4月、291頁

たことを強調している。しかし、それによって体力は相当、消耗したはずである。

　同じはがきに「毎日サイバン所（裁判所：筆者注）へ通って書いているが、1冊の本になります」とある（下線筆者）。驚くことに、牧口の調書は牧口自身が書いていて、それが1冊の本になるほどの分量になった。拘置所の決まりでわずか5分間で手紙を書かなければならず推敲はほとんどできないので、ついありのままを書いたと思われる。

　通常、調書を被告人自身が書くことはありえないが、牧口の場合、予審判事の許可か、もしくはその要請で特に書くことが認められていたことがうかがえる。
　牧口の話に次々に出てくる仏法用語や価値論の弁証法は警察関係者、予審判事にとっても難解だったのは当然であり、牧口が率先して代筆したと考えられる。逆にいえば牧口がそれほど信頼されていたことを物語る。（前述したが『特高月報』（8月分）の調書も非常に正確に仏教用語が使われているので、あるいは牧口が代筆したことも考えられる）

　その10日後の5月18日に書いたはがきにも「毎日裁判所通ひ（い：筆者注）で、大（おおい：筆者注）に取調べも進んでゐる（いる：筆者注）し、数馬判事さんも、やさしく、法華経の御研究、かつ私の価値論も御理解下されます」[148]と伝えている。
　牧口は毎日、裁判所に通い、価値論と法華経、すなわち日蓮仏法の真実を書き続け「1カ月モ毎日書イテ、一冊の本トナリ、数馬判事様へ上ゲタ。安心シタ。アトハ御本尊ニ御マカセデス」と留守宅に7月4日付けのはがきで報告している。
　国家を諫暁せんとの牧口の主張を書き続け、曲がりなりにもついに1冊の本になり判事に提出したことがわかる。
　牧口にとってはまさに〝国家諫暁〟の大事をなしとげたことになる。だからこそ「安心シタ。アトハ御本尊様ニ御マカセデス」と大きな山を越えた充実感を伝えたのではないだろうか。

---

148 同上『牧口常三郎全集第10巻』第三文明社、1987年4月、292〜293頁

　6月6日、牧口は73歳の誕生日を牢獄で迎えている。その6月6日、ついに米英連合軍がフランスのノルマンディーに上陸を開始、パリを目指して破竹の進撃を開始する。欧州におけるナチスドイツ凋落が始まった日がこの6月6日になる。

　一方、東からソ連軍の怒涛の反撃が続き、南欧のユーゴスラビアからはチトーのパルチザン部隊がナチス・ドイツの包囲網を破り、さらにはノルマンディー上陸の2日前にはイタリアのローマがファシストから解放されていた[149]。

　日本の軍部・政府が頼みとしていた三国同盟の一角イタリアのファシスト政権は滅亡し、ナチス・ドイツもまた敗北・転落の坂を転げ落ち始めていた。彼らの勝利が講和の条件になると考えていた日本軍部・政府には講和交渉の道はもはや完全になくなり牧口の予見が的中する日が近づいていた。

　ノルマンディー上陸から10日後の6月15日、ついに米軍がマリアナ諸島の日本統治領サイパンに上陸を開始する。サイパン、グアムなどのマリアナ諸島は日本の絶対防衛圏とされ、ここが落ちればアメリカの爆撃機「超空の要塞」B29が日本本土をたちどころに空爆できるという最終絶対の防衛ラインだった。

　東條首相は「サイパンは落ちない」と5月19日の天皇御前の会議で豪語していながら、その1か月後にアッという間に米軍の大部隊の上陸を許してしまった[150]。

　これに対して6月19日に、日本連合艦隊は残る総力を挙げて決戦にでた。

　日本軍が有する空母9隻全てを投入して必勝のマリアナ沖海戦が繰り広げられた。

　だが日本軍の動きを正確にキャッチする新型レーダー、「近接信管」という飛行機に命中しなくとも近づいただけで弾頭センサーが反応して爆発する対空兵器、そしてゼロ戦をはるかに上回る高性能の戦闘機、爆撃機の波状攻撃に日本の大機動部隊は瞬時に壊滅した。

　1年がかりで養成したパイロットのほとんどが戦死し、航空機約400機もほ

149 歴史学研究会『日本史年表　第5版』岩波書店、2017年10月、295頁
150 半藤一利『昭和史1926-1945』平凡社、2004年2月、424頁

ぼ全滅する[151]。文句なしの敗北だった。

　そして7月7日、サイパン守備隊が「バンザイ突撃」を敢行して玉砕。残され逃げ惑う1万人の現地住民は捕虜になることを恐れ、肉親・一族・友人同士が殺し合う「集団自決」を余儀なくされ、米軍に追い詰められた婦女子たちは岬の断崖から身を投じて命を絶った[152]。

　その3日後、米軍はグアム島に上陸、さらにテニアンにも上陸しいずれの日本軍守備隊も玉砕した。

　それでも庶民から徴兵された兵士たちは生き地獄のような現場でよく耐え、「玉砕せよ」との命令、その悲惨な運命を一人一人が莞爾として甘受した。

　それを命令した学校秀才の軍部トップは敗戦・占領下にほとんど生き残った。

　そして7月18日、東條内閣はサイパン陥落、独裁的戦争指導の責任を追及され総辞職した。創価教育学会弾圧からちょうど1年後になる。

集団疎開、そして大空襲の始まり

　米軍のサイパン上陸開始を受け、サイパンから直接の本土空襲の激化は避けられず、大都市の国民学校初等科児童の集団疎開を実施する方針を政府が決めたのは6月30日だった。ここに国民学校3年生以上の学童が親元を離れて地方の旅館、寺院などに移り、共同生活を営むことになった。

　東京では8月4日から9月24日の2か月をかけて疎開を完了、その数20万3420人に達した[153]。

　軍部・政府が大都市の子供たちさえ軍の力で守ることができないことをはっきりと認めた瞬間だった。

　片山尊は牧口と同じ東京拘置所の二舎一階に収容されていたが、時期は不明

---

151 同前　半藤一利『昭和史1926-1945』425頁
152 鶴見俊輔編『日本の百年3　果てしなき戦線』筑摩書房、1962年3月、313〜314頁
153 同前　鶴見俊輔編『日本の百年3　果てしなき戦線』筑摩書房、1967年3月、313〜314頁

ながら取り調べのあと、付き添いの看守にはぐれて二階に迷い込み、そこで偶然、独房から取り調べを受けるためであろうか出てきた牧口常三郎を見かける。

そのとき、片山が驚いたのは、前に警視庁の拘置所で見かけて目礼した時と同じく牧口の顔が桜色に輝いていたことだったという[154]。

若干髪に白いものが目立つものの、警視庁の時と変わらない輝きだったという。

なお、『評伝　牧口常三郎』（第三文明社）によれば、投獄されていた木下鹿治も1944年（昭和19年）10月20日前後に偶然、運動場で看守と話している牧口と出会っている。

その時の牧口は「色はあくまでも白く頬にうす紅を着けられた様すきとうる様なお顔にて、昔と違った見違えるほどの神々しいお姿でした」[155]と片山尊と同様の証言をしている。牧口逝去の1か月ほど前になる。

あの地獄のような牢獄の中でも桜色に輝く顔、神々しい顔とは……。

獄中でも看守を折伏したと伝えられている[156]が、どこでも日蓮仏法を宣揚し、かつ"国家諫暁"の書ともいえる取り調べ調書を書きあげ、国家権力の出先機関のひとつ、東京地方裁判所の判事にそれを提出した生命の歓喜が、飢餓線上にあった牧口の姿にそのまま現れていたのではないかと筆者は想像する。

教育学会幹部の退転が続出

話は戻るが1944年（昭和19年）夏を迎え、蒸し暑さは容赦なく牧口や、戸田を苦しめたはずである。さらに彼らを苦しめたのが昼夜暇なく襲いかかるノミやシラミだった。

当時、入獄していた元幹部によるとノミとシラミ、南京虫には常時悩まされ、あまりのかゆさに体をかきむしらなければならなかったという[157]。

特に夏になるとシラミは爆発的に増殖。栄養失調の身体から遠慮会釈なく血

154 片山尊「先生と私」『価値創造』（戦後編）第6号、創価学会、1946年11月、11頁
155 「創価教育の源流」編纂委員会編『創価教育の源流第1部　評伝　牧口常三郎』第三文明社、2017年6月、456〜457頁（木下鹿治の手記）
156 牧口初代会長8回忌法要での司会・辻武寿のあいさつ「聖教新聞」1952年12月1日付、2面
157 神尾武雄からの聞き書き（上藤）

を吸った。6月20日の戸田の手紙に「ノミ取粉（強力ノモノ）大至急」[158]と依頼が書かれていた。

その1か月後、7月20日付けのはがきで牧口は「当方無事。身体無事。何ノ煩悶モナイ。唯此ノ窮クツハ過去ノ報ヒトアキラメテ、将来ハ善イ事ヲ大イニシテ、報ヒタイト思フテ信仰シテ居マス」[159]とノミやシラミのことには一切ふれず未来への心境を伝えている。

この「将来は善いことをおおいにして報いたいと思う」とは当然、大善生活実証座談会や弘教活動を思う存分繰り広げることだろう。

それができる環境が近づいたこと、つまり保釈・出所など出獄することをも予見するような一節ではある。

実際、この前後、投獄されていた教育学会幹部が次々に罪を認め反省（つまり退転）して保釈出所している。

元理事の岩崎洋三はこの10日前の7月10日にすでに保釈出所していた。

8月14日には、同じく元副理事長・野島辰次と片山尊がともに保釈出所する[160]。片山は翌年8月15日の終戦になって、「しまった」と思ったがもう遅かったという[161]。

8月23日にも元理事・神尾武雄が保釈・出所した。裁判も終わらず、なぜ今なのか本人もよくわからなかったという。

出所後、日蓮正宗の寺院・歓喜寮を訪問したが、彼が牧口や戸田などとともに日蓮正宗から破門されている[162]ことを知り、愕然として行き場を失った[163]。

なお、稲葉伊之助は少し遅れて10月3日に、木下鹿治は10月22日、陣野忠夫は12月23日に保釈出所している[164]。

158　前出　戸田城聖『信仰への覚悟〜人間革命の原形』青娥書房、133頁
159　牧口常三郎『牧口常三郎全集』第10巻、第三文明社、1987年4月、295頁
160　内務省警保局『治安報告控』（国立国会図書館蔵）
161　片山尊からの聞き書き（1977年、聖教新聞社で、上藤取材）
162　前出　戸田城聖「創価学会の歴史と確信」『戸田城聖全集　第3巻』107頁
163　神尾武雄からの聞き書き（1977年、聖教新聞社で、上藤取材）
164　前出　内務省警保局『治安報告控』（国立国会図書館蔵）

250

このように牧口と同じ獄舎にいた元幹部が続々と保釈出所していたので、あるいは牧口が看守からそれを聞いた可能性はあった。

だが、保釈出所した元教育学会の理事など幹部のほとんどは、自らの信仰や信念の非を認め、ために保釈・出所することができたのだった。

不服従、非転向の牧口、戸田あるいは神奈川の女性支部幹部・美藤トサとは違っていた。

牧口、戸田とともに最も頑強に自白、退転を拒み続けた矢島周平も「あと1週間で（牢獄を）出ることが出来るという時に退転してしまった」[165]とのちに後悔し、証言しているように獄中生活に最後は、耐えきれなかった。

さらに出所しても教育学会の組織は壊滅しており、たった一人で信仰を貫く環境はなかった。

逆に出獄した旧幹部の中には保釈出所後、他の会員にわざわざ退転を勧めるものさえ現れた。牧口や戸田の悪口さえいうものも出たのであった[166]。

「あとに残った家族も、悲嘆にくれたのである。この故に家族が退転しだした。疑いだした。これは確信なく、教学に暗いゆえであった」と戸田は述べている[167]。

国民を竹槍で武装させる顛倒の政策、愚策

絶対国防圏のサイパン、グアム、そしてテニアンが陥落した以上、米軍が日本本土を空襲し、上陸するのも時間の問題となった。そこで政府は8月4日、"国民総武装"を決定した。国民の全てが武装し米軍と戦うという方針。これを受け日本の各地で竹やり訓練が始まることになる[168]。

一般市民に竹やりで近代的な兵器相手に戦いをさせようという、狂いきったまさに顛倒した政府・軍部の決定だった。

沖縄からの疎開船・対馬丸が米軍の潜水艦の攻撃で撃沈され、多数の児童と

165「聖教新聞」1953年6月10日・20日合併号、2面
166 当時の婦人部員数人からの証言（1978年、聖教新聞社で上藤取材）
167 戸田城聖「創価学会の歴史と確信」『戸田城聖全集　第3巻』107頁
168 歴史研究会『日本史年表　第5版』岩波書店、2017年10月、295頁

市民が死んだのはこの8月22日のことだった[169]

　東京の教育学会会員の教員たちも児童とともに地方に疎開した。前述したように小泉隆も最初は静岡県の焼津付近に、そこからさらに岩手県に疎開した。

　辻は静岡県熱海近辺、原島も静岡県御殿場に疎開していた[170]。

　牧口も家族の疎開先を考えていた。獄中から家族の手紙に再三書かれているように疎開先の第一の候補は、茨城県古河だった。

　かつて稲葉伊之助宅のお手伝いさんだった梅村（旧姓・石川）冨（とみ）の実家があり、その隣家が疎開先の候補だった。

　牧口貞子の実家が稲葉伊之助宅なので、お互いによく知っていることが最大の理由だった。また、牧口はかつてその梅村家を訪ねて弘教し、一家は熱心な会員にもなっていた[171]。

　疎開の準備のためか、この1944年（昭和19年）の春ごろから牧口は古河の生活設計を度々細かく指導[172]、牧口貞子が東京と、古河を行き来するようになっていた[173]。

　8月28日、牧口の妻・クマと孫の洋子が、茨城県・古河の疎開先に移動した[174]。そして貞子が東京と疎開先を往復して牧口と連携を取ることになった。

三男洋三の戦死とその真相

　その4日後の8月31日、牧口の三男・洋三が遠い中国の江南（揚子江流域）の地で[175]戦死した。37歳という若さだった[176]。

　戦病死とされているが、中国のどの地で、どのような最期を迎えたのか、記録はない。牧口家だけでなく日本のほとんどの戦死者遺族はそれを知らされな

169 歴史学研究会『日本史年表　第5版』岩波書店、2017年10月、295頁
170 前出　辻武寿『私の個人指導』聖教新聞社、1979年10月、260頁。小泉隆から聞き書き（1977年、聖教新聞社で上藤取材）
171 梅村富夫妻から聞き書き（2008年、上藤取材）
172 前出『牧口常三郎全集』第10巻、294〜298頁
173 前出　梅村富夫妻から聞き書き
174 牧口常三郎『牧口常三郎全集』第10巻、第三文明社、1987年4月、298頁
175 「独立混成第17旅団独立歩兵第89大隊　略歴」『中支那方面部隊略歴』（防衛省防衛研究所）
176 洋三の生誕は1907年4月8日、「新　牧口常三郎伝1」略年譜、七草書房、2021年2月、255頁

かった。

　遺骨さえ帰らなかった遺族が圧倒的に多かった。牧口家もそうだった。

　だが、防衛省防衛研究所図書館に何度も通い、そこに残る資料を探すと痕跡が見つかった。それによれば、牧口洋三が所属した峯部隊とは独立編成第17旅団を指し[177]、日本軍の第6方面軍に所属していた。その旅団の編成兵員数は4967人[178]。

　先ず、その独立歩兵第89大隊（約1500人が所属）の第2中隊、そこに牧口常三郎が折伏した洋三の上官・早藤金三がいたことも確認できた[179]。

　それから類推すれば、牧口洋三は独立歩兵第89大隊第2中隊に所属していた可能性が非常に高い。

　そしてこの大隊は洋三が出征した1942年（昭和17年）の6月から9月にかけて揚子江流域で作戦し、1943年（昭和18年）4月から江南殲滅作戦に参加している。揚子江沿岸部の中国江南の地域の中国軍を殲滅する作戦だったが、所詮は点と線を確保するのが精いっぱいの日本軍は補給路確保さえままならなかった。江南とは揚子江下流部の南にあった江蘇省南部から浙江省北部地域を指す。そこが洋三が最期を迎えた地だった。

　ところが、約1年間の同作戦終了後、1944年（昭和19年）の4月には作戦従事の疲労により大隊の約三分の一の300人が一斉に発病したと報告されている。そして洋三の所属する第89大隊は1944年（昭和19年）4月16日から湖南省岳陽附近を警備する任務についた[180]。

　何の病気が発病したのか。報告書には書かれていない。しかしちょうど同時期に、中国の江南に近い湖南に軍医として従軍していた田中英俊が書いた現地の報告書『改稿　湖南進軍譜〜大陸最後の大作戦と軍の命とりになった「戦争栄養失調症」』に次のようにあった。

　「（軍に感染症犠牲者が多かったのは）マラリア、アメーバ赤痢、コレラなど

177　主要地上軍部隊秘匿名称表（防衛省防衛研究所　戦史研究センター）
178　「第6方面軍編制人員表」（陸軍省調製）
179　「独立混成第17旅団職員表〜関東軍等職員表抜粋」昭和14年晩秋、防衛研究所図書館
180　前出「独立混成第17旅団独立歩兵第89大隊　略歴」『中支那方面部隊略歴』（防衛省防衛研究所）

を主とする伝染病を制圧することができなかったからである。軍が行動すると必ずこれら伝染病が爆発的に流行した」「薬品の補充がつかないために、どれだけの兵が無駄に死んだことか」[181]と。

　感染症流行と、かつ例によって日本軍の兵站補給の絶望的な軽視で、食料も医薬品もほとんど兵士に届かなかった。
　それを考えると兵站補給の断絶による栄養失調と感染症によって洋三のいた大隊の三分の一が発症したと考えられる。「疲労により」と軍報告にはあるが、疲労だけで部隊の三分の一が一斉に発病して死去などありえない。

　同じ独立混成旅団の第90大隊の中隊長だった人物がその死亡者名簿を独自に作成し防衛研究所に寄贈した資料を筆者は見つけた。
　それを調べてみると同大隊の1940年から同45年までの戦死者数は373人、うち戦病死死者数は217人、実に三分の二が戦病死であった。ガダルカナルも、ニューギニアもインパール作戦でも戦病死とはほぼ餓死を意味していた。この大隊も戦死者は半ば餓死であろう。その死去した兵士たちのうち、洋三が死去した時期の収容先病院は中国・湖南省岳陽県の野戦病院が半数を占める。洋三も岳陽近辺の野戦病院に収容されたのではなかったかと推定される。

　そして田中英俊軍医（当時）によると、「発病しては治し、発病しては治し、何か月も前から発病した病を、完治させることができないで乏しい薬品でだましだまし耐えて戦闘に従事してきた結果だ。
　だから（中略）入院即死亡の経過を取った患者が多かった。死者の多くは例外なく周辺の者も気づかぬうちに、声も上げずひっそりと死んでいった」[182]という。

　おそらく洋三も湖南省岳陽県の野戦病院で「声を上げずひっそりと死んでいった」のではなかろうか。兵站補給が当たり前にされていたら、あるいは洋三

181　田中英俊『改稿　湖南進軍譜〜大陸最後の大作戦と軍の命とりになった「戦争栄養失調症」』白日社、2010年5月、108〜109頁
182　前出　田中英俊『改稿　湖南進軍譜〜大陸最後の大作戦と軍の命とりになった「戦争栄養失調症」』247〜248頁

の戦病死はなかった可能性もある。

　補給さえまともに計画、遂行できない学校秀才軍閥幹部によってあのガタル
カナル、ニューギニア、インパールなどで非業の最期をとげた兵士たちと同様
に、洋三もまた死んだのでなく殺されたと筆者は考える。洋三の出征が筆者の
推定するような懲罰的な徴兵であったとすれば殉教であったといえよう。

　そして、この悲報が牧口家に届くのは2か月後の10月になってからだった。

獄中で一歩も退かず、最後の獄中闘争続ける

　前述したように8月12日になって、牧口は初めて妻のクマと孫・洋子が疎開
先の古河に移ったことを知り安心したと、その心情をはがきで伝えた。そして
万一のため、もう一つの疎開先を準備するよう伝えている。常に準備を重要視
した牧口らしい指導である。

　また近く出征する青年に対して「何処（どこ）でも、信仰が第一です。必ず
朝夕（朝夕の勤行・唱題のこと）ハ怠ることなかれです」と信仰の重要性を
伝える伝言を依頼している。そして自身のことについては「私も無事です。何
の不安もない。必ず『変毒為薬』（毒変じて薬となる）となると存じます」と、
投獄されたことが良い方向に変わるとの確信を伝えている[183]。

　牧口は獄中で勤行と唱題、そして読書の毎日だった。「私ハ今、何ノ不安モ
ナイ。毎日、読経ト読書トデクラシテ居マス」と近況を伝えるはがきを書いた
のは9月25日だった。

　そして家族には信仰第一で風邪をひかぬよう激励した。だが、残暑が残る9
月25日に「風邪をひかないように」[184]と寒さに注意するようにとの激励の言葉
は奇異に聞こえる。再三書いたように牧口には「体が冷える」持病があった。
おそらく牧口の身体が相当、衰弱していたのではないかと考えられる。

　そのままでは栄養失調になるばかりの粗末な毎日の食事が高齢の身から体力
を奪い、老衰と栄養失調によって老齢の身に最もこたえる身体の"冷え"が始ま
っていたことが推測できる。

183　牧口常三郎『牧口常三郎全集』第10巻、第三文明社、1987年4月、297〜298頁
184　同前　牧口常三郎『牧口常三郎全集』第10巻、298〜300頁

　実際、戸田も牧口の手紙の半月後、10月14日付けの手紙で「冬シャツが入らないので大変寒い」「身体の衰弱が回復しないので、少し寒いと手足の先が冷えきって寒くてたまらぬ。この冬が思いやられます」[185]と、冬に向かい衣類の差し入れを依頼している。前述したように当時の10月の最低気温は13度だった。

　まだ40歳代の戸田が「手足の先が冷え切って寒くてたまらぬ」という状態が高齢の牧口にはさらに相当な手足の冷えとなって襲いかかっていたのは間違いあるまい。

　戸田自身も肺疾患、気管支疾患、ぜんそく、心臓病、糖尿病、リューマチ、痔疾などのもともとの疾病に加え、極度の栄養不足などで、相当衰弱したことを物語る手紙[186]が多い。

　神尾武雄によると、すでに同時期には栄養失調の為、頭の皮膚は赤子のように薄く柔らかくなり、爪はくにゃくにゃに反り曲がってしまったという[187]。

　戸田の出獄後に辻武寿が聞いた話として「カルシュームがなくなるから指の爪もくにゃくにゃに曲がってくる。それでミソ汁にシジミがあると、なんとか貝がらを食べようと思って噛むと歯が弱くなっているので歯のほうが欠けてしまう」という状態だったという[188]。

　中国大陸で三男・洋三が飢餓と感染症で衰弱しきって死を迎えようとしていた8月ごろから牧口もまた飢餓地獄と戦っていたことがわかる。

　その牧口が三男・洋三の戦死（戦病死）を知ったのは10月11日、妻・クマ、牧口貞子からの手紙であった。牧口にとってはたった1人残された男の子だった。その衝撃はどれほど大きかったか。

　10月13日付けで妻のクマ、嫁の貞子にあてたはがきで「ビックリシタヨ、ガッカリモシタヨ」とその無念の心情を伝えている[189]。

185　前出　戸田城聖『信仰への覚悟〜人間革命の原形』青娥書房、143〜144頁
186　同前　戸田城聖『信仰への覚悟〜人間革命の原形』143〜144頁
187　神尾武雄からの聞き書き（1977〜78年、聖教新聞社で、上藤取材）
188　前出　辻武寿『私の個人指導』聖教新聞社、1979年10月、268頁
189　前出　牧口常三郎『牧口常三郎全集』第10巻、300〜301頁

その上で、「ソレヨリモ、御前ダチ二人ハドンナニカト、案シタガ、共ニ、立派ノ覚悟デ、アンドシテ居ル」と、一家の跡継ぎを失った母親、そして最愛の夫を失った嫁の慟哭する姿を思い浮かべて、よりそいながらどこまでも冥福を祈ることが一番大切だと激励した。

そして手紙にこう書いた。「カントノ哲学ヲ精読シテ居ル。百年前、及ビ其後ノ学者共ガ、望ンデ、手ヲ着ケナイ『価値論』ヲ私ガ著ハシ、而カモ上ハ法華経ノ信仰ニ結ビツケ、下、数千人ニ実証シタノヲ見テ、自分ナガラ驚イテ居ル。コレ故、三障四魔ガ紛起スルノハ当然デ、経文通リデス」[190]と。

カントの哲学、特にその新カント派の価値論をはるかに乗り越えたと自負する「牧口価値論」、そして牧口の価値哲学の究極が法華経、すなわち日蓮仏法の究極と重なり合うことを発見し、その弘教拡大に生命を賭して戦い、数千人の同志を糾合した誉れを静かに書き記した文面だった。

牧口は心の中で「勝った！」と喝采をあげたのではなかろうか。
国家権力による取り調べの調書に、牧口が全力をあげて国家諫暁の思いの全てを自ら書き記した満足感は、牧口の生命に脈打っていたと筆者は想像する。牧口はその使命を見事に果たしたのだと。

これが牧口の絶筆となる。
栄養失調と老衰、そして寒さによる身体の衰えは、最愛のたった一人の息子の死の衝撃でさらに進行の度を早めたと推測される。その後、獄中の牧口からの消息は途絶えた。

牧口が飢えと老衰と戦い、最後の命の灯をつないでいたこの10月、日本軍部は究極の愚かな作戦を立案する。「特攻」作戦である。
"玉砕"と並んで、日本人が同じ日本人に、ここまで過酷なことをさせたという永久に日本史上に汚点として残る作戦でもあった。

　古今東西、国が亡びるとき、その指導者は愚かの上に愚かを重ねるものである。「特攻」の大戦果の興奮から軍部はさらに「特攻」作戦を拡大。爆弾を積んで体当たりするロケット機「桜花」、爆薬を装填して海上から特攻するモーターボート「震洋」、人間魚雷「回天」を生み出し、次々に戦場に投入する[191]。

牧口の殉教と戸田の決意

　11月になってから、牧口の身体は衰え歩くことすらままならなくなったようである。歩けなければ手紙を書く部屋に行くことはできず、自然に最愛の家族に手紙を書くこともできないので、そう推測できる。

　その最後の様子を担当の看守から聞いた金子貞子（三男洋三の妻、のち再婚して金子姓となる）からの話によれば、牧口の衰弱の激しさに驚いた看守は再三、病監へ行くことを勧めたが、牧口は頑としてそれを拒んだという。

　以下は牧口貞子が看守から聞いた話の内容である。

　1944年（昭和19年）11月17日、死期を悟ったかのように、それまで断り続けていた病監へ自ら行くことを牧口は申し出る。

　下着を全部取り替え、羽織、袴に着替えて、威儀を正す。ひげをそり、頭髪を整えてから、午後3時頃、自ら独房を出て病監に向かった[192]。

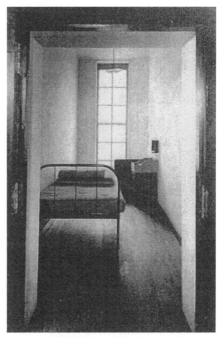

牧口が息を引き取った病監の病室（独病室）
（東京拘置所落成記念図集より）

191　橋川文三他『日本の百年8　果てしなき戦線』筑摩書房、2008年5月、410〜411頁
192　藤森富作「恩師を慕う」『価値創造』（戦後編）第2号、創価学会、1946年7月、4〜5頁。金子貞子
　　「義父・牧口常三郎の思い出」『創価教育』第3号、創価教育研究所、2010年3月、138頁

あまりの衰弱に看守が「背負いましょう」と言うと、それを断り、よろめきながらも自力で歩いていく。

足元がもつれ2〜3度転ぶが、看守が手を貸し、立ち上がるとまた最後まで一人で歩き抜いて病監に入った。

そして病室のベッドに身を横たえ、やがて昏睡状態に入った[193]。

まさに看守の手も借りないという姿、それは最後の最後まで国家権力に不服従を貫いた牧口の最期の姿だった。餓死寸前の栄養状態で意識も薄れ、歩くのもやっとの状態でもそれを貫きぬいたことが伝わる。

牧口貞子の話は続く。看守はそれを知らせる電報を牧口の自宅に送った。夕刻、牧口の自宅に、「牧口危篤」の電報が届いた。

しかし本来、この日は貞子は古河の疎開先にいるはずだった。

だから電報が届いても自宅は留守のはずだったが、この日、急に牧口への差し入れを思い立ち、朝の1番列車で東京に帰ってきていた。

逆に、牧口の妻・クマは孫・洋子のめんどうをみるため入れ違いに自宅から古河に向かっていた。

「牧口危篤」の電報を見た貞子は急いで巣鴨刑務所に向かった。

到着後、看守の案内で病監の牧口を見舞ったが、すでに昏睡状態でまったく話はできなかったという。

しかし、その枕の下には妻・クマや貞子から送られた手紙の束がきちんと重ねられ見えるように置いてあったという。

その時、異例ではあるが、看守は独断で牧口の息のあるうちに自宅に帰ったらどうかと、貞子に車などの手配を促したという。

最期は自宅の畳の上でとの配慮だった。

誰が見ても牧口の危篤は明らかだったが、重罪の囚人をその場で自宅に帰すことは超法規的な対応でめったにできることではない。

看守がそこまで牧口を尊敬、尊重していた証とみる。

---

193 同前　藤森富作「恩師を慕う」『価値創造』（戦後編）第2号、創価学会、4〜5頁。金子貞子の証言、第三文明社編『牧口常三郎　獄中の闘い』第三文明社、2000年11月、251〜252頁

　だが、灯火管制下の夜、都電も動かず、タクシー、ハイヤーの手配はどうにもつかなかった。時間ばかりが過ぎてゆき、深夜にもなるため、一旦、貞子は、そのままに自宅に帰った[194]。

　翌、昭和19年11月18日の午前6時過ぎ、牧口は東京拘置所の病監で、約1年4か月にわたる獄中生活の末、老衰と栄養失調で逝去した。ほとんど餓死に近かったと思われる。しかしその顔色はピンク色に輝き、生前よりも輝いていたという[195]。

　日本の軍部・政府、軍国ファシズムの戦争方針に抗し、全人類を不幸から救おうとの日蓮仏法の弘教に生涯を賭け、一生涯不変の不服従の生き方を貫いたその73歳の生涯を、だれにみとられることなく終えた。

　18日の朝、貞子が刑務所に行くと、すでに牧口は死去したと伝えられる。その遺体の前で慟哭しつつ遺体を移送するため、タクシーを探しまわったが、ついにそれは見つからなかった。
　東京ではすでに、タクシーを動かす燃料も底をついていたし車両の絶対数も限られていた。
　やむを得ず、貞子はその実家の稲葉商店に連絡し、番頭の小林秋高を呼んだ。ところが牧口の遺体を運ぶ大八車の調達さえもできなかった。
　やむなく牧口の遺体は、頭と顔を白い布で覆い、小林秋高に背負われて目白の自宅まで帰ったのだった[196]。
　小林の話では牧口の遺体は「まだ体が暖かく、柔らかく、生きてるみたいでした」という[197]。

　牧口死後1週間目の11月24日、東京上空にサイパンから発した"超空の要塞"

194　前出　金子貞子「義父・牧口常三郎の思い出」『創価教育』第3号、創価教育研究所、138頁
195　前出　藤森富作「恩師を慕う」『価値創造』（戦後編）第2号、創価学会、1946年7月、4〜5頁
196　美坂房洋編『牧口常三郎』聖教新聞社、1972年11月、158頁
197　前出　金子貞子の証言、第三文明社編『牧口常三郎　獄中の闘い』第三文明社、2000年11月、251〜252頁

Ｂ29編隊が現れ、初めて東京市街地を爆撃した。以後、米軍はマリアナ諸島の各地に巨大基地を建設し、量産体制に入ったＢ29の大量配備により、日本列島全域を空襲した。

これ以後、地獄の劫火のような空襲が東京をはじめ日本全国の大都市を焼き尽くす。空襲を受けた都市は実に200以上、それによる死者は50万人以上[198]と膨大な非戦闘員、一般市民までが火災旋風、火炎地獄、焦熱地獄のなか虐殺される悲惨このうえない大空襲だった。

社会契約説に立てば国家は国民の生命財産を守るためにある。その原則に立てば、マリアナ諸島が奪われ、そこから飛び立つ超空の要塞Ｂ29が日本市民の無差別殺戮を始めたこの11月から、日本は近代国家の資格を失ったといえよう。なぜなら国内の国民の生命財産を守れなくなっていたからである。

同時に、フィリピンの戦線から始まり若者たちを人間爆弾として体当たりをさせる特攻作戦、特攻に次ぐ特攻は、国民の生命を守るという近代国家としての資格を失うだけでなく、自ら国民を死なせるという絶対的な国民への裏切り行為ではなかったか。

それはまさに近代国家の存在の"死"を意味していた。牧口が逝去したこの1944年（昭和19年）11月、大日本帝国は国家としての資格を失い"滅亡"したといってよい。

そして、実際に牧口の死から10か月後、大日本帝国は連合軍に無条件降伏し滅亡した。

終章に代えて

戸田は1944年（昭和19年）正月から法華経を読みながら毎日題目を唱えていたが牧口が逝去する前後「ちょうど牧口先生の亡くなったころ、わたしは二百万遍の題目も近くなって、不可思議の境涯を、ご本尊の慈悲によって、体得したのであった」[199]と新しい悟達を得たことを明らかにしている。

---

198 『東京大空襲の記録』東京都慰霊協会、平成26年1月、4〜9頁
199 前出　戸田城聖「創価学会の歴史と確信」『戸田城聖全集　第3巻』109頁

　そして「1945年（昭和20年）1月8日に『牧口は死んだよ』と、ただ一声を聞いたのだった。独房へ帰った私は、ただ涙に泣きぬれたのであった」[200]と不二の師を失った悲しみに慟哭した。

　戸田は「あれほど悲しいことは、私の一生涯になかった。そのとき、私は『よし、いまにみよ！先生が正しいか、正しくないか、証明してやる。もし自分が別名を使ったなら、巌窟王の名を使って、なにか大仕事をして、先生にお返ししよう』と決心した」[201]と述べている。

　同時に師を無残な獄死に導いたその暴虐な国家権力に対して、超宗教・日蓮仏法を世界に広宣流布することを誓ったのだった。

　その誓いのままに、日蓮仏法は不二の弟子・戸田城聖、そしてその不二の弟子池田大作により、21世紀初頭には世界180数か国地域に広宣流布するに至っている。

200　同上　戸田城聖「創価学会の歴史と確信」『戸田城聖全集　第3巻』108頁
201　戸田城聖「牧口初代会長十一回忌法要でのあいさつ」『戸田城聖全集』第4巻、聖教新聞社、1984年2月、230頁

巻末特別解説

日蓮仏法の歴史と革命の奔流

　紀元前にインドで生まれた仏教は、やがて戒律を中心に個人の救済を第一義とする上座部仏教が東南アジア方面に流布（南伝仏教）し、その一方では大乗仏教という、広く民衆救済を活動の根本にして、その実践を尊ぶいくつもの流れが生まれ、中央アジアから中国、韓国、日本に流布（北伝仏教）した。

　そして鎌倉時代、その大乗仏教の中心・中核の経典が法華経であることを覚知・開悟したのが日蓮だった。

　日蓮は法華経の根本原理が「南無妙法蓮華経」の題目にあるとして、それを当時の民衆に弘教することをもって真実の民衆救済が出来るとの確信のもと命がけで立ち上がった。

　日蓮は有名な「立正安国論」を命の危険も顧みず、時の鎌倉幕府の最高権力者・北条時頼に提出。

　日蓮が覚知し、開悟した新しい法華経の原理、すなわち南無妙法蓮華経という究極の宇宙を貫く法、「妙法」の原理を国の統治原理の根本、中心として立てること。すなわち「立正」こそが、「安国」すなわち国土の安穏と民衆の幸福につながると主張し、幕府に根本的な宗教改革を迫った。

　そのなかで日本社会に大流行していた浄土宗が諸悪の根源であると、これを否定したことで、その信徒から後日襲撃された。

　さらに権力による二度にわたる遠島、流罪や死罪などの弾圧・迫害、そして数えきれないほどの暗殺未遂事件にあいながら、一歩もひるむことなくその教団・教勢を拡大。

　結果、「立正安国論」で警告した幕府をゆるがす内乱・騒擾（自界叛逆）と蒙古襲来（他国侵逼）の予言が違うことなく的中したことで鎌倉幕府を震撼さ

せた。

　この予言的中の事実を背景に、日蓮がただ一人で唱え始めた「南無妙法蓮華経」の題目は鎌倉、相模、駿河、伊豆、甲斐、房総半島などの関東から佐渡、東北など全国に広がる気配を見せた。
　当時の仏教各派はすでに鎌倉幕府から保護と援助を受ける体制内宗教になっていたが、日蓮はひとりそれを拒絶した。日蓮仏法は革命の宗教だった。

権力に妥協しなかった日興門流

　その日蓮が死去するまで、伊豆流罪からはじまって佐渡流罪、そして身延隠棲に至る約20年間、日蓮の身に添うように常随給仕してきたのが日蓮の本弟子のうちの嫡流である日興だった。

　日興は身延に隠棲した日蓮から、日蓮仏法の神髄ともいうべき『御義口伝』の講義を直々に受け、日蓮仏法の弘教では先駆を切り天台宗からの迫害（熱原法難）を受けるほどの弘教活動を富士方面で行ったことなどの事実が示すように、もともと日蓮教団の中心者とみなされる実力者だった。

　日蓮逝去の1週間前、1282年（弘安5年）10月8日に日蓮はあらためて本弟子6人を定めたが、その死去2日後には日興は日蓮の伊豆流罪から死去にいたる事績、そして入滅前後の詳しい歴史を『御遷化記録』として残している。
　日蓮に常随給仕していたからこそ、わずか2日間で書き上げることができたといえよう。

　しかし、須田晴夫著『日興門流と創価学会』によれば、日蓮の死去を日蓮教団弾圧の好機ととらえた鎌倉幕府や反日蓮の各宗派は鎌倉にいた日蓮本弟子のうちの日昭、日郎などの教団（すでに鎌倉の地に活動拠点となる住坊などを構えていた）に圧迫を加え始めた。

　そして日蓮死去2年後に蒙古国から使者が到着し、第3回目の蒙古襲来が迫る

と、朝廷、幕府から各宗派の寺社に蒙古調伏の祈祷が命じられた。

　かつて日蓮はこれを拒否して身延に隠棲し不服従を貫いたが、鎌倉幕府は日昭、日朗の教団に対し、命令に従わなければ住坊を破却すると脅迫した。

　この脅迫におびえた鎌倉の日昭、日朗などは、日蓮の弟子であることをやめて天台宗の弟子（天台沙門）であると名乗って幕府の命に従い、蒙古調伏の祈祷を行った[1]。

　これによって住坊破却は免れたが、権力に妥協したことで生き延びた事実は否定できず、革命の仏法・日蓮仏法の不服従の精神は鎌倉では形骸化した。

　ほかの本弟子とされた日向、日頂も順次、その影響を受けて天台沙門と名乗り、最終的に五老僧といわれる本弟子5人は日蓮の後継者・日興から厳しく指弾される。

　もともと日蓮に常随給仕することができなかった五老僧は、日興に比べて日蓮の法門を本格的に詳しく知ることもできずに数々の過ちを犯した[2]が、ひとり日蓮の墓所があった身延で日興が日蓮仏法の革命の宗教としての法脈をたもった[3]。

　その日興が興した門流が富士興門派、のちの日蓮正宗である。

京の都に市民革命の萌芽をみる

　室町時代になると日蓮の孫弟子やその檀那・在俗の信徒たち、いわゆる弘教の戦士たちが、比叡山からの度重なる寺院破却などの弾圧を乗り越え、京の都で死に物狂いの弘教を進めた。

　その結果、特に京都の商工業者や職能集団に日蓮の教えは受容され、京都で教線をみるみる拡大した。

　鎌倉幕府が滅亡し、足利氏が京都室町に室町幕府を開き、政治はもちろん、経済、文化、そして宗教も京の都に中心が移ったことも大きかった。

1　須田晴夫『日興門流と創価学会』鳥影社、2018年、17〜18頁
2　日興著『五人所破抄』（創価学会版御書1610頁）
3　日興著『五人所破抄』（同上御書1610頁）、同『富士一跡門徒存知の事』（同上御書1601頁）、須田晴夫『日興門流と創価学会』鳥影社、2018年、17〜18頁

　日像（日蓮の孫弟子）は日朗の弟子であり、京の都に日蓮仏法を広めよとの日蓮の遺言を果たすため京の都に上り、山門（比叡山）から厳しい監視や種種の圧迫を受ける中、苦労を重ねて京都の町衆と呼ばれる商工業者に日蓮仏法を広めた。

　さらに日興の富士興門派に属する日尊の流れをくむ人々も町衆に、さらにほかの派に属する人々も競って京の都に教線を拡大した。

　京都の商工業者の間になぜ法華宗が受容されたか。

　室町から戦国時代に花開いた安土桃山文化は、ほとんど法華宗の人々がつくりあげたと論証した『蓮の暗号〜＜法華＞から眺める日本文化』の著者・東晋平はこう分析する。

　「誰かに祈祷してもらうのではなく、自分で祈り、願いを叶えていく。俗世の喧騒を離れた瞑想や、死後のみの救済ではない。現実の生活、現実の社会の諸課題と格闘することに価値を置く信仰。

　こうした日蓮の教えた自立した信仰の姿勢が、自分自身の才覚を伸ばして成功していきたいと願う人々の琴線に響いたのだと思う」と[4]。

　鍛冶屋、織物業者、各種商人、大工やとび職、鍛冶屋などの職人、こうした人々はほとんどが当初は土地も財産も持たずに京都に入って来た無産者だった。

　だから、頼りになるのは自己の才覚だけだっただろう。

　その才覚を伸ばす力を彼らは「南無妙法蓮華経」の題目を唱える中に実感した。だからこそ京都の町人に布教拡大が急速に進んだと考えられる。

　さらにその仲間として財力を蓄えた酒屋、土倉といった金融業者や、大きな商人が信仰者として参入してきた。

　河内将芳氏はその著『日蓮宗と戦国京都』のなかに『昔日北花録』の「京都に日蓮宗繁盛して、毎月二箇寺、三箇寺づつ出来し、京都おおかた題目の巷となれり」（京都の町に日蓮宗が教線をおおいに拡大し、毎月のようにその拠点となる寺や道場が2つ、3つもできて、京都の町はほとんど南無妙法蓮華経の題目の声がにぎやかにあふれる街になった）の一節を引用して

4　東晋平『蓮の暗号〜＜法華＞から眺める日本文化』アートダイバー、2022年4月、126頁

　「この一節は、そのまま事実とみるわけにはいかないであろうが、当時の雰囲気をつたえるものとしてはやはり注目にあたいするといえよう。戦国時代の京都は『おおかた題目の巷』とよばれてもおかしくない様相を示していたのである」と述べる[5]。

　法華宗の信徒はやがて京都庶民の商・工業者から近衛家、鷹司家、一条家など貴族社会にもひろがっていった[6]。

　危機感を強めた比叡山大衆（僧侶集団）から何度も寺院破却などの弾圧を受けるが、したたかに弘教拡大を続け、京の民衆の半数は法華宗と言われるまでになった。なかでも京都の商・工業者たちの三分の二は法華宗といわれるほど商・工業者のなかに爆発的に教線が拡大した。

　冨士興門流とつながりの深い寺院をはじめ、日蓮の孫弟子・日像とその後継者が開拓した有力寺院、そしてそれに連なる京都21ケ寺といわれる法華宗本山寺院があたかも京の都を席巻したのが1480年前後、文明年間だった。

　ある公家は「法華宗の繁盛耳目をおどろかす」と日記に書いている[7]。

　林家辰三郎は、その法華宗徒たちを"町衆"と呼び、彼らはある意味、ヨーロッパ近代の市民に近いとしている。あるいは彼らはその先駆けだったともいえよう。

　応仁の乱（1467〜1477年）で途絶えていた「祇園祭」を町衆の祭り、すなわち市民の祭りとして1500年に復活させた[8]のが彼らであった。それは、現在も世界的に有名な市民（町衆）の祭りとして続いている。

　さらに無法状態だった京の都の治安を回復する役割を町衆が果たし、「京の町のことは町衆が衆議として決める」とする地域的な自治権を勝ち取り[9]、日本

5　河内将芳『日蓮宗と戦国京都』淡交社、2013年7月、124頁
6　同前　河内将芳『日蓮宗と戦国京都』112〜113頁
7　同前　河内将芳『日蓮宗と戦国京都』108〜110頁、中御門宣胤の日記に記されることを紹介
8　林家辰三郎『町衆』中公文庫、中央公論社、1990年6月、159〜161頁
9　同前　林家辰三郎『町衆』157〜158頁、「上下両京に各10人の惣代を置きその決議のもと、町組の中の月行事町、その代表の月行事が京の町を運営した」という

史上初の市民民主主義の萌芽も見られた。

　そこから、京の町を自衛する対価として、租税の減免を幕府に要求したり、外部の勢力や無法者、さらには一揆と言われる暴動から町衆共同体を守るための自衛力を保持するに至る。

旧勢力に弾圧され京都追放に

　法華宗本山寺院21ケ寺はまわりに堀をめぐらし、築地を築いて砦として、その末寺との連合体を形成していった。

　明らかに町衆共同体はそこで強力な武力を手にしたことになる。

　しかし、この自らを守る武力がいつの間にか、戦国大名に利用され、山科の本願寺一向一揆（念仏・一向宗宗徒の軍勢）を攻撃して勝利、さらに大坂の石山本願寺をも攻めることになる[10]。

　ここで21ケ寺を中核にした町衆共同体は約5年間、京の町を彼ら自身で自治・統治した。さらに京都法華宗は山城の国の代官請（徴税請負権）を要求して幕府や朝廷に脅威を与えた[11]。

　同時期に山城国の一向宗が同様の自治を実現[12]、日本史上初の市民民主主義の萌芽が、京の都と山城の国にこの時期にみることができたのである。

　これは日本史上、市民が自らその権利を獲得していった画期的な出来事であったといえよう。

　だが、1536年（天文5年）に法華宗の爆発的伸長に危機感をもっていた比叡山は、自宗の僧侶が法華宗の一信徒（民間人）に法論で完敗したことに激怒。

　比叡山延暦寺の僧兵を中心に細川氏、六角氏、三井寺僧兵などと連携して逆に法華宗・町衆への武力攻撃を開始。京都21ケ寺とよばれる本山の連合体とその系列の寺院をことごとく焼き討ちにした。

10　前出　河内将芳『日蓮宗と戦国京都』150〜153頁
11　今谷明『天文法華の乱〜武装する町衆』平凡社、1989年1月、172〜173頁
12　前出　林家辰三郎『町衆』158〜159頁、

　細川、六角の武家勢力はほんの少し前の一向宗の本願寺攻めでは法華宗・町衆を巧みに味方に引き入れて利用した。ところが今度は逆に法華宗を、その強力な戦国大名の戦闘力をもって攻撃したことになる。

　このころ、法華宗の側にも深刻な問題が惹起していた。法門論争である。不受不施、すなわち日蓮仏法を信仰しない人や勢力から供養や布施を受けないという法華宗の一部の考え方が、常に論争をよび、論争が激昂すると互いに焼き討ちにまで発展するケースさえあった。

　その論争がこの非常事態の前に再燃、法華宗の団結はもろくも崩れていた。いわゆる同体異心のバラバラの集団に化していた。

　そのため、2〜3万という比叡山、武家連合軍は、合わせて2〜3千という法華宗勢を圧倒することができた。

　衆寡敵せず、京都21ケ寺は全焼破却され、数千とも1万人ともいわれる宗徒とその家族、縁者に膨大な犠牲者を出したあげくに法華宗勢はほぼ壊滅。京都からその勢力は一掃され、京都を追放される[13]。

　天文法華の乱とよばれたこの戦争で、京都の町は応仁の乱以上に焼亡したとされる。

　結局、一向宗、比叡山、細川氏、六角氏などの政治権力争いに、武力を持ったがゆえに巻き込まれ利用され翻弄され、その挙句、流血の惨劇で数千の貴重な人命を失って、京都法華宗の勢力は京の都から駆逐されたのだった。

　天文法華の乱から6年後、やっと法華宗の町衆は京都帰還を許されるが僧侶による弘教や法論は厳禁され、宗教の生命線となる弘教する権利をほぼ喪失。二度と京都の町に市民自治の栄光を復活させることはできなかった。

豪壮絢爛の安土桃山文化と町衆

　それでも京都町衆の多くは自由港・堺に逃れて、そこに堺独特の町衆の自治

13　前出　河内将芳『日蓮宗と戦国京都』169〜173頁、今谷明『天文法華の乱〜武装する町衆』232〜236頁

組織をつくり、その堺の豪商・商人として、南蛮世界、すなわち印度太平洋地域に商圏を拡大、鉄砲をはじめ南蛮文化やその産物を日本全国に広げて日本の政治、経済の歴史を大きく変える働きをした。

さらに、江戸時代に入ると法華宗の芸術家たちは京都の北西・鷹峯に芸術村を開き[14]、文化、芸術の世界で目を見張るような文化・芸術を開花させ、当時の豪壮絢爛の安土・桃山文化をつくりあげた。

前述の東晋平著『蓮の暗号〜＜法華＞から眺める日本文化』、そして高橋伸城『法華宗の芸術』（第三文明社）[15]によれば、「茶の湯」を完成した千利休、その器として有名な黒楽茶碗の楽家、日本美術史を画する稀代のプロデューサー本阿弥光悦とその一族、俵屋宗達、尾形光琳、尾形乾山の兄弟、狩野永徳、狩野探幽とその一族、などの法華宗芸術家たち。
そして彼らの芸術をパトロンとして支えた法華宗徒の豪商たちが世界に誇る近代の日本文化・芸術を作り上げた。

その流れは、江戸時代まで続き、浮世絵の世界では代表作・富嶽百景を描いた葛飾北斎、あるいは歌川国芳なども法華宗の信徒だったという。
こうした盛衰を繰り返しながら冨士興門流はじめ日蓮宗各派は、江戸の町や京都から全国に教線を広げ活動を繰り広げてきた。

しかし、周知のとおり江戸幕府によるキリシタン禁制の方針から、宗門人別帖の制度が作られ、それに伴う檀家制度によって各宗派共に葬式仏教と化して活動は沈滞。宗派間の競争も沈滞したまま明治維新を迎えることになる。

画期的な創価教育学会と日蓮正宗の関係

そして、その沈滞したまま昭和の時代を迎えた日本仏教の一派日蓮正宗が伝えてきた日蓮仏法を1928年（昭和3年）に、牧口、戸田は信仰した。

14　前出　東晋平『蓮の暗号〜＜法華＞から眺める日本文化』163頁
15　高橋伸城『法華宗の芸術』第三文明社、2021年12月、各頁を参照

　だが牧口は日蓮正宗に入信し、その信徒になったが、日蓮仏法の弘教については僧侶の指導に服することなく創価教育学会を通して独自に行った。

　官憲から弾圧されるが、その特高警察による取り調べ、聴取に対してその目的として「日本国民の一人でも多く本会に入会せしめて日蓮正宗の信仰を基礎とした私の価値論を認識把握せしめて、人生生活の安穏幸福を招来せしめることにあります」と、応答している[16]。

　さらに指導理念として「日蓮正宗の本尊に帰依すること、具体的には創価教育学会に入会することによって、本会の信仰が人生生活といかに関係が大きいか、価値が大きいかを判定認識させる」ことであるとし、そのうえで「本会に入会するにあらざれば、個々の生活の幸福安定はもちろん得られませんし、ひいては国家社会の安定性も得られない」と創価教育学会への入会を最重要視した。

　すなわち、牧口はあくまでも人々の創価教育学会への入会をすすめ、日蓮正宗の信仰を基礎としながら、牧口価値論を認識し把握して幸福な生活を築き上げることを会員の活動の基本とした。

　そのうえで、「創価教育学体系」発刊、機関誌や会報の発行、総会や幹部会の開催、座談会の開催と個人間の対話などを通して会員を拡大しようとした。

　牧口がなぜこのような方法をとったか。牧口は言う。「私は正式の僧籍を持つことは嫌いであります。

　僧籍を得て寺を所有する事になれば、従って日蓮正宗の純教義的な形に嵌った（はまった）行動しかできません。

　私の価値創造論をお寺において宣伝説教するわけには参りませんので、私はやはり在家の形で日蓮正宗の信仰理念に価値論をとりいれた」[17]と。

　あくまでも日蓮正宗の教団とは一線を画して、創価教育学会が会員の信仰の

16　「創価教育学会々長牧口常三郎に対する尋問調書抜粋」『特高月報』昭和18年（1943年）8月分、内務省警保局保安課、1943年9月、137〜138頁
17　同前「創価教育学会々長牧口常三郎に対する尋問調書抜粋」、139〜140頁

指導、弘教拡大や、出版、広報宣伝を行うことで会員を大きく拡大していく。

　この牧口の方式、考え方はその後、戸田城聖第2代会長、そして池田大作第3代会長の時代における「創価学会」の爆発的な教線拡大に計り知れない大きな力になった。それは、後世の歴史が証明することになる。

略 年 譜

暦年	年齢	事績	日本と世界の関連事項
同4 1871	0歳	6・6 柏崎（現、新潟）県刈羽郡荒浜村に生れる （幼名：長七）新暦では7月23日にあたる	7・14 廃藩置県の詔書
同5 1872	1歳		村の有力者・牧口荘三郎がその邸宅に隣接する土地・家屋を提供し、村の子弟を教育する私学校（荒浜小学校の前身）を開く
同6 1873	2歳		1・10 徴兵令の布告 7・28 地租改正法が公布される
同7 1874	3歳	3・29 荒浜村の最有力者・牧口荘三郎の土地・家屋を借り受けてできた私学校が新潟県に開校届けを提出する	8月 黒田清隆が開拓使長官となる 〇新潟師範学校開校
同8 1875	4歳		
同9 1876	5歳	3・28 母イネ、柴野杢右衛門と再婚	8月 クラーク（マサチューセッツ農科大学学長）が 札幌農学校の教頭に就任
同10 1877	6歳	5・9 牧口善太夫（ぜんだゆう）・トリの養嗣子となる 〇学齢期（満6歳）に達し、荒浜小学校（第七大学区第四中学区私立第四番小学第一分校）に入学したと思われる	2・15 西南戦争が勃発
同11 1878	7歳	4月、荒浜小学校の新校舎が完成する （敷地は約140坪） ※『荒浜村誌』に掲載された学校略図によれば、L字型校舎。教室が5室、児童控え室1室、教員・世話係室、小使い室、井戸が掘られた水くみ場、 屋外トイレ、校庭で成り立っていた 9・14 北陸巡幸の明治天皇を、牧口たち小学生も正装して旗を持ち、荒浜村沿道に整列して出迎えた可能性が大きい	8・30 明治天皇が東京を出立、北陸・東海道巡幸 の旅に（～11・9） 9・14 明治天皇が牧口総本家で小休止
同12 1879	8歳	〇荒浜小学校（下等小学校）に学ぶ	
同13 1880	9歳	〇荒浜小学校（下等小学校）に学ぶ	
同14 1881	10歳	〇荒浜小学校の上等小学校に進級か	〇明治十四年の政変 10・12 国会開設の勅諭発表
同15 1882	11歳	〇この年から小学校が初等3年、中等3年、高等2年の三部体制に変更。牧口は中等科に進学か	
同17 1884	13歳	このころ、単身で北海道・小樽へ渡る 〇数年間、小樽警察署の給仕として働く	〇三菱汽船と共同運輸の両社が烈しい海運競争の末に合併し、日本郵船が誕生する
同18 1885	14歳		
同19 1886	15歳	9月 北海道尋常師範学校（のちの北海道教育大学）が創立 11月 実祖父・渡辺七郎左衛門が死去	3・2 帝国大学令を公布 4・10 小学校令・中学校令・師範学校令 ※高等師範学校を東京に1か所、尋常師範学校を各府県に1か所設置（授業料、生活費、小遣いまで一切官費支給）

暦年	年齢	事績	日本と世界の関連事項
同20 1887	16歳	○3月ごろ、小樽警察署長・山田謙の札幌転勤にともない札幌に移住か	○東京美術学校・東京音楽学校（のちの東京芸術大学）が設立
同21 1888	17歳	10・15　道庁令により、郡区長推薦のものは北海道尋常師範学校に無試験入学できることに	
同22 1889	18歳	1・6　牧口の叔父・四郎次の子供が銃で誤殺される 1・10　実父の渡辺長松が死去（享年46歳） 4・20　北海道尋常師範学校に入学	2・11　大日本帝国憲法が発布 ○志賀重昂『地理学講義』が発刊
同23 1890	19歳		7・1　第1回総選挙（衆議院）実施 10・30　教育勅語が発布
同24 1891	20歳	2・25　本籍を新潟・荒浜村から北海道小樽郡勝納町42に移す ○養父母の善太夫・トリが荒浜から小樽に転籍 2・25　本籍を新潟・荒浜村から北海道小樽郡勝納町42に移す	○新渡戸稲造がアメリカ留学から帰国し、札幌農学校の教授となる
同25 1892	21歳	6月中旬　北海道尋常師範学校4年生の教育実習生として附属小学校の教壇に立つ	
同26 1893	22歳	1・11　名を正式に「常三郎」と改める 3・31　北海道尋常師範学校を卒業	
同27 1894	23歳	○志賀重昂の『日本風景論』にも触発され、地理学の研究を深める	○内村鑑三『地理学考』発刊 ○志賀重昂『日本風景論』発刊
同28 1895	24歳	○文部省主催の全国尋常師範学校教員対象の「小学校単級教授法講習会」に北海道代表として出席 ○牧口熊太郎の次女クマと結婚 ※住居を札幌区南一条西8丁目（現・札幌市中央区）に移す	4・17　日清講和条約（下関条約）調印
同29 1896	25歳	○「観念類化作用」(1)と(2)を『北海道教育雑誌』第39号、同第40号にそれぞれ掲載 6月　文部省の中等学校（師範学校、中学校、高等女学校の総称）の地理科検定試験に合格（北海道初の文検合格者）	11・20日本初の通信制高等女学校「大日本女学会」が創立　（第一回の講義録「女学講義」刊行）
同30 1897	26歳	1・15　「単級教授の研究」を『北海道教育週報』に寄稿、以降32回にわたって連載（～1898・9・4） 11・1　北海道師範学校の助教諭に任命され、師範学校地理科担当に（附属小学校訓導兼務）	
同31 1898	27歳	1・2　長女ユリが誕生 7・31　「作文教授につきて」を『北海道教育雑誌』第67号に寄稿	
同32 1899	28歳	3・29　長男・民城（たみき）が誕生 4月　のちの『人生地理学』の原稿を書き始める 5・29　文部省から小学校本科正教員の免許状が授与される 7・4　北海道師範学校附属小学校主事・事務取扱（現在の校長職）となる	

暦年	年齢	事績	日本と世界の関連事項
同32 1899	28歳	8・6　養父・善太夫が死去（享年55歳） 10・5　北海道教育会の理事および幹事となる	
同33 1900	29歳	1・12　北海道師範学校の舎監に就く 3・31　北海道師範学校教諭となる（舎監を兼任） 3月　文部省から師範学校、高等女学校の教育科教員免許状を授与される 6・2　北海道教育会役員選挙（～3日）で最高点（105票）で評議員に当選 10・5　北海道師範学校の修学旅行で東京・鎌倉方面へ4年生の生徒を引率（下旬に帰道） 10・5～8　北海道師範学校の全校行事中に3年生のストライキ（石狩事件）が起こる	6・2　嘉納治五郎が10日間、北海道を訪問 （3日には北海道教育会で講演、北海道師範学校等を訪問。また、各地で講演や講道館柔道の実演教習を行う） ○津田梅子が華族女学校および女子高等師範学校を辞職し、女子英学塾（のちの津田塾大学）を創立
同34 1901	30歳	2・9　石狩事件の処分後、生徒間で争闘刃傷事件が起こる 4・18　北海道師範学校を退職 4・24　妻子と義母とともに札幌を発ち、小樽から船で横浜港を経て上京 5・3　東京に到着 ※住居を、東京市本郷区駒込追分町30の土間付き3畳の長屋に定める 5・19　講道館に入門	
同35 1902	31歳	2～3月　金港堂で働き始める 4月下旬　斎藤弔歌が金港堂に就職 5月初め　志賀重昂と会い、『人生地理学』への協力を依頼、志賀は応援を約束8・4 次男・善治（ぜんじ）が誕生 8・22　牧口の著作とも考えられる『熊とり』（アイヌの猟師の物語）が「澎湃子」の筆名で金港堂より出版	1・30　日英同盟協約調印 2・11　金港堂から『少年界』創刊 4・11　金港堂から『少女界』創刊 9・26　文會堂が設立される 12月　教科書疑獄 ※教科書審査委員と出版社との贈収賄事件
同36 1903	32歳	2月　金港堂を退社 10・15　『人生地理学』を発刊 11・1　茗溪会（東京高等師範学校同窓会）の書記に ※雑誌『教育』の編集に従事	4・13　小学校国定教科書制度が成立 11・15　幸徳秋水、堺利彦が初の社会主義新聞 『平民新聞』（平民社）を創刊
同37 1904	33歳	1月　『地学雑誌』（第16年第181号）に小川琢治の『人生地理学』の書評が掲載 2・10　嘉納治五郎が創設した弘文学院（のちの宏文学院）講師となり中国からの留学生に地理を教える 3月ごろ　私立東亜女学校の講師になる 7・1　啓蒙雑誌『時代青年』創刊にかかわる 7・29　神田区で開催の渡米協会の演説会で講演	2・4　御前会議で対露国交断絶・軍事行動開始を決定 2・10　日露両国、相互に宣戦布告
同38 1905	34歳	2・20　二女イヅミが誕生 5・28　大日本高等女学会を設立 6・1　編集兼発行人として『高等女学講義』の発行を開始	1・1　旅順要塞司令官ステッセル降伏 1・22　ロシアで「血の日曜日」事件起きる
同39 1906	35歳	2・3　科学情報を満載した『通俗学術雑誌先世』（先世社）の編集兼発行人に就任	○マハトマ・ガンディーが南アフリカで非暴力不服従運動を組織

暦年	年齢	事績	日本と世界の関連事項
同39 1906	35歳	4・1　宏文学院における牧口の講義が中国江蘇省から来た師範学校生によって中国語で出版される 8・19　大日本高等女学会の会員拡大と講演のため北海道を10日間訪問 11・3　『家庭楽』を、『大家庭』に改題し発行 ※編集兼発行人はともに牧口 11・3　大日本高等女学会の観楓会（紅葉狩り）を 東京の王子・滝野川で開催	12・28　インドのカルカッタで国民会議派がインドの自治を目指し大会を開催
同40 1907	36歳	1月　大日本少女会（『日本の少女』を発行）の主幹に就任（会長は下田歌子） 4・8　三男・洋三が誕生 7月　大日本少女会の主幹を辞職 10月　埼玉・川越中学校で大日本高等女学会と附属女芸教習所について演説	○日露戦後恐慌がはじまる ○足尾銅山で暴動が起こり軍隊が出動
同41 1908	37歳	8月　大日本高等女学会の主幹を辞職	○トルコで青年トルコ革命が起こり皇帝の専制政治を打倒
同42 1909	38歳	4・23　富士見尋常小学校の首席訓導に就任	○マハトマ・ガンディーが、南アフリカで『ヒンド・スワラージ（インドの自治）』を著わす
		5・2　英文学者・翻訳家の馬場孤蝶の紹介で柳田國男に会う	※1915年にインド帰国後は、不服従運動で対英独立運動を主導
同43 1910	39歳	4・23　富士見尋常小学校を退職 5・2　教科書図書調査の文部省嘱託に任用される 6・21　四男・長志が誕生 8・6　文部属に任用（文部省文部大臣官房図書課に勤務、同時に東京府へ出向） ○このころ、「郷土会」に参加	6・1　大逆事件で幸徳秋水が逮捕され、暗黒裁判で処刑 12・4　新渡戸稲造を世話人、柳田國男を幹事役として、「郷土会」が発足
同44 1911	40歳	5・12　柳田國男に同行し、山梨県都留郡道志村を農山村調査（〜5・15） 8月　農商務省山林局の嘱託で、大分県日田郡津江の3村と熊本県阿蘇郡小国の2村の調査を足かけ20日間をかけて行う	8・12　警視庁に特別高等課（特高）が設置 10・10　辛亥革命が始まる（武昌蜂起） ※牧口が宏文学院で教えた清国の留学生たちが革命を推進
同45 大正元 1912	41歳	11・23　『教授の統合中心としての郷土科研究』（以後、『郷土科研究』と略）が発刊	1・1　中華民国成立
大正2 1913	42歳	3・29　埼玉県北足立郡への一泊旅行（郷土会第16回定例会）に参加か 4・4　文部省を退職して東京市東盛（とうせい）小学校校長に就任	
大正3 1914	43歳	1・20　三女ツナが誕生	7・28　第一次世界大戦が勃発　8・23日本がドイツに宣戦布告
大正4 1915	44歳	8月　夏休みを利用し北海道瀬棚郡瀬棚村を調査	
大正5 1916	45歳	5・2　東京市大正尋常小学校初代校長となる（東盛小学校校長兼任） 9・25　「地理教授の方法及内容の研究」発刊	1・18　中国政府に二十一か条の要求を提出。 反日運動が広がる

暦年	年齢	事績	日本と世界の関連事項
大正6 1917	46歳	8・12　北海道空知教育会の夏季講習会で 講演（岩見沢尋常高等小学校で）	2月　ロシアに革命が起きる（2月革命） 10月　再びロシアに革命が起きる（10月革命）
大正7 1918	47歳	2・4　長女ユリ小栗誉次と結婚 3・31　東京市大正尋常小学校夜学校校長 兼任 大正小学校で自ら地理科の研究授業。来賓 の沢柳政太郎などをうならせる 8月　相州内郷村の郷土会農村調査に参加	8・2　政府シベリア出兵を宣言 8・3　富山県下で米騒動起こる。忽ち全 国に波及 各地で米穀商の打ちこわしなど暴動が発生。 軍隊が出動して鎮圧
大正8 1919	48歳	2・16　四女キミ誕生。 12・22　高橋義信などの暗躍で大正小学校 を追われ西町尋常小学校校長に就任	1・18　パリ講和会議が開かれる朝鮮各地 で独立運動（万歳事件）が広がる
大正9 1920	49歳	1月　北海道より上京した後の戸田城聖と出 会う 3月　戸田を西町小学校の臨時代用教員に 採用 6・22　校長在任わずか半年で高橋義信一 派の暗躍で西町小学校を終われ特殊小学 校・三笠尋常小学校へ左遷（戸田をはじめ 10数人の教員が必死の留任運動をするも果 たせず）	1・10　国際連盟発足 2・4　八幡製鉄所で最大級のストライキ、 溶鉱炉の火が消える 3・15　第一次世界大戦の戦後恐慌始まる 5・2　日本最初のメーデー（東京・上野公 園に1万人集まる） 11・30　牧口左遷の黒幕・高橋義信の贈 収賄が発覚し収監される
大正10 1921	50歳	12・8　牧口が三笠小学校で始めた簡易給 食が「読売新聞」「毎日新聞」に紹介される。 寄付金が殺到	
大正11 1922	51歳	1・26　養母・トリ死去 4・15　白金尋常小学校の校長に就任。 11・19　戸田と共にアインシュタインの講演 会聴講（慶応義塾大学・三田大講堂） 12月　戸田、三笠小学校退職	2.6　ワシントン海軍軍縮条約調印 東京市教育局で牧口の校長退職が画策さ れるも東京市助役前田多門の推薦もあり、 白金尋常小学校、への転任が決まる 11・18　アインシュタイン来日
大正12 1923	52歳	9・6〜10　大震災の救援活動のため神奈 川県片瀬に赴き活動 9・17　大震災の被災者援助のため、救援 物資を集める「小善会」を白金小学校の生 徒や卒業生に提案 救援物資を行政に手渡し、かつ被害の大き かった東京・本所、深川地区に教員4人と訪 れ救援活動 戸田、東京目黒に学習塾「時習学館」を開く	9・1　関東大震災 牧口が校長をつとめた西町小学校などはす べて全焼したが、大正小学校の生徒、教 員に一人も死者は出なかった。また最大の 被害が出た陸軍被服廠跡地の隣にあった三 笠小学校も改築工事で生徒は別の小学校 に分散し被害は最小限にとどまる
大正13 1924	53歳	9月　戸田の学習塾「時習学館」の新築落 成式に出席 12・11　次男・善治死去	
大正14 1925	54歳		4・22　治安維持法公布 5・5　普通選挙法公布
大正15 昭和元 1926	55歳		
昭和2 1927	56歳	4・6　「人生地理学」出版の恩人・志賀重 昂死去 6・9　白金小学校新築落成式に参加	3・15　金融恐慌起きる
昭和3 1928	57歳	三谷素啓と出会い、日蓮仏法の信仰を始める 戸田も続いて日蓮仏法の信仰を始める 7・18　四男長志死去	2・20　第1回普通選挙 3・15　日本共産党の全国的大検挙

暦年	年齢	事績	日本と世界の関連事項
昭和4 1929	58歳	2月ごろ戸田と二人で「創価教育」の名前とその体系出版の相談をする 5・31　長男民城死去	10・24　ニューヨーク株式市場大暴落（世界大恐慌）
昭和5 1930	59歳	3月ごろ月刊の教育雑誌「新進教材　環境」を戸田が創刊。 小冊子「創価教育学大系概論」を発行 11・18　「創価教育学体系」第1巻を発刊、創価教育学会を牧口・戸田の二人で創立 11・20　「新進教材　環境」第1巻第9号に「創価教育学緒論」を掲載	4・22　ロンドン海軍軍縮条約調印 11・14　浜口雄幸首相、東京駅で右翼青年に狙撃される
昭和6 1931	60歳	2・18　東京帝国大学で「創価教育学」の講演をする 3・5　「創価教育学体系」第2巻発刊 4・10　東京市新堀尋常小学校の校長に就任（同夜学校校長を兼任） 8・1　次女イズミ尾原金造と結婚	9・18　満州事変勃発
昭和7 1932	61歳	3・31　新堀小学校の廃校に伴い退職。退職金の半額で目白の自宅を改築 時習学館を会場に座談会を開催 7月　北海道各地で郷土教育に関する講演を実施 7・15　「創価教育学体系」第3巻発刊 8月　新潟県刈羽郡（牧口の故郷）で創価教育・郷土教育の講演をする 9・29　東京神田の如水会館の郷土教育の座談会に出席 10・3　四女キミ死去	1・28　上海事変勃発 2・9　前蔵相　井上準之助　血盟団員により暗殺 （3・5には團伊玖磨も） 2・29　国際連盟の満州事変を調査するリットン調査団来日 3・1　満州国建国宣言 5・15　青年将校らにより犬養首相射殺（5・15事件） 7・27　農漁村の欠食児童が20万人を突破
昭和8 1933	62歳	10月「教授の統合中心としての郷土科教育」改訂版を出版 10・9　東京市教育局の嘱託となる	1・30　ヒトラー、ドイツの首相に就任 2・4　長野県教員赤化事件の一斉検挙始まる（のちの創価教育学会幹部・矢島周平など138人検挙） 3・4　ルーズベルト米国大統領に就任、ニューディール政策はじまる 3・27　日本が国際連盟を脱退
昭和9 1934	63歳	6・20　「創価教育学体系」第4巻発刊	4・3　全国小学校教員代表3万5千が集まり全国小学校教員精神作興大会開催 10・15　中国紅軍の長征はじまる
昭和10 1935	64歳	創価教育学会に研究部設置 7月　創価教育学会研究部総会 教育学会機関誌「新教材集録」を「新教」に改題	2・18　美濃部達吉の「天皇機関説」への攻撃始まる 8・12　陸軍軍務局長・永田鉄山、皇道派により暗殺される
昭和11 1936	65歳	2月　3人の青年会員とともに約1週間、長野県下に弘教旅。5市町で座談会を開催し合計17人が入会 3・28　三女ツナ、渡辺力と結婚 機関誌「新教」、7月号より「教育改造」と改題 8・13　～日蓮正宗総本山大石寺で第1回創価教育学会修養会 10月　研究生制度発足	1・15　日本、ロンドン軍縮会議から脱退 2・26　斉藤内大臣、高橋蔵相らが青年将校により暗殺（2・26事件）

暦年	年齢	事績	日本と世界の関連事項
昭和12 1937	66歳	1・27　元外交官　秋月左都夫を招き懇親会 （品川の料亭「玄海」） 9・5　「創価教育法の科学的超宗教的実験証明」発刊 秋　幻の「創価教育学会発会式」が行われる	7・7　日支事変（日中戦争）始まる 8・24　国民精神総動員運動始まる 12・13　日本軍、中国の首都南京占領（南京虐殺事件）
昭和13 1938	67歳	6・8〜北海道各地で講演会。弘教拡大の一環だった	4・1　国家総動員法広布
昭和14 1939	68歳	3・25　三男洋三、稲葉貞子と結婚 4月ごろ　九州広布の旅に一人で出発。福岡県、八女郡の田中宅訪問 12・24　創価教育学会第1回総会（麻布・菊水亭）	5・12　ノモンハン事件（戦争）勃発、日本軍大敗 5・22　「青少年学徒に賜りたる勅語」下賜 7・8　国民徴用令広布 9・1　ドイツ軍ポーランドに侵攻（第2次世界大戦始まる）
昭和15 1940	69歳	1・16　孫・洋子誕生 10・20　創価教育学会第2回総会（東京九段の軍人会館）牧口が教育学会の会長となる 11月　九州指導に赴く	9・27　日独伊三国同盟 10・12　大政翼賛会発足
昭和16 1941	70歳	4・20　創価教育学会臨時総会（神田・共立講堂） 7・20　会報「価値創造」創刊 8・7〜創価教育学会第6回夏季折伏法研究会（延べ183人が参加） 11・2　創価教育学会第3回総会を神田の教育会館で開催 11月　妻クマなどと九州へ弘教と信仰指導に赴く	3・1　国民学校令公布 6・22　独ソ戦始まる 10・18　東條英機内閣成立 12・8　太平洋戦争始まる（ハワイ真珠湾攻撃）
昭和17 1942	71歳	5・10　内務省の指示で会報「価値創造」第9号で廃刊 5・17　教育学会第4回総会（神田・教育会館）出席者400人 11・27　教育学会第5回総会（神田・教育会館）出席者600人	4・30　翼賛選挙 6・5　ミッドウェー海戦で大敗
昭和18 1943	72歳	5・2　教育学会第6回総会（神田・教育会館） 6・29　教育学会幹部の検挙（大弾圧始まる） 7・6　伊豆下田で弘教中、牧口検挙。同日、戸田などが自宅で検挙。 7・20　教育学会本部（東京神田）などが捜索される	2・1　日本軍ガタルカナル撤退（転進と発表） 山本五十六日本連合艦隊長官が南方で戦死 5・29　アッツ島守備隊玉砕 12・1　学徒出陣が始まる
昭和19 1944	73歳	8・31　三男洋三、中国の江南で戦病死（37歳） 11・18　東京拘置所の病監で死去 11・20　葬儀	6・15米軍、サイパン島に上陸 7・18　東条内閣総辞職 10・24　レイテ沖海戦、神風特攻隊出撃 11・24　B29による東京初空襲

あとがき

　この第3巻執筆の途中に、「新 牧口常三郎伝」全3巻生みの親ともいうべき創価学会第3代会長、名誉会長の池田先生が逝去されました。この第3巻完成をお見せできなかったのは本当に残念で仕方ありませんが、心からご冥福をお祈りし、心から感謝を申し上げたいと思います。

　思い返せば、初めて直接に先生にお会いできたのは、1970年（昭和45年）の2月12日、箱根・仙石原にあった旧・創価学会箱根研修道場でした。大学卒業寸前だったのですが京都から生まれて初めて箱根に駆け付けたのは懐かしい思い出です。
　その大学もやっと大学紛争、全共闘運動が峠を越し、卒業試験も卒業式もなしで卒業を迎えようとしていた時でした。社会全体が大きく揺れていた時でした。

　同時に、創価学会全体が「言論問題」の渦中にあって、ひとつの危機、ひとつの曲がり角を迎えていた時でした。池田先生はこの問題もあってか、お身体をこわされ静養中だったのですが、集まった私たち青年たちの話に真摯に耳を傾けられ、全力で激励をしてくださったのは昨日のことのようです。

　その場で池田先生は将来を展望して、資本主義、社会主義を超克する新しい人間主義の社会科学の理論、それを打ち建てる必要性を説かれ、私たちの課題とされました。
　大学紛争の現場でマルクス主義をかかげる全共闘や反全共闘の学生たちと討論し、そこで唯物史観と対決し、新しい社会科学理論としての人間主義史観構築に取り組んでいた筆者は、池田先生のご提案に対し、新しい時代を開く日蓮仏法に基づく人間主義史観をなんとしても作り上げたいと心から決意したので

した。

　そこから人間主義史観の試論としての「人間主義の思想」(三笠書房刊)、「世界情勢の見方」(創価大学自主講座シリーズ)、そして「革命の大河〜創価学会45年史」(共編、聖教新聞社刊)の執筆へとつながり、以来50年をかけてのこの「新牧口常三郎伝」発刊がもたらされたことになります。まさに夢のような50年でした。

　あらためて、池田先生に心から感謝を申し上げ、この第3巻の完成直前、牧口先生の命日の直前に旅立たれた先生に追善の題目を毎日、おくらせていただいています。
　牧口先生が創立された創価学会を、やがて世界の三大宗教のひとつにならんとするまで拡大、発展させたのは牧口先生の不二の弟子、戸田先生のその不二の弟子、池田先生でした。

　本が売れない時代、出版不況、コロナ禍でなかなか苦労が絶えなかったのですが、チラシを配り、メールを配信し、SNSを送り、スライドショーや、動画づくりと、さまざまに挑戦することができました。
　書評を書いていただき心から応援してくださった谷合規子女史、惜しみない応援をくださった聖教新聞社の先輩同僚の方々、そして、一緒に埼玉県下の書店を何度も回って店頭販売をお願いしてくれた同志・中村正之氏、出版不況にもめげずに本書販売を応援して下さった埼玉県下の各書店の皆様、三冬社の佐藤公彦社長ほかの皆様に心から感謝を申し上げます。

【著者プロフィール】

上藤 和之

1945年7月、広島県に生まれる。
1970年3月、京都大学工学部卒業。
1970年4月、聖教新聞社に入社。論説記者、創価学会史
　　　　　編纂部長等を歴任。

著書「革命の大河～創価学会四十五年史」（共編）聖教
新聞社、「人間主義の思想」三笠書房、「世界情勢の見方」
創価大学自主講座シリーズ、「新 牧口常三郎伝1」七草書
房、「新 牧口常三郎伝2」三冬社などがある。

国家権力との壮絶な死闘、そして殉教

新 牧口常三郎伝 3【完結編】

令和6年6月6日　初版印刷
令和6年7月3日　初版発行

著　者：上藤 和之
発行者：佐藤 公彦
発行所：株式会社 三冬社
　　　　〒104-0028
　　　　東京都中央区八重洲2-11-2 城辺橋ビル
　　　　TEL 03-3231-7739　FAX 03-3231-7735

印刷・製本／日本ハイコム株式会社